CARMS

推进农业产业安全体系和能力现代化

张红宇　唐园结　杨久栋　主编

中国农业出版社
北　京

图书在版编目（CIP）数据

推进农业产业安全体系和能力现代化/张红宇，唐园结，杨久栋主编．—北京：中国农业出版社，2023.11

ISBN 978-7-109-31445-0

Ⅰ．①推…　Ⅱ．①张…　②唐…　③杨…　Ⅲ．①农业经济—国家安全—研究—中国　Ⅳ．①F32

中国国家版本馆 CIP 数据核字（2023）第 211269 号

中国农业出版社出版

地址：北京市朝阳区麦子店街 18 号楼

邮编：100125

策划编辑：贾　彬

责任编辑：张雪娇　　文字编辑：耿增强

版式设计：杨　婧　　责任校对：吴丽婷

印刷：北京印刷一厂

版次：2023 年 11 月第 1 版

印次：2023 年 11 月北京第 1 次印刷

发行：新华书店北京发行所

开本：700mm×1000mm　1/16

印张：14.25

字数：275 千字

定价：68.00 元

序

我们生存在一个风险与挑战交织叠加的时代。当前，国际局势动荡，局部冲突不断，极端天气频发，饥饿贫困人口持续上升，农业产业安全风险陡增。在复杂多变的国际环境下，我国始终将农业作为立国之本、强国之基，将粮食安全作为治国理政的头等大事，农业生产形势整体向好。但置身于这个风云变幻的世界，不确定性和不稳定性将长期伴随农业产业发展的全过程。为深入研判大变局背景下我国农业面临的新风险新挑战，探讨如何坚持统筹发展和安全，准确预判、防范化解风险，推动农业产业安全与可持续发展，中国农业风险管理研究会特举办2022年会暨学术研讨会主题征文活动。

本年度征文活动以“推进农业产业安全体系和能力现代化”为主题，抓取当前农业产业安全的重点、难点、痛点，围绕5个专题具体展开。一是理论篇版块。本版块汇集了袁纯清、尹成杰、张红宇、唐园结、庹国柱等各位权威专家关于农业风险管理的真知灼见，深入刻画了当前农业产业面临的形势全景，高屋建瓴地提出了具有全局性、前瞻性、创新性的对策建议。二是粮食安全与食物系统。以全球视角全面分析了我国粮食安全面临的风险与特征，以及防范化解风险的目标策略与具体措施，以期确保增产增收，进一步提升粮食自给率，有效应对中国农业-食物系统面临的风险。三是农业保险与防灾措施。基于大量实证研究，在如何应用好政策工具与技术手段，完善农业保险机制，构建具有中国特色的农业风险管理体系等方面做出了总结与展望。四是生态安全与绿色发展。探索如何因时而谋、因地制宜制定绿色化发展策略，将农业产业结构调整、资源集约和生态保护结合起来，融入绿色技术提升生态效率，避免重大生态环境风险隐患。

本次活动共收到投稿200余份，特择优汇编成册，以飨读者。本书集结了每位作者潜心研究的智慧成果，也凝聚了编审组、秘书处等全体工作人员的点点心血，中国农业风险管理研究会在此向各位的大力支持与无私付出表示衷心感谢。由于从论文征集到出版，时间紧任务重，其中难免存在疏漏与不足，敬请批评指正。

迄今为止，中国农业风险管理研究会已连续举办三届主题征文活动，得到了来自学界、实业界的广泛关注与鼎力支持。各位农业风险管理领域的专家学者、奋战在农业发展前线的实践者，贡献了诸多佳作，提出了大量具有理论价值与实践意义的创新观点与良策良方，也涌现出了一批热爱“三农”、富于理论水平与行动能力的青年力量，形成了日益强大的学术影响力。搭建农业风险管理学术前沿动态与实践经验交流平台，在更广的领域、更深的层面开展研究与实践，为中央决策和社会实践提供学理支撑与智力支持，是中国农业风险管理研究会始终坚持的目标。我们愿与各位同仁一道，在变化中追求安全、稳定与突破，为新时代的农业产业安全与国家安全做出积极贡献。

中国农业风险管理研究会

2023年11月

MULU

目录

理　论　篇

强化使命，把握趋势，推进我国农业保险新发展 …… 3
新时代我国粮食发展与安全新成就、新任务和新对策 …… 9
加快建设有中国特色的农业强国 …… 19
聚焦“两缩小、三转向”扎实推进过渡期衔接工作
——对贵州惠水、云南富源两县的调研报告 …… 25
中国农业保险需要一个实体性管理机构 …… 36

粮食安全与食物系统

论粮食安全的风险演化与政策供给 …… 45
农业跨周期调节：基本要义、重点任务与策略选择 …… 59
非洲猪瘟疫情冲击、养殖规模与生猪生产决策 …… 72
构建一体化农田建管保险机制初探 …… 83
重大疫病对生猪产业链企业股价波动风险的影响研究 …… 95

农业保险与防灾措施

农业保险高质量发展基础与目标的驱动协调性评价 …… 111
再保险对农业保险承保风险的影响研究
——兼议竞争优势的调节效应 …… 128
“保险＋期货”模式研究：基于中美比较分析的视角 …… 143
中国农业巨灾风险评估理论和方法研究进展和展望 …… 158
农业保险经营机构风险管理能力高质量发展探讨 …… 178

●●● 生态安全与绿色发展 ●●●

经营规模、分工深化对小农户化肥减量施用的影响
——以黄河流域玉米种植户为例 …… 193
增强还是削弱？互联网对农业绿色生产率的影响研究 …… 207

理论篇

强化使命，把握趋势，推进我国农业保险新发展

袁纯清

一、把保证粮食安全放在重中之重的位置，强力在推进三大粮食作物完全成本保险和种植收入保险中取得新业绩

在习近平总书记要求扩大三大粮食作物完全成本保险或收入保险范围指示精神的指引下，我国开展三大粮食作物完全成本保险和收入保险试点，从2018年开始的6省24个县扩大到2021年60%的产粮大县，2022年中央要求实现产粮大县全覆盖。从确保国家粮食安全高度，做好三大粮食作物的保险工作是农业保险的头等大事，是重中之重的工作。当前，我们更要有一种危机感和紧迫感，受俄乌战争等多种因素影响，2022年以来国际粮价大幅上涨，虽然在年底有所下跌，那也是相对于前期过高的涨幅而言，其绝对价格依然处于2013年以来的高点，2022年7月联合国粮农组织（FAO）食品价格指数同比仍上升13%，就目前的国际局势和粮食供需形势看，很难说全球粮食危机警报已经解除。尽管我国三大主粮自给率高，国内粮价保持了基本稳定，但对于我国年进口谷物近2 000万吨（1 791万吨）而言，其供应趋紧和价格上涨的危险性是要高度警惕的。提高农民种粮的积极性，保障种粮农民收益，防范种粮风险，着力做好三大粮食作物的完全成本保险和收入保险自然成为从政府到保险机构的一项重大的工作任务，也是一项政治要求。

三大粮食作物保险试点工作开展以来，取得了不错的成效，获得了一些成功的做法和经验，2021年的扩面取得了新的成效，2022年的全覆盖工作也在积极推进，但还有不小差距，需要引起高度重视。一是有的地方保险覆盖率明显偏低。中央主管部委明确要求产粮大县的保险覆盖率要达到70%以上。但在我们今年的调研中发现，有的省份三大主粮完全成本保险或是收入保险覆盖率不足30%。二是一省一费率的问题广泛存在。上级政府部门已多次明确要求按不同区域的风险程度确定费率，2020年，中国银行保险监督管理委员会牵头提出了《全国稻谷、小麦、玉米保险风险区划报告》，为我们按风险区划

确定费率提出了依据，但实际情况却是不少省份仍然实行一省一费率。这种不精准的做法，显然与农业保险高质量发展相违背，也有失公平，特别是在高保费的情况下，影响农民投保的积极性。三是服务不到位。农业保险从业机构在承保、查勘、定损、理赔等关键环节管理粗放，过程不规范，缺乏公正和透明，赔付不及时、不到位，协议赔付等现象都不同程度地存在。调研中有农户反映，2021年受灾，直到2022年6月才获得赔付，这些都影响了农户投保的积极性。

以上这些问题，需要我们加大力度解决。一是要加大推进力度，把70%的覆盖率作为一项硬性指标来落实。地方政府更应该在这方面多下功夫。可以借鉴山东、四川等省的经验，将覆盖率达到70%列入乡村振兴的考核内容，以此来压实地方的责任，使之成为一项硬指标、硬任务。二是努力推进差异化费率。按照风险区划以及根据不同的风险程度确定费率是中央农业保险高质量发展必须突破的关口。一个省存在的不同自然风险和自然禀赋是一种客观存在，只要我们肯下功夫，完全可以对不同区域的费率给予比较科学的确定。山东、河南、内蒙古等省份已经为我们做出了范例。三是抓好定损赔偿两个服务的关键环节。农业保险服务的环节不少，但关键是查勘定损和赔付，要在准确和及时上下功夫。县一级农业部门应建立专门的农业保险查勘定损专家队伍，保险机构要足额赔付，及时赔付，以使投保农户有公平感、获得感，以建立对我们的信任感，提高参保的积极性。

二、树立农业保险的新理念，着力在绿色农险上有新作为

绿色发展是我国提出“双碳”目标后农业农村的必然选择。农业农村是一个排碳者，据联合国政府间气候变化专门委员会评估报告显示，全球农业碳排放占全球碳排放总量1/3左右，这些碳排放来自农业加工、流通等环节，也来自农作物种植、畜牧饲养等经营活动。可以说农业农村是一个碳排放的大户。同时，农业农村又是固碳的贡献者，包括森林、草原、湿地、水域、青苗。绿色是农业农村最大的特色和资源，一棵树生长40年之久可以吸收4吨二氧化碳。农业保险如何为实现“双碳”做贡献，推进绿色发展，这是一个新挑战，又是一个新机遇。可以作这样的判断，绿色保险是农业保险的一片蓝海。所以我们要把绿色保险作为一个新的理念、新的业务领域、新的工作内容、新的工具手段，贯穿在农业保险之中。

尽管目前我们还没有很多成熟的经验，但也有一些积极的探索。如上海、广东、河南等省份已经开发出地力指数保险，其实质是一种土地绿色生态的保护，是一种形式的减排和固碳，具有创新性的意义。青海省在全省化

肥农药减量增效行动（2019—2023 年）中，将“两减”行动中造成的农作物产量损失纳入政策性农业保险，保证农户的种植收益不减少，目的是减少碳的排放。2021 年福建龙岩新罗区试点全国首单林业碳汇指数保险。2022 年 5 月，全国首个农业碳汇交易平台在厦门成立。7 月，由中国太平洋财产保险股份有限公司承保的全国首单农业碳汇损失保险在厦门市落地，为厦门市同安区莲花镇高山茶园的 3 768 吨碳汇提供风险保障，是碳汇价值多元转化的一次金融尝试。这些都是运用保险的方法推进绿色生态化发展开创的先例。更要看到，碳汇金融化是大势所趋，农业保险本身也是一种金融手段，两者结合具有天然的优势，为我们展现了以农业保险为手段，促进农业农村绿色发展的广阔前景。

具体来说，一是要扩大森林保险的力度，提高覆盖率。同时提高防险力度，减少森林损失。要加快推进草原保险试点，努力推动湿地保险。二是创新保险产品形式和内容，可考虑将推进投入品减量化、秸秆综合利用、面源污染综合治理、黑土地保护都作为农业保险的内容，在保险产品设计当中增加对碳排放因素的考量，在保险合同中增加与固碳有关的条款，或者改变传统的保险损失赔付办法，增加违约追偿的责任条款或碳汇的激励条款。三是创新保险模式，将保险标的具有的碳汇能力，在可交易的条件下，置换为等量的货币，作为保费替代，更好地激励绿色发展。

三、坚持科技赋能的导向，积极在农险数字化上取得新成效

走农业保险的数字化之路，给农险插上科技的翅膀，是农业保险高速、高质量发展的大趋势，也是必由之路。近年来，各农险从业主体数字化进程快速推进，中国人民财产保险股份有限公司打造了“空天地”农险运营模式；太保财险早在 2015 年就率先推出了“e 农险”新技术，并不断迭代升级；中华联合财产保险公司开发了“农险 E 键通”App；中国平安财产保险股份有限公司推出了“平安爱农宝”微信小程序；中航安盟财产保险有限公司开发了“惠农易通宝”App。农业保险界在农险数字化推进的实践中形成了五点共识：一是能提升农险工作效率，推动农业保险经营管理更加高效；二是能降低农业保险业务成本，节约人力资源；三是能有效破解信息不对称难题，防范道德风险和逆向选择；四是能提升服务的便捷性和精准性，实现机构与客户的线上面对面；五是能更好地实施政府对保险机构的监管，提高有效性和准确性。

我国农险数字化的发展还存在三大方面的困难。一是数据信息获取难。目前农业保险相关数据信息分散在不同部门，如土地确权、地理信息、气候气

象、价格产量、保险业务、空间遥感等数据分别在农业农村、国土资源、气象、发展改革、保险监管、航空航天等部门。或出于保密要求，或出于利益考量，从业主体获取这些信息并不容易。二是平台建设难。农业保险从承保、查勘、报案、定损、理赔，有一个较长的流程，需要一个具有较强综合性、功能性的平台，才能满足从业主体管理的需要，满足亿万农户获取信息的需要，满足政府监管的需要，也有利于落实农业保险"协同推进"的原则。这是一项重要的基础性工程，有不少省份在进行这方面的工作，但其功能仍然有限。三是信息运用难。目前，无人机技术、遥感技术在农险查勘定损工作中的参与度越来越高，应用日益广泛，对提高农险理赔工作效率，实现精准定损理赔发挥了重要作用。但是，以此方式获得的信息，还未得到行业外的广泛认可，已经发生过司法部门不把遥感数据作为依据的案例。另外，一些农户对信息持怀疑态度。

凡此种种，表明农业保险的信息化建设需要加大力度，更趋完善。相信农业保险科技赋能，走信息化的路子是高质量发展的必然选择。黑龙江省农业投资集团有限公司（简称农投集团）联合哈尔滨工业大学，投资成立了黑龙江农投大数据科技有限公司，该数据公司在黑龙江省财政厅、农业农村厅的指导下，充分利用土地确权数据、遥感数据，开发创新技术应用，建设了"政策性农业保险服务平台"，为政府及农险从业机构提供数据服务。2022年3月，黑龙江省财政厅印发了《黑龙江省"农业大数据＋政策性农业保险"联动试点工作方案》，在部分市（县）开展联动试点工作，其内容为：一是以土地确权数据为核心，补充土地流转、种植登记信息；二是建立多种数据交叉验证机制，多角度核实确认，保证投保数据的真实性；三是利用"遥感技术＋确权数据"，提高保险公司承保、勘损、理赔的准确性；四是创新"农业大数据＋互联网"线上作业机制，为政府及行业监管部门构建农业保险"一张图"。目前试点工作进展顺利，成效初显，为农户、农险从业机构、政府及行业监管部门提供了系统化的数据服务，实现了农业保险"投保、查勘、定损精确到地块"。黑龙江的做法为我们提供了一个很好的范例，也为我们提出了好的思路与路径。表明以省为单位，在政府有关部门支持指导下，以公司化的方式建立农险信息化平台，各保险公司积极参与，积极开展遥感技术、互联网技术、大数据、云计算等新技术应用，是完全可行的。由此，在国家层面，由财政部作为牵头部门，农业农村部、国家金融监督管理总局通力合作，可通过中国农业再保险股份有限公司、中国银行保险信息技术管理有限公司的优势互补，与省级平台相联结，各保险公司积极参与，建立一个全国性的农业保险信息共享平台，为农险从业机构提供多方面的信息公共服务是有可能的。

四、树立精准服务是农险生命线的意识，努力在农险高质量发展上有新提升

《关于加快农业保险高质量发展的指导意见》开篇在指导思想部分提到了三句话，一句话是完善农业保险政策，一句话是优化农业保险的运行机制，另外一句话就是提高农业保险的服务能力。运用保险工具来服务农业、服务农民、服务农村，是我国农业保险的基本定位。

对于农业保险机构来讲，精准服务是生命线，特别是在承保、查勘、定损、理赔等关键环节，都要牢牢坚守精准服务的理念。具体来说就是要做到“三精”。

一是精心。从当下看，“三农”是我国经济社会发展的基本盘。农民种粮保供，保障了社会生产、生活的正常运转，是国之大者。这里讲得精心，就是做农业保险的从业机构和工作人员要把心瞄准在“三农”的靶心上，全神在“三农”工作上，着力在“三农”发展上。这样我们的精心就是要有“三农”情怀之心，要有服务亿万农民之心，要有保障国家粮食安全之心。有了这个心，我们在从事农险工作中，就会把农民满不满意、对维护国家粮食安全有没有贡献、在推动农业发展上有没有作为，作为一种自觉的责任担当，成为一种自动的行为要求。

二是精准。精准的核心是解决服务粗放的问题，解决在承保、查勘、定损、理赔等关键环节，与高质量发展的要求还有较大差距的问题。在调研中发现部分地区，存在承保验标不准确，赔付不及时，不到位，协议赔付、平均赔付的现象。如果这种现象多发，保险就失去了应有功能与作用，政府就会质疑通过政策性保险替代财政补贴的必要性。解决这一问题，还是要依靠精准的服务，包括承保验标的准确，查勘定损的准确，理赔数额的准确，这里体现了保险业务的高质量，也体现了保险机构管理的高质量。只有实现了高质量，才能让农民感到公平，有获得感，才能让政府感到保险公司的敬业，愿意以保费补贴的形式将财政资金交到保险公司手中。保险公司才能赢得口碑，获得政府与农民的信任，才能开拓市场，实现可持续发展。

三是精细。要有精细化的服务，要深入田间地头，要下乡入户，要多与农民面对面。尽管我们提出了“让信息多跑路，让农民少跑腿”，尽管我们有了各种信息化手段，有了电子签单、线上服务、遥感技术等，但这些技术不应当使我们减少与服务对象的接触，相反给了我们更多时间，更多方式，去了解农民，接触农民，与农民面对面，了解农民的真实感受，贴合农民的需要，切身体会他们的冷暖，让农户感受到服务的温度，增强对保险公司的信任。

当然，要做到“三精”并不容易，需要持续努力，久久为功。各保险机构要发挥党建统领作用，把思想政治工作摆在更加突出的位置；要加强专业知识学习，把提高专业能力摆在更加突出的位置；要认真勤奋，真抓实干，把讲业绩、谋发展摆在更加突出的位置；着力加强人才建设，队伍建设，打造一支“懂农险、爱农业、爱农民”的专业人才队伍。

（中央农村工作领导小组原副组长）

新时代我国粮食发展与安全新成就、新任务和新对策

尹成杰

发展粮食生产，解决吃饭问题，是国际社会普遍关注的重大战略性和长期性问题。当前，世界粮食发展与安全格局发生新变化。我国作为世界粮食生产大国、粮食消费大国，面对新时代世界粮食发展与安全格局的新变化，牢牢守住保障国家粮食安全底线，是治国理政、应对国际新形势新挑战的头等大事。必须深入贯彻习近平总书记关于粮食安全的重要论述，立足新发展阶段、贯彻新发展理念、构建新发展格局，统筹当前与长远，进一步强化对粮食地位、功能及内涵的认识，从维护国家安全、应对国际地缘政治新挑战和新冠疫情影响、支撑国家经济社会稳定发展、加快形成双循环发展新格局和全面建设社会主义现代化国家的战略高度，坚持把“三农”工作摆在全党工作的重中之重地位，坚定不移地走中国特色粮食发展与安全之路。

一、新时代我国粮食发展与安全的新成就

近些年，我国粮食发展在改革开放 40 多年的基础上取得许多新的重大成就，成功地保障了 14 亿人的吃饭问题，为脱贫攻坚、全面建成小康社会、巩固“六稳”“六保”、稳定经济及应对国际风险挑战和疫情灾害影响等奠定了坚实基础。目前，我国是世界人口大国中粮食生产和供给最为安全的国家之一，粮食综合生产能力已经达到了一个稳定较高的阶段性水平，堪称世界和我国粮食发展史上的伟大奇迹。

一是从 2003—2021 年，我国粮食生产取得“十八连丰”，党的十八大以来取得“九连丰”。2021 年粮食总产量达到 13 657 亿斤①，在 2020 年的高基数上又增加了 267 亿斤，增量翻了一番多，全国人均粮食占有量为 483 千克，比上年增加了 9 千克。7 月中旬，国家统计局公布了 2022 年夏粮产量，达到 2 947.8亿斤，比上年增产 28.7 亿斤，增长 1.0%。其中小麦产量 2 715 亿斤，

① 斤为非法定计量单位，1 斤＝0.5 千克。

比 2021 年增加 25.7 亿斤，增长 1.0%。各地区各部门高度重视粮食生产，克服冬小麦晚播、农资价格上涨和国内疫情多点散发等不利因素影响，夏粮实现增产丰收，为全年粮食丰收打下了基础。

二是党的十八大以来，我国粮食生产在转方式、调结构、提质量的背景下再登上一个 1 000 亿斤的大台阶。从 1978 年改革开放之初到 2020 年的 40 多年间，我国粮食综合生产能力从 6 000 亿斤的基础水平，连续登上 7 个 1 000 亿斤的大台阶。其中，从 2012 年到 2020 年 8 年间又登上一个 1 000 亿斤的大台阶，即 2012 年粮食总产量 11 791 亿斤，2021 年粮食总产量 13 657 亿斤，8 年间增加了 1 866 亿斤，算是又登上一个增产 1 000 多亿斤的大台阶，再创历史新高，我国粮食生产呈现数量和质量双提高的良好发展态势。

三是我国粮食生产供给经住了新冠疫情和自然灾害的严峻考验。近些年，我国粮食生产经得住世界百年未有之大变局、突如其来的疫情和洪涝、台风、病虫害的考验。各级党委和政府带领广大农民边生产、边抗疫，粮食的生产链与供应链没有断。粮食持续增产、生猪生产明显恢复、蔬菜水果产量增加、肉奶蛋水产品供给充裕，为打胜抗疫阻击战、脱贫攻坚战、“六稳”“六保”提供有力支撑。

四是我国粮食总产量居于世界首位。目前，我国用占世界第三位的耕地生产出世界第一位的粮食产量，成为世界上粮食供给最为充裕和平衡的国家之一。2021 年我国粮食产量 6.83 亿吨，占全球粮食总产量 27.99 亿吨的 24.3%。2021 年美国粮食总产量 5.71 亿吨，居第二位；印度为 3.05 亿吨，居第三位。从国际通用的粮食自给率看（当年粮食产量与粮食消费量的比率），我国 2021 年稻谷、小麦、玉米三大谷物自给率在 90%以上、口粮自给率保持在 95%以上。从种植耕地面积看，我们用 4.53 亿亩[①]种稻谷，3.6 亿亩种小麦，6.9 亿亩种玉米，也就是说，我们用 80%的耕地种口粮和谷物，确保口粮绝对安全，谷物基本自给，保证 14 亿中国人不至于挨饿。

五是我国已建立健全现代粮食储备体系。粮食流通体制改革不断深化，粮食储备基础设施现代化水平日益提高，储备管理不断强化，已形成了从中央到地方的四级粮食储备管理体系。7 月下旬，农业农村部发布消息，我国稻谷、小麦全社会库存处于历史较高水平，能够满足一年以上的口粮消费需求，仅地方储备就能满足产区 3 个月、销区 6 个月、产销平衡区 4～5 个月的消费需求。全国人均占有粮食 480 多千克，远超世界人均粮食 400 千克的安全线。从库消比（库存粮食与粮食消费量的比率）看，2020 年和 2021 年我国三大主粮库消比超过 65%，远超联合国粮农组织确定的 17%～18%粮食安全警戒线。

① 亩为非法定计量单位，1 亩=1/15 公顷。

党的十八大以来，我国粮食发展与安全取得的重大成就，是我们党带领广大农民创造的伟大奇迹，是习近平新时代中国特色社会主义思想和“三农”理念、制度以及强农惠农政策创造的伟大奇迹，是中国特色社会主义制度和体制优势的生动彰显。

二、新时代我国粮食发展与安全面临的新挑战

目前，全球粮食发展与安全受到百年变局、地缘政治、俄乌冲突、新冠疫情、气候变化、自然灾害等多种风险因素叠加的影响，从来没有像今天这样严重。

从国际看，地缘政治和新冠疫情交织，以及俄乌冲突影响，全球粮食市场受到持续冲击。由于俄罗斯和乌克兰都是粮食大国，尤其是乌克兰，更是“欧洲粮仓”。这两个国家共占世界小麦出口的近1/3，占全球玉米出口的1/5。冲突初期给全球粮食供给带来大面积恐慌，不少国家纷纷限制粮食出口，有的国家提高了粮食出口价格，还有粮食巨头企业垄断控制粮源，引发了全球粮价大幅上涨，后来有所回落。联合国粮农组织2022年6月发布的《全球粮食危机报告》中指出，2021年有53个国家和地区的1.93亿人口经历了粮食危机，2022年情况更加严重，将是一个灾难性的饥饿之年。7月全球食品价格指数为140.9点，比上年同期高13.1%。世界银行估算，食品价格每上涨1%就有将近1 000万人陷入贫困。全球粮食生产和供给链发生新变化，粮食供给的不平衡、不稳定性加剧。

从气候变化形势看，全球气候危机正在加速形成。疫情带来的影响还没有消散，新的全球性危机又不断爆发，气候灾难频频加剧。自1880年开始记录以来，地球的温度水平一直在稳步上升。全球变暖的速度在20世纪中叶加快，到20世纪末又再次加快，地球现在正经历着现代历史上最温暖的气候。2022年，美国农业第一大州加利福尼亚州的旱情已经到了最严重的地步，由于缺水，加州重要农业区有大约1/3未种植作物。欧洲也遭遇了500年一遇的干旱，西班牙、法国南部、意大利和巴尔干地区因为干旱和缺水，将导致2022/2023年度欧盟玉米产量减少1/6。我国中部和西南部的6个省级行政区出现严重旱情，高温干旱已成为影响中国南方秋粮丰收的最大威胁。

从国内粮食供求格局看，我国粮食生产压力始终不容小觑。稻谷、小麦供给充裕与玉米供给偏紧并存；国内食用油、蛋白饲料生产增加与进口增加并存。与需求相比，食用植物油和蛋白饲料供给短缺，是突出短板。从长远看，我国粮食发展与安全面临一些新情况。一是我国粮食生产增长率低于粮食消费需求增长率，近十年间粮食生产增长率较消费需求增长率低1个百分点。二是

我国食用植物油和蛋白饲料对外依存度较高。2021年大豆进口9 652万吨，食用油自给率约为30%。三是新型城镇化发展增加粮食供给新需求。每年因为人口和消费需求的双重增加，需要增加粮食供给100多亿斤。四是我国农业资源和生态环境对粮食生产的瓶颈制约加大。我国耕地面积19.18亿亩，户均耕地7亩左右，只有世界平均水平的1/4，发达国家的1/40，美国的1/400。农业淡水资源供给呈趋紧态势。五是自然灾害发生频率不断增加。我国是农业自然灾害多发重发国家，全球气候变暖导致极端天气灾害频发，对我国粮食发展与安全带来较大压力。

从国际国内粮食发展与安全看，我国粮食发展与安全面临新形势、新挑战。受世界百年变局、新冠疫情，以及地缘政治、俄乌冲突和自然灾害等多重影响，新发展阶段下我国粮食发展与安全面临前所未有的新挑战。这种挑战是世界性的、长期性的，维护国家粮食发展与安全的弦，一刻都不能放松。

三、新时代我国粮食发展与安全的新任务

随着百年未有之大变局的加速演进和我国经济社会高质量发展，我国粮食发展与安全面临新的艰巨任务，粮食和“菜篮子”产品需求将持续刚性增长。很多专家认为，可能到2050年粮食需求量会达到一个峰值。据预测，“十四五”期间，玉米、大豆、棉花、食用植物油、食糖、牛羊肉、乳制品进口还将增加。根据世情、国情和粮情，中央对我国近期和中长期粮食发展与安全作出了重要部署。习近平总书记指出，中国人任何时候都要把饭碗牢牢端在自己手中，碗里主要装中国粮。这是我国维护国家粮食发展与安全的根本指南，是确定新时代、新阶段我国粮食发展与安全任务的基本遵循。

一是把饭碗牢牢端在自己手中。党的十九大报告提出，要确保国家粮食安全，把中国人的饭碗牢牢端在自己手中。这既是长期目标，也是粮食发展与安全必须实现的任务，同时，确保国家粮食安全也要作为实施乡村振兴战略的重要任务。

二是坚守保障国家粮食安全底线。2021年颁布的《中华人民共和国乡村振兴促进法》提出要守住粮食安全底线。2022年中央1号文件又强调提出稳定“三农”基本盘，坚守保障国家粮食安全底线。坚守粮食安全底线，就是要确保谷物基本自给、口粮绝对安全。做到基本和绝对，是硬任务、实任务，不能变通，不能打折扣，要稳字当头，稳定粮食播种面积，大力扩大大豆和油料生产，确保2022年粮食产量稳定在1.3万亿斤以上。强化“菜篮子”市长负责制，稳定生猪生产，确保畜禽与水产品和蔬菜有效供给。

三是进一步巩固和提升粮食生产能力。《乡村振兴战略规划（2018—2022

年）》提出要按照“确保谷物基本自给、口粮绝对安全”的要求，持续巩固和提升粮食生产能力。粮食生产能力是粮食安全的基础，是确保谷物基本自给、口粮绝对安全的根本支撑。近几年来，我国粮食综合生产能力已达到1.3万亿斤的较高阶段性水平。但是，按照日益增长的消费需求，必须进一步巩固和提升粮食生产能力，这是未来粮食发展与安全的重中之重。

四是夯实粮食生产能力基础，保障粮、棉、油、糖、肉、奶等农产品供给安全。“十四五”规划对夯实粮食生产能力，增强农业生产能力作出部署，强调以粮食生产功能区和重要农产品生产保护区为重点，建设国家粮食安全产业带，这是粮食发展的根本任务。中央已从耕地保护、高标准农田建设、打好种业翻身仗、农机转型升级等方面部署夯实提升粮食生产能力基础的工作。

五是用中国种子保障中国粮食安全。种子是农业的基础生产力。种子现代化是农业现代化的核心要素。习近平总书记在考察海南崖州湾种子实验室时指出，中国人的饭碗要牢牢端在自己手中，就必须把种子牢牢攥在自己手里。同时强调，用中国种子保障中国粮食安全。这一重要论述，深刻指明了种子对国家粮食安全的极端重要性，提出了新阶段种业发展的新任务新要求。从粮食安全需求出发，用中国种子保障中国粮食安全；从民族种业安全需求出发，要实现种业科技自立自强，种源自主可控；从问题导向需求出发，要围绕保障国家粮食安全和重要农产品供给，搞好科研创新攻关；从加快种业科技进步需要出发，要继承和发扬老一辈农业科研工作者胸怀祖国、服务人民的优秀品质，拿出十年磨一剑的劲头，勇攀农业科技高峰；从加强我国种业基础建设需求出发，加快推进国家南繁育种基地建设，搞好种质资源保护与利用专项行动，着力推进提升种业基础研究和关键核心技术原创能力，加快现代育种基地大平台建设，加快培育具有国际竞争力的大型跨国种业企业，切实加强种业知识产权保护和市场秩序建设，深入推进种业管理体制改革，努力提高我国种业现代化水平。

六是不断强化粮食生产防灾减灾能力。深入落实“两藏”战略，加快高标准农田建设和农田水利设施建设，不断提高抗旱能力，提升土地和水资源利用率，不断研发耐高温耐干旱新品种。强化农业生产气象保障服务，运用遥感等现代科技提升灾害天气预警、病虫害预警能力，提升防灾减灾气象服务水平。提高田间管理能力，加强病虫害监测和防治水平。

四、新时代保障国家粮食发展与安全的新对策

牢牢守住保障国家粮食安全底线，是新时代、新阶段我们党治国理政的头等大事。面对新时代、新阶段国家粮食发展与安全面临的新形势、新挑战，切

实稳住农业基本盘，做好牢牢守住粮食安全底线工作，为推动经济高质量发展，支撑国家重大战略实施奠定坚实基础。要立足新发展阶段、贯彻新发展理念、构建新发展格局，统筹当前与长远，突出年度性任务、针对性举措、实效性导向。对此，习近平总书记做出一系列重要指示，中央做出一系列重要部署，围绕保障新阶段国家粮食安全，提出一系列新理念、新战略、新制度、新举措。

（一）全面贯彻实施新时代国家粮食发展与安全的方针

进入新时代，习近平总书记从国际国内两个大局出发，立足世情、国情和农情，围绕粮食发展与安全，做出了一系列战略性、方针性的重要指示。据此，中央提出了“以我为主、立足国内、确保产能、适度进口、科技支撑”新的战略方针，做到“谷物基本自给，口粮绝对安全”。新的粮食安全方针站位高远、符合国情、目标明确、措施有力，是当前和长远国家粮食安全的根本性、战略性保障。所谓以我为主、立足国内，就是要自力更生，发展粮食生产，解决吃饭问题，这是把饭碗牢牢端在自己手里，主要装中国粮的关键，世界上任何国家都无力解决中国吃饭问题；所谓确保产能，就是要保耕地、保面积、保产量，打牢保障粮食消费需求的基础；所谓适度进口，就是利用好两种资源、两个市场，调剂余缺；所谓科技支撑，就是要加快农业科技创新与应用，促进农业转型升级，依靠科技增产提质，提高农业综合生产能力；所谓谷物基本自给、口粮绝对安全，就是粮食安全的底线。

（二）全面贯彻实施国家粮食发展与安全的“两藏”新战略

近年来，根据我国农业生产资源与粮食消费需求变化情况，中央提出“藏粮于地，藏粮于技”新战略。习近平总书记在2020年中央农村工作会上强调“今后一个时期粮食需求还会持续增加，供求紧平衡将越来越紧，再加上国际形势复杂严峻，确保粮食安全的弦要始终绷得很紧很紧，宁可多生产、多储备一些，多了的压力和少了的压力不可同日而语。”“我们土地是不少，但同14亿人口的需求一比，又是稀缺资源！建城市、搞工业、保生态都要用地，必须精打细算，排出优先序，绝不能占用耕地和违背自然规律去搞造林绿化。各省区市现有用于粮食生产的耕地必须保住，不能再往下降了！”“两藏”战略，深刻揭示了保障国家粮食发展与安全的关键，集中抓住了解决粮食发展与安全的主要矛盾，指明了守住国家粮食安全的根本之策。2021年，全国人大通过的《乡村振兴促进法》把“两藏”战略以法律形式规定了下来。促进粮食生产发展，保障国家粮食安全，耕地是基础，科技是支撑。“两藏”战略，一方面是要保护和储备耕地等农业资源，这也是保护和储备粮食生产能力；另一方面是要加快农业科技创新与应用，加快农业现代化建设，向科技要增产潜力、向科技要粮食产量、向科技要肉奶蛋油、向科技要蔬菜水果和水产品。“两藏”战略是新时代、新阶段保障国家粮食发展与安全的长期性、基础性战略。

（三）全面贯彻实施保障好初级产品供给大战略

在2022年中央经济工作会议和农村工作会议之前，习近平总书记提出重要论断，保障好初级产品供给是一个重大战略问题，中国人的饭碗任何时候都要牢牢端在自己手中，饭碗主要装中国粮。把粮食等重要初级产品供给上升为大战略问题，既是再次告诫全党要高度重视粮食等农产品的生产和供给，又是对新时代、新阶段国家粮食发展与安全的新摆位、新要求，进一步提升了粮食等农产品生产和供给的战略定位，从根本上为新时代、新阶段国家粮食发展与安全指明方向。这对保障初级农产品生产、稳农保供、稳定农业生产链和供应链具有重要指导性和针对性。粮食等初级农产品既是农业生产的直接成果，又是人类生存须臾不可离开的食物，是不可替代的生活消费品。粮食等初级农产品生产水平是一个国家农业现代化水平和综合农业生产能力的最终体现。要切实抓好初级农产品生产，初级农产品是“粮头食尾”“农头工尾”的源头，是稳农保供的物质基础。人们的餐桌消费，90%还是消费初级农产品，初级农产品的规模、结构、品种，直接决定着供给安全和生活水平。

（四）全面贯彻实施把提高农业综合生产能力摆在更加突出的位置

农业综合生产能力是初级农产品生产的基础。2022年中央经济工作会议和农村工作会议前所未有地强调提高粮食综合生产能力的极端重要性，不仅强调要提高，而且要摆在更加突出的位置。不仅摆位要突出，而且是要更加突出。前些年，我国个别农产品生产相对过剩，造成一些积压。现在情况大为不同了，随着粮食等农产品消费需求增加，个别粮食品种积压库存会消化殆尽，有的品种由于资源制约生产能力开始凸显不足了。因此，一定要高度关注粮食总产、粮食单产，要千方百计提高综合生产能力。当前和未来保障粮食安全，关键在于总量安全和提高农业综合生产能力。因此，今年中央经济工作会和农村工作会，以及2022年中央1号文件，不失时机地提出把提高农业综合生产能力摆在更加突出的位置，高瞻远瞩、切中要害，意义重大。

（五）全面贯彻实施大食物观，实行大食物供给新策略

在今年两会上，习近平总书记发表了树立大食物观的重要讲话，就新时代粮食安全、食物多元化、农业资源利用、农业结构布局、发展特色农业、供给侧结构性改革等做出一系列重要论断，站位高远，内涵十分丰富，为新时代粮食安全、食物安全、农业转型升级、满足多样化消费需求指明方向，提供强大动力。围绕食物供给，习近平总书记提出，“要树立大食物观，从更好地满足人民美好生活需要出发，掌握人民群众食物结构趋势，在确保粮食供给的同时，保障肉类、蔬菜、水果、水产品等各类食物有效供给。”围绕因地制宜发挥资源优势、建设现代农业结构和布局，习近平总书记强调，“在保护好生态

环境前提下，从耕地资源向整个国土资源拓展，宜粮则粮、宜牧则牧、宜渔则渔、宜林则林，形成同市场需求相适应、同资源环境相匹配的现代农业生产结构和区域布局。”围绕未来食物来源和结构，习近平总书记强调指出，“要向森林要食物，向江河湖海要食物，向设施农业要食物，要从传统农作物和畜禽资源向更丰富的生物资源拓展，发展生物科技、生物产业，向植物、动物、微生物要热量、要蛋白。”围绕大食物来源的实现路径，习近平总书记强调，“要推进农业供给侧结构性改革，全方位、多途径开发食物资源，开发丰富多样的食物品种，实现各类食物供求平衡，更好满足人民群众日益多元化的食物消费需求。”这些重要论述，是新时代习近平“三农”工作理念的创新丰富和发展，对于推进乡村振兴、农业农村现代化、粮食安全、食物供给具有重大现实意义和深远历史意义。

（六）全面贯彻实施保障国家粮食发展与安全的新责任制度

任务明确、责任明确、奖罚明确，力度之大，前所未有。主要有三个方面：首先，实行粮食发展与安全党政同责。以往是粮食安全省长负责制，现已转变为粮食安全党政同责，党委政府和书记省长要对本行政区的粮食发展与安全共同负责，共同保粮食面积、保粮食产量。其次，是实行耕地保护党政同责。习近平总书记强调：“18亿亩耕地必须实至名归，农田就是农田，而且必须是良田。”实行最严格的耕地保护制度，采取“长牙齿”的硬措施，坚守18亿亩耕地红线。实行耕地保有量和基本农田保护目标逐级分解下达到各级党委政府，由中央和地方签订保护责任书，严格考核，一票否决，终身追责。最后，实行主产区、主销区、产销平衡区对粮食发展与安全共同负责。习近平总书记指出，要有合理布局，主产区、主销区、产销平衡区都要保面积、保产量。目前，从粮食产量增长幅度看，全国粮食增产中90%是由粮食主产区贡献的。从全国看，13个粮食主产省份中粮食净调出省份只有6个，粮食生产集中度越来越高。7个粮食主销区和11个粮食产销平衡区的粮食和品种缺口，主要靠内蒙古、吉林、黑龙江、安徽和河南等6个省份粮食调出补充。实践表明，粮食“三区”都做到“两保”意义十分重大，进一步明确粮食“三区”都负有国家粮食发展与安全的任务和责任。粮食“三区”做到保面积保产量，有利于从基础上及早防范粮食生产功能区及粮食生产能力弱化问题；有利于防范粮食大省滑向粮食小省、粮食调出大省滑向调出小省、粮食产销平衡省滑向调入省、粮食调入小省滑向调入大省，起到长远性保障粮食安全作用。

（七）全面贯彻实施保障国家粮食发展与安全的基础支撑的新部署

2022年中央农村工作会议和中央1号文件，对加强粮食发展与安全的基础支撑有针对性的安排。着力强化基础支撑，对提高粮食安全保障能力至关重要。首先，要全面完成高标准农田建设阶段性任务，多渠道加大投入力度。截至2021年，全国已基本完成9亿亩高标准农田建设任务。今年中央1号文件要求，2022年建设高标准农田1亿亩。累计建成高效节水灌溉面积4亿亩。加大中低产田改造力度，加大大中型灌区配套与改造力度，新建一批现代化灌区。深入推进黑土地保护工程，实施黑土地保护耕作8 000万亩。积极挖掘潜力增加耕地，搞好盐碱地改造。其次，大力推进种源核心技术创新攻关。全面实施种业振兴方案，推进种业领域国家重大创新平台建设，启动农业生物育种重大项目，加快实施农业关键核心技术攻关工程，加强新一代自主可控的基因编辑工具研发应用，加快生物育种产业化步伐。再次，进一步提升农机装备研发应用水平。加强农机装备工程现代化协同攻关，加快大马力机械、丘陵山区机械和设施园艺小型机械、高端智能机械研发制造。进一步降低机械收获损耗率，实施农机购置与应用补贴政策。最后，加大农业防灾减灾能力建设和投入力度。

（八）全面贯彻实施强化保障国家粮食发展与安全的新的政策措施

进一步强化创新强农惠农政策，调动和保护地方抓粮和农民种粮的积极性。2022年中央1号文件提出要合理保障农民种粮收益、让农民种粮有利可图、让主产区抓粮有积极性的政策取向。健全农民种粮保障机制，出台力度大、含金量高、向种粮农民倾斜的新政策。一是2022年适当提高稻谷、小麦最低收购价，稳定玉米、大豆生产者补贴和稻谷补贴。二是实现三大粮食作物完全成本保险和种植收入保险主产省全覆盖。三是加大产粮大县奖励力度。四是创新粮食产销区合作机制。五是支持家庭农场、农民合作社、农业产业化龙头企业多种粮、种好粮。六是加快发展农业社会化服务。支持农业服务公司、农民合作社、农村集体经济组织、基层供销合作社等各类主体，大力发展托管服务，开展订单农业、加工物流、产品营销等，提高种粮综合效益。

（九）全面贯彻实施加强国家粮食储备体系现代化建设的新要求

习近平总书记强调，保障国家粮食安全，要有预备储备，留有备手，应对风险。建立健全中央到地方的四级储备体系。积极稳妥推进粮食中央政府储备增储，压实地方政府储备责任。建立自主可控稳定可靠的粮食供应链，科学做好吞吐调节，分类分品种加强调控和应急保障。加强智能粮库建设，强化粮食库存动态监管。深化粮食购销领域监管体制机制改革。建立健全重要农产品进出口监测预警机制。支持大型企业开展供应链全球协同布局。坚持节约优先，深入推进产运储加销全链条节粮减损，反对食物浪费。

（十）全面贯彻实施强化国家粮食发展与安全法律法规

近些年，特别是党的十八大以来，在原有粮食安全法律法规基础上，逐步出台完善粮食发展与安全的法律法规，修改强化了耕地、基本农田、种子相关法律法规。特别是颁布了《中华人民共和国乡村振兴促进法》，修改了《中华人民共和国种子法》，以及正在制定的《中华人民共和国粮食安全法》已进二审程序，进一步强调粮食安全战略的法律地位，抓住了国家粮食发展与安全的根本要素，强调牢牢守住“两个确保”的粮食安全底线。《乡村振兴促进法》还强调，不断提高粮食综合生产能力，建设国家粮食安全产业带，完善粮食加工、流通、储备体系，从粮食全产业链供应链作出相应法律规定。

（原农业部常务副部长）

加快建设有中国特色的农业强国

张红宇

农业是立国之本，强国之基。中国要强，农业必须强。在党的二十大报告中，习近平总书记明确提出，全面推进乡村振兴，加快建设农业强国，展示了打造与我国大国地位相称的农业强国的信心与决心，为中国式农业农村现代化指明了方向。

一、建设农业强国有基本要求

建设有中国特色的农业强国，不仅要体现全球农业强国发展的一般规律，更需要从我国的国情农情出发，明确建设农业强国的目标任务。

（一）体现我国经济体量和发展要求

我国是人口大国，也是经济大国，2021 年国内生产总值（GDP）总量达到 114.4 万亿元，人均 GDP 81 000 元，十分接近高收入国家门槛。与此同时，我国已经成为世界最大的制造业大国、服务业大国，经济增长速度保持在全球前列。特别是我国已开启全面建成社会主义现代化强国的伟大征程。在实现第二个百年奋斗目标的实践中，我国的农业无论从现代化进程看，抑或是农产品生产总量，产业产品类型丰富程度，重要农产品储备供给能力，包括在全球农产品贸易格局中的份额和地位都决定了我国建设农业强国的必然性。

（二）满足大国人民重要农产品的基础需求

作为人口大国和农产品消费大国，我国农业大国向农业强国转型最核心的要求是依靠自己的资源解决自己的问题，依靠自己的供给解决自己的需求问题。令人欣慰的是，经过几十年不懈的努力，我国的粮食、肉类和水产品等重要农产品供给有坚实的生产基础，不仅粮食、肉类和水产品等重要农产品总量多年位居世界第一，人均也大大超过了世界平均水平，满足了城乡居民对重要农产品的总量需求在复杂多变的外部环境下，不受制于人。特别是随着城乡居民食物结构不断优化，对农产品总量和多元化供给都呈现出不断增长的需求，实现重要农产品供需平衡，过去是，现在是，将来一个长时期内仍然是农业农村现代化进程中最重要的任务。对此，认识必须清醒。

（三）体现四化同步发展的内在要求

以中国式现代化全面推进中华民族伟大复兴，实现高质量发展，全面推进乡村振兴，要求在工业化、城镇化、信息化不断推进的过程中，同步推进农业现代化。促进分工分业，坚持农村土地“三权分置”的改革方向，推进土地经营权有序流转，培育壮大家庭农场、农民合作社等新型农业经营主体，让越来越少的人种越来越多的地。加快农村人口和农村富余劳动力向城镇转移，最大化释放农村人口和劳动力居住地和职业转换带来的改革红利，不断提高农业劳动生产率、土地产出率和资源配置率，提升农业现代化水平，加快建设农业强国，提升农业从业者收入，缩小城乡居民收入差距，夯实农民农村共同富裕基础。

（四）资源要素得到保护并永续利用

我国农业资源禀赋多元丰富，但人均资源短缺，必须倍加珍惜。农耕文明传承给我们最大的启迪就是农业作为永续产业，维护良好的生态环境，在保护中加以利用，不能吃祖宗饭，砸儿孙碗，必须牢固树立和践行绿水青山就是金山银山的理念，坚持山水田林湖草沙一体化保护和系统治理，统筹乡村基础设施建设和公共服务，实施绿色发展，处理好农产品生产和生态环境保护的关系，推动生产、生活、生态协调发展，促进人与自然和谐共生，建设宜居宜业和美乡村。

（五）提升我国在全球农业中的地位

纵观全球农业强国，不仅表现出现代经营观念，现代生产方式贯穿于农业生产的全过程，也不仅仅意味着有很高的劳动生产率、土地产出率和资源配置效率，更表现出其生产的农产品在全球具有充分的竞争力。美国是全球最大的农产品出口国，其谷物、豆类、棉花等资源性农产品出口有很强的竞争力，在全球农产品贸易格局中有充分话语权，是农业最强国。荷兰高端农产品在全球农产品出口额排名多年位居第二，丹麦肉类出口在全球有很强竞争力。我国作为农业大国，同时也是全球最大的农产品进口国，如何在全球农业竞争中，立足比较优势，在园艺性农产品、养殖性水产品生产和进出口贸易方面保持已有的竞争力，促进劳动密集、技术密集甚至资本密集等具有出口竞争潜力的产品和产业成长壮大意义重大。与此同时，作为全球最重要的农产品贸易大国，保障农产品全球供应链安全，强化和提升我国农业在全球农业格局中的地位和话语权，是由农业大国向农业强国转变的标志性任务。对此，要提前谋划，超前布局，使中国的农业像工业一样强大，为我国现代化强国目标增添成色。

建设与我国大国地位相称的强势农业，保障十几亿人口大国的粮食安全，促使农业从业者的收入增长，实现农业可持续发展，确保重要农产品生产供给不受制于人以及逐步提升我国农业在全球竞争力的目标任务，不仅体现了建设农业强国的内在要求，也是中国式现代化的必然选择。

二、农业强国要体现鲜明中国特色

基于农业的资源禀赋、产业特征、经营方式、政策导向和目标任务，我国建设农业强国的路径选择区别于全球农业强国的农业现代化发展轨迹，需要基于我国国情和农情，发挥农业比较优势，体现鲜明的中国特色。

（一）保障国家粮食安全

保障粮食等重要农产品充分供给是我国建设农业强国最基本也是最重要的任务。为此，要坚持以我为主的农业产业安全观，坚守“谷物基本自给，口粮绝对安全”的底线思维，粮食安全的核心是总量安全，需要最大程度提升自给率。没有总量，没有质量，没有结构优化，没有充分自给率，会危及生存，危及社会，危及政权安全。在保粮食总量安全前提下，统筹粮棉油糖肉菜果等重要农产品生产供给优先序，树立大食物观，向森林、草原、江河湖海、设施农业要食物，向植物、动物、微生物要热量、要蛋白。构建多元化食物保障体系，最大程度提升我国重要农产品的生产供应保障程度。

（二）突出农业资源禀赋多元优势

与美国的资源农业、日本的精细农业、以色列的灌溉农业与荷兰的设施农业特征相比，我国农业最大的优势就是多元化，这种多元化特征不仅表现在农业资源禀赋多元，也表现在农业产品产业类型多元。东北地区人少地多适宜大规模粮食生产，西北地区地多水缺适宜旱作农业生产，东部沿海和大都市地区劳动力、技术、资本相对丰富适宜发展都市农业和菜篮子产品生产，西南山区适宜特色产业发展。要通过粮食等重要农产品生产，保障农业产业安全主动权；通过特色产业和富民产业发展，提高农业效益，增加从业者就业机会和提升农业竞争力。

（三）释放乡村产业多重功能

大国农业要充分体现农业多元特征和乡村多重功能。首先是保障粮食等重要农产品产出，满足国民对重要农产品基本需求，这是全球各国农业发展的共同目标和任务，更是我国农业发展的重中之重，任何时候都不可以放松。其次，农耕文化是我国农业的宝贵财富，是中华文明的重要组成，其精髓几千年来生生不息，需要传承发展提升。再次，实现人与自然和谐共生，乡村是主战场，保障重要农产品充分供给，传承发展农耕文化，维护生态环境赋予了我国农业强国建设的深刻内涵。

（四）充分体现大国小农国情

顺应大国小农基本国情农情，从历史观和发展观看小农问题，在建设农业强国进程中，帮助、提高、发展、富裕小农，促使小农分化和发展，创新农业经营方式，坚持不懈地推进土地规模经营和服务规模经营，提高农业生产经营从业者的生产积极性，努力促使小农户和现代农业有效衔接。在户籍农户家庭继续拥有承包地权益的基础上，通过培育发展家庭农场、合作社、农业企业和多元化的农业社会化服务组织，服务小农，促使形成土地承包农户兼业与新型农业经营主体专业相结合的现代农业经营模式，以具有中国特色的农业生产方式为全球提供农业经营模式的选择。

（五）构建中国特色农业支持保护体系

现代农业发展离不开政府对农业的支持保护，这也是世界各国农业现代化发展的共同选择。经过几十年的努力，顺应经济社会发展水平不断提升的阶段性要求，在符合世界贸易组织（WTO）规则前提下，我国已构建瞄准扶持重要农产品生产，聚焦农业从业者收入保障，平衡区域协调发展的种粮农民利益保障机制和主产区利益补偿机制，面向农业农村农民的基础设施、公共财政、金融保险等政府支持保护政策框架已初步形成，体现了政府行为担当。要顺应经济社会发展阶段性要求，坚持农业农村优先发展，以政府行为为导向，坚持市场配置资源原则，引导社会资本投向农业农村农民，强化中国特色农业支持保护体系建设，为加快建设农业强国提供坚实保障。

三、加快建设农业强国的保障举措

建成与社会主义现代化强国相适应的农业强国，有明确的阶段要求，任务艰巨，在复杂多变的国际环境下，要坚持稳中求进的基本方略，以保障粮食等重要农产品充分供给为问题导向，积极作为。

（一）深化对建设农业强国的思想认识

与实现第二个百年奋斗目标一致，着手建设农业强国的顶层设计。一是面向“十五五”、2035 年和 2050 年三个重要时点，制定建设农业强国战略规划。统筹布局国内重要农产品生产、储备、供应的目标要求和重点任务，围绕重要农产品生产供应的耕地和水资源配置，农业科技研发的创新点和突破口，建设完善相关产业体系、生产体系、经营体系和政策体系。立足实现重要农产品国内产需平衡，最大程度保障粮食和重要农产品生产供给安全。二是创新适应建设农业强国的土地制度和经营制度体系。在坚持农村基本制度不动摇的基础上，进一步释放土地“三权分置”制度效应，推进土地经营权流转形成的土地规模经营，发展社会化土地托管、半托管形成的服务规模经营。加大发展家庭农场，农民合作社，特别是区域性、专业性农民合作联社，农业社会化服务组织，农业企业等新型农业经营主体的工作力度，形成专业人做专业事的生产经营格局，大幅度提升农业劳动生产效率，土地产出效率和资源配置效率，努力实现工农两大产业效率均衡、利益均衡、竞争力均衡。三是充分发挥政府的引导作用，加强和改善政府对农业的宏观调控。转变调控理念，由重管理向重服务转变，着力提高公共服务能力，加大对农业的投入力度，为农业生产经营创造良好外部环境。创新调控手段。由重行政管理向依靠市场化、法治化手段转变，在WTO框架下，财政政策与金融保险政策并举，政府投入和社会投入并重，形成多元化的农业支持保护政策组合。立足国内，放眼全球，研究带有全局性、前瞻性的重大问题，提高应对复杂多变外部环境的调控能力和应变能力。

（二）全方位夯实粮食安全根基

粮食安全是“国之大者”，为此，一是把农业综合生产能力提升作为重中之重。18亿亩耕地必须严防死守，突出高标准农田建设的极端重要性，花大力气提升现有耕地的增产潜能。提高高标准农田建设标准，分区域实施不同政策，对于中西部地区，中央政府要加大投入比重，发达地区地方政府要承担更多责任，这方面政府需要舍得花大钱。二是不断挖掘农业科技潜力。生物技术、装备技术、数字技术、绿色技术构成了现阶段农业科技革命的主攻方向。当前要突出抓生物技术，针对我国最紧缺的粮食品种和资源性农产品，通过技术创新挖掘增产潜力，聚焦大豆和玉米，在单产提升方面下苦功夫、花大力气。三是大幅提高农机装备水平。花大力气克服农机短板，特别是在大型农机具的智能化、数字化研发应用方面要有所作为，这不仅是提升农业劳动生产效率的需要，也是彻底解决谁来种地问题的需要。四是强化农村市场体系建设。高度重视国际国内市场建设。从生产端开始，从前期农资生产储备和投入开始，维护农业生产秩序安全运行。强化粮食和重要农产品的储备能力，包括国家、地方的战略储藏和农户的家庭储藏能力都要提升。重视从农村的物流设施到城市的商流体系建设，实现产地批发市场到销地批发市场无缝衔接，维护农业生产和农产品流通秩序正常运转，确保物流商流产品流畅通，确保产得出、供给及时、销售不断档。五是强化政策支持。通过价格补贴、金融信贷、农业保险等各项政策支持，让种粮农民收益不低于从事经济作物生产收入，不低于从事畜禽水产养殖收入，不低于从事非农产业经营收入。六是党政同责保粮食安全。强化各党委政府保粮食安全的主体责任，保耕地、保面积、保产量、保自给率，层层压实责任，抓早抓好抓落实。

（三）加快推进新型城镇化进程

持续推进工业化城镇化，继续减少农业从业人员，提升农业劳动生产效率，增加农业从业者收入是建设农业强国的前提和目标。为此，一是分工分业，力争农业从业劳动力在2035年占比降至10%～15%，在2050年降至5%

左右。二是在巩固农村富余劳动力在城镇和非农领域实现多元就业的同时，推进以县域为重要载体的新型城镇化，促进城乡要素、基础设施、公共服务在县域范围内优化配置。千方百计增加农民非农就业机会，强化县城对农村人口迁移的吸引力和农村劳动力转移进城就业的稳定性，增加农民工资性收入。三是在农业内部通过机械替代劳动力，发展粮食等资源性农产品，增加从业者规模性收入；发展特色产业，提高农业效益，增加从业者集约型收入；发展劳动密集、技术密集、资本密集的比较优势产业，提升我国农产品的全球竞争力，增加从业者增值性收入；发展绿色产业，实现农业可持续发展，增加从业者附加性收入。总之，通过多渠道全方位增加农民收入，在建设农业强国过程中，实现城乡居民收入均衡增长。

（四）坚持对外开放的国策不动摇

坚持对外开放是确保我国农产品充分供给的重要方略。在守住底线的前提下，一是积极主动参与全球农业分工，优化农业资源配置，拓展农业国际合作空间和合作对象，调整优化农产品交易方式和贸易格局，防风险、可替代、有备手，实施农产品进口多元化战略。二是推进农业“走出去”，培育发展具有国际影响力的大粮商和农产品贸易商，提高关键物流结点调控能力，增强我国农产品全球供应链韧性。拓展“一带一路”农业合作领域，强化南南合作和中非合作，帮助非洲国家和欠发达国家种粮和提高农业科技水平，缓解全球粮食供给压力。三是面对不稳定性不确定性明显增强的全球外部环境，国内发展不平衡不充分的格局，以及未来一个时期经济发展预期转弱的形势，强化政府危机管理意识。不仅要求关注自然灾害和动物疫病等传统农业风险，更需要关注市场、贸易、社会风险的传导影响，包括全球农产品生产和农产品贸易风险对我国农产品生产和供给的波及影响，综合运用金融、保险、期货、基金、担保、信托等多种政策工具，预防农业风险发生，阻止各类常态风险和非常态风险由局部向整体蔓延，及时止损、减损，避免风险传导扩大，以确定性的稳产保供化解不确定性的风险发生，减少国际国内各种风险带来的损失，确保我国农业农村经济健康运行，确保建设农业强国目标如期实现。

（作者单位：中国农业风险管理研究会）

聚焦“两缩小、三转向”扎实推进过渡期衔接工作

——对贵州惠水、云南富源两县的调研报告

唐园结

脱贫攻坚取得胜利后，“三农”工作重心历史性转向全面推进乡村振兴。在这个转向过程中，巩固拓展脱贫攻坚成果同乡村振兴有效衔接成为新的命题。巩固拓展脱贫攻坚成果要聚焦“两缩小”，就是要把增加脱贫群众收入作为根本举措，不断缩小收入差距；把促进脱贫地区加快发展作为主攻方向，不断缩小发展差距。全面推进乡村振兴要聚焦“三转向”，就是要把工作对象转向所有农民，把工作任务转向推进乡村“五大振兴”，把工作举措转向促进发展，加快农业农村现代化建设步伐。实现有效衔接，就是处理好巩固拓展脱贫攻坚成果同乡村振兴的关系，牢牢守住不发生规模性返贫底线，确保全面推进乡村振兴开好局起好步。

党中央决定，脱贫攻坚目标任务完成后，对摆脱贫困的县，从脱贫之日起设立5年过渡期，过渡期内要保持主要帮扶政策总体稳定。5年过渡期是实现巩固拓展脱贫攻坚成果同乡村振兴有效衔接的关键期，也是宝贵的窗口期：一方面，脱贫户脱贫基础脆弱，边缘户致贫风险较高，脱贫地区经济社会发展底子还比较薄，防止规模性返贫任务非常重；另一方面，过渡期内摘帽不摘责任、不摘政策、不摘帮扶、不摘监管，脱贫群众自我发展内生动力强，为接续推进乡村振兴、加快县域经济社会发展创造了最有利条件。

从2017年2月江西井冈山市在全国率先脱贫，到2020年11月贵州9县退出贫困县序列，全国832个贫困县全部摘帽。总体上看，对相当部分脱贫县而言，5年过渡期已近半程，防止规模性返贫底线是否守住了？乡村振兴推进得怎么样？对原贫困程度较深、脱贫时间较晚的县，特别是160个国家乡村振兴重点帮扶县而言，过渡期普遍刚过一年，如何更好实现有效衔接？有哪些可以借鉴的经验？为客观系统回答这些问题，调研组深入贵州惠水、云南富源两县开展了实地调研。贵州是减贫人数最多、易地扶贫搬迁人数最多的省，现正全力建设巩固拓展脱贫攻坚成果样板区，地处黔中腹地的惠水就是试点县之

一。云南曾是全国贫困县最多、贫困程度最深的省份，现有 27 个国家乡村振兴重点帮扶县，为全国最多。作为重点帮扶县之一的富源，位于云贵交界处，有脱贫人口 111 818 人，脱贫攻坚期间贫困发生率高达 16.11%。惠水、富源两县均于 2019 年 4 月脱贫摘帽，过渡期至今已有 3 年，其间两县筑牢返贫防线、接续推进振兴、加快县域发展，探索出较为成熟的有效衔接经验，对其他脱贫地区有较强借鉴性。

一、成效怎么样

衔接阶段，两县牢牢守住了不发生规模性返贫的底线，实现了乡村振兴良好开局，农民增收速度快于城镇居民，县域经济社会也得到较快发展，城乡之间收入差距和发展差距不断缩小，切实实现了巩固拓展脱贫攻坚成果同乡村振兴的有效衔接。

（一）守住了不发生规模性返贫底线

进入过渡期以来，两县易返贫致贫人口全部纳入防止返贫动态监测和帮扶机制，重点监测收入水平变化和“两不愁三保障”巩固情况；低收入人口也全部纳入动态监测范围，进行常态化救助帮扶。惠水县落实不摘责任、不摘政策、不摘帮扶、不摘监管“四个不摘”要求，进一步压紧压实党政线、业务线、帮扶线、监督线“四线责任”，盯紧抓牢“3+1”保障，持续巩固脱贫质量成色。义务教育保障上，两县主抓控辍保学和教育资助，惠水县压紧压实负责制，义务教育阶段均实现零辍学。2021 年富源县还为 125 名严重病残学生上门送教。基本医疗保障上，两县脱贫人口全部参保。惠水县基本医疗保险、大病保险、医疗救助和建档立卡户家庭医生签约服务等实现全覆盖，全面落实建档立卡户新农合补助政策，建档立卡户参合率 100%，全面实行“先诊疗后付费”“即时结报”制度，实现病人看病“一次就诊、一个窗口、一次结算、多部门救助”，确保一站式服务百分百。对单次自付医疗费用超过 4 000 元、年度累计自付费用超过 6 700 元的脱贫户以及年度累计自付费用超过 1 万元的一般农户进行排查研判分析，适合帮扶的进行及时帮扶。富源县同样对脱贫户住院自付费用 4 000 元以上、非脱贫户住院自付费用 1 万元以上人群开展定期监测、进行及时帮扶，有效防范了返贫致贫风险。住房安全保障上，两县对所有建档立卡贫困户动态开展住房安全隐患排查和危房改造，通过“回头看”严防“老人住危房”，富源县将唯一生活用房因灾受损的农户纳入动态新增农村危房改造对象范围，2020—2021 年完成改造 2 492 户。饮水安全保障上，惠水县投入资金 1 000 余万元，巩固维修养护村级农村饮水安全工程 183 处，集中供水率达到了 98%。富源县投入资金 2 782 万元，实施农村安全饮水维修改造项目146处，集中供水率达到了94%。另外，社会兜底保障网逐渐织密且水平逐步提升，如惠水县农村低保标准每人每年从2019年的4 080元提高到2020年的4 308元，2021年又提高到4 548元。富源县农村低保标准则从2019年的4 200元，提高到了2021年的4 770元。

（二）乡村振兴实现良好开局

衔接阶段，两县农业产业保持良好发展势头，农村基础设施和公共服务水平持续提升，易地扶贫搬迁社区治理有效，实现了由脱贫攻坚向乡村振兴的顺利过渡。乡村产业方面，两县脱贫攻坚阶段培育的农业产业进一步发展，产业规模不断扩大、链条不断延长。如富源县是魔芋种植加工大县，2019年种植魔芋13.5万亩，2023年种植面积将发展至16万亩。鲜芋亩产1.5吨，地头零售价8元/千克，仔芋亩产0.3吨，地头零售价10元/千克，鲜芋加仔芋农户每亩毛收入0.75万元，纯收入约0.25万元。惠水县优质米种植面积在2019年之前就发展到了20万亩，衔接阶段一方面发展“稻菌轮作”，利用冬闲稻田种植羊肚菌，另一方面不断提高优质米生产水平和商品率，巩固拓展产业增收效用。乡村建设方面，道路、饮水、办学条件等进一步改善，农村面貌改观比较快。富源县161个建制村全部通硬化路，惠水县经过3年衔接建设，30户以内的自然村要么搬迁，要么通硬化路，更是实现了“组组通”，乡村道路正由“保通”向“保畅”水平提升。两县自来水全部通到行政村。富源县10个乡镇均有1个自来水厂，自来水全部覆盖到行政村，但还有少数自然村未通自来水，自来水供水率达93%。惠水县农村自来水价格由2019年的8元/吨降至目前的2.6元/吨，实现了城乡同价。惠水县持续改善农村办学条件，2019年以来实施幼儿园、小学、中学改扩建项目11个，大力推进农村中小学、幼儿园学校软件和硬件提质升级工作，现已实现所有老镇区均有小学、行政村都有幼儿园的目标。富源县通过“七改三清”，全面改善了农村人居环境，在每个行政村建设1座以上公共厕所。乡村治理方面，两县把移民社区治理体系建设作为易地搬迁后续扶持体系建设的重要内容，以有效促进搬迁群众稳得住。惠水县在探索易地扶贫搬迁“五个三”（盘活“三地”、落实“三就”、衔接“三保”、建好“三所”、完善“三制”）后扶机制改革样板后，探索建立服务移民的基本公共服务保障体系、培训和就业服务体系、文化服务体系、社区治理体系、基层党建体系“五大体系”，扎实做好移民搬迁“后半篇文章”。惠水县健全社区治理机构，“两委”干部全部吃上“财政饭”；健全网格化管理机制，网格员每月至少入户走访一次，实现“人在格中走、事在格中办”；健全居民自治机制，探索出“堂屋说事”“山歌调解”等群众参与社区治理的新方式；健全线上治理机制，建成基层治理大数据平台，实现群众用手机就能反映诉求，社区群众纠纷发生率较移民社区成立之初下降 30%。

（三）农民和村集体收入快速增加

进入过渡期以来，两县村集体经济得到持续发展，农村居民人均可支配收入持续增加，城乡居民收入差距加快缩小。2020 年和 2021 年，惠水县农村居民人均可支配收入分别增长 7.8%和 10.3%，比城镇居民快 3%和 2%；富源县这个数据两年分别增长了 7.9%和 11.3%，比城镇居民快 4.1%和 1.1%。两县脱贫不稳定户、边缘易致贫户、突发严重困难户收入保障也得到加强。如惠水县共识别“三类监测户”2 130 户 7 539 人，其中，产业帮扶达到 1 564 户 5 539 人，就业帮扶 1 622 户 2 184 人，公益性岗位落实 361 户 382 人，技能培训帮扶 340 户 391 人，购买防贫保险 2 066 户 7 492 人，投保金额共计 37.54 万元，监测户在普遍购买防贫保险基础上，户均还有近两项帮扶性收入。脱贫攻坚阶段，两县相当部分农村的村集体经济收入为零或负债状态，过渡期以来，均实现空壳村清零。富源县实现村集体经济组织全覆盖，2021 年收入最低的村集体经济组织也达到了 5 万元，2022 年预计实现村集体经济收入 7 万元以上。惠水县 2019 年各村村集体经济积累历史上首次均超过 5 万元、高的超过 100 万元。2021 年全县村集体经济积累 8 419.27 万元，5 万～20 万元村占比 49.7%，20 万～50 万元村占比 24.9%，50 万元以上村占比 25.4%。

（四）县域经济加速发展

衔接主攻方向是促进脱贫地区加快发展，缩小发展差距是衔接阶段“两缩小”之一。从调研情况来看，两县县域经济都呈现出加快发展态势。

2019 年来，惠水县全面落实习近平总书记对贵州的重要指示精神和视察贵州重要讲话精神，迅速将工作重心从以脱贫攻坚统揽全局转变到以高质量发展统揽全局上来。立足新发展阶段，贯彻新发展理念，融入新发展格局，推动经济社会高质量发展，围绕“四新”主攻“四化”，努力克服经济下行及新冠疫情双重压力，全县经济运行保持在合理区间，呈现出稳中有进、进中有新、新中有效的良好局面。一是综合经济实力显著增强。2021 年，全县地区生产总值达 148.78 亿元，较 2019 年净增 14.5 亿元。金融机构贷款余额由 2019 年的 104.52 亿元提升到 2021 年的 127.42 亿元；城乡居民人均可支配收入分别由 2019 年的 33 730 元、11 988 元提高到 2021 年的 38 283 元、14 255 元。二是发展规模明显扩大。2021 年全县规模企业达到 337 户，较 2019 年大幅提升。民营经济增加值和占 GDP 比重也有较大提高。2021 年完成规模工业产值 172.87 亿元，较 2019 年净增 12.84 亿元。三是产业结构明显优化。2021 年第一、二、三产业在地区生产总值中的比重为 20.8∶36.4∶42.8，较 2019 年的三次产业结构比来看，全县农业发展基础稳定、工业发展不断提升、服务业质效双举，三大产业协调并进，结构趋于平稳并不断得到优化。

2019年富源县地区生产总值绝对值为222.21亿元，2021年增长到290.01亿元，同比增长14.1%，增速排全市第一，获评全省县域经济跨越发展进位县、县域经济发展强县。富源县在西部百强县中的排名由第98位提升至第90位。该县税收收入稳步增长，2021年全县税收收入增长到25.945 7亿元，同2019年相比，增长了40.13%。第一、二、三产业占比持续不断优化，2021年第一产业增加值56.134亿元，同比增长了9.2%，第二产业增加值同比增长了19.6%，第三产业增加值则增长了11%。非公经济快速发展，2019年全县非公经济户数22 941户、上缴税金88 847万元、非公经济增加值1 169 420万元。2021年同比分别增长21.88%、55.48%和14.3%，占区域GDP比重也提升到54.3%。企业主体出现大幅度增长，总数从2019年的5 430户增长到2021年的6 390户。

二、做法有哪些

两县用足用好过渡期政策，夯实筑牢防返贫屏障，自立自强加快农业农村和县域经济发展，一些做法很好地体现了政策取向、结合了自身实际，“衔接”特征明显，达到了防返贫和促振兴的双重效果。

（一）着眼于“早、密、牢”，健全动态监测机制；按照“缺什么补什么”原则，整合项目精准帮扶

健全防止返贫动态监测帮扶机制是守牢不发生规模性返贫底线的保障措施。过渡期以来，两县动态、全面开展识别监测，将脱贫不稳定户、边缘易致贫户和突发严重困难户全部纳入监测范围，实现及时发现、应纳尽纳，对存在返贫致贫风险的进行精准帮扶、动态清零，做到了早发现、早干预、早帮扶。

调研发现，两县防返贫动态监测帮扶机制均已健全，形成了较为成熟的工作模式。惠水县充分发挥行业部门预警监测和帮扶作用，建立健全防返贫预警监测和帮扶工作预警线索县级重点核查机制，常态化开展风险排查化解、“3+1”保障“回头看”以及重点人群监测帮扶专项行动。富源县实行的“六个三”模式很有代表性：一是县、乡、村“三级发力”，监测环节自下而上实行村组发现、乡镇审核、县级建立台账，帮扶方面自上而下由县级聚合政策、乡镇细化责任、村组抓好落实；二是聚焦“三种对象”，即脱贫不稳定户、边缘易致贫户和突发严重困难户；三是开展“三项监测”，通过群众自主申报、干部走访发现、部门数据比对，精准确定监测对象；四是深入分析“三类收入”，即生产收入、务工收入和转移支付兜底保障等其他收入，确保收入稳定、结构合理；五是强化住房安全、义务教育、基本医疗“三个保障”，突出精准要义；六是牢牢把住监测发现、帮扶落实、消除风险“三个环节”。

针对监测发现的风险户，两县的帮扶措施也较完备。按照缺什么补什么原则，两县整合产业扶贫、就业培训、创业支持、医疗救助、教育资助、住房保障、低保保障等政策和项目，根据监测风险点情况开展针对性帮扶，牢牢守住了不发生规模性返贫这条底线。惠水县按照“缺什么补什么”的原则，整合产业发展、就业培训、创业支持、医疗救助、教育资助、应急救援、住房保障、低保保障等政策，根据监测对象的风险点、发展需求等开展针对性帮扶。县里建立帮扶台账，实行“一增一降一保障”扶持，即通过产业就业、低保保障等增加困难群众家庭收入，通过应急救助、医疗救助、教育资助和社会帮扶等降低医疗和教育两项刚性支出，保障住房和饮水安全，将扶持政策落实到每一户防贫对象。

（二）提供全方位就业服务，巩固务工增收势头；培育劳动密集型特色农业产业，带动脱贫群众增收

增加脱贫群众收入是巩固拓展脱贫攻坚成果的根本举措。衔接阶段，两县强化就业帮扶，保持务工增收良好势头，培育特色农业产业、健全利益联结机制，发挥产业增收带动作用，稳定转移性收入和公益性岗位收入，确保脱贫群众持续增收有后劲。

针对三类监测户，两县提供全方位就业服务，促进务工就业。惠水县围绕脱贫人口、易地搬迁群众等重点群体，提供全方位就业服务，促进劳动人口有序返岗务工和高质量就业，动态开展返乡、留岗情况摸排，建立台账，动态跟踪就业状况、外出就业意愿、务工培训意愿等，精准实施就业帮扶。2021 年，惠水县三类监测户共 2 130 户 7 539 人，其中外出务工 2 315 人。衔接阶段，针对易地搬迁户，两县积极开展技能培训，不断拓宽就业渠道，确保有劳动力家庭每户至少有 1 人以上实现就业。富源县有劳动力的 1 310 户搬迁户每户就业 1 人以上，2 899 名劳动力实现就业 2 717 人，人均月收入 3 500～4 000 元。针对就业能力较弱的脱贫人口，则通过提供公益性岗位稳定收入，如富源县于 2018 年起设立 1 660 名生态护林员岗位，全部由原建档立卡户担任，每人每年补助 1 万元。

两县基于农业产业基础薄弱、农户产业技能较差的现实，因地制宜培育劳动密集型的特色产业，健全“财政扶持项目＋龙头企业＋合作社＋农户”利益联结机制，带动脱贫户尽快增收。惠水县用好稻闲田种植羊肚菌，劳动强度弱，很适合留守在村的弱劳动力种植，三四个月即可收获一季，亩收入达 1 万元。该县还在深石山区 8 个乡镇 48 个村发展佛手瓜、百香果、皂角刺等产业 2.3 万亩，共覆盖带动包括脱贫户在内的 1.95 万个农户实现增收。富源县针对全县易地搬迁群众，在全县范围集中流转土地 1 600 余亩，发展软籽石榴、花椒、山药等劳动密集型的特色产业，搬迁户通过流转土地、基地务工、合作分红等形式，实现户均增收万元以上。两县建立产业帮扶机制，统筹整合财政涉农项目资金，加大对龙头企业、合作社的扶持，推动健全龙头企业绑定合作社、合作社绑定农户的“双绑”利益联结机制，让产业发展精准带动低收入农户增收。如富源县实现了产业帮扶全覆盖，2021 年投入产业帮扶资金 1.26 亿元，推动 213 家企业绑定 171 家合作社，带动 25 486 户低收入农户 111 387 人实现增收，还为易地搬迁社区引入企业建设了 14 组生猪养殖小区，通过入股分红、参与社区管理获取积分兑换收入的形式，带动户均增收 3 000～5 000元。

（三）财政项目资金倾斜投向产业，夯实发展基础；立足自身禀赋优势选准主导产业，集中力量培育

产业振兴是乡村振兴的重中之重，产业兴旺是脱贫地区加快发展的重要支撑。衔接阶段，两县整合财政项目资金，重点投向促进产业发展的基础设施建设方面，精准选择主导产业，集中资源力量建强产前、产中、产后各环节。

在扶持资金总体规模加大基础上，两县不断提高用于产业发展的资金比例。2018 年以来，惠水县逐年增加用于有效衔接的资金，用于完善现代农业产业体系、生产体系和经营，夯实产业发展基础。该县累计投入县级财政资金 53 524 万元（其中，2018 年 13 180 万元，2019 年 13 355 万元，2020 年 13 485万元，2021 年 13 504 万元），累计整合各类资金 122 569.20 万元。惠水县使用上级帮扶资金的 60%以上投到了产业发展上，这些资金包括农村综合改革转移支付资金、水利发展资金、林业改革资金、衔接推进乡村振兴补助资金、农业综合开发补助资金、农业生产发展资金、预算内投资“三农”建设项目资金、农业资源及生态保护资金、高标准农田建设资金、旅游发展资金等，主要实施种植业、养殖业、产业配套基础设施、稳岗就业扶贫车间、产销对接项目等，切实改善脱贫地区的生产条件和巩固建档立卡户增收渠道，实现村村有产业覆盖、户户有增收渠道，夯实全县产业振兴建设基础，确保脱贫成效巩固提升。

富源县严格按照“产业帮扶投入资金不低于当年统筹整合财政涉农资金总规模的 50%”的政策，倾斜扶持农业产业项目，所产生的收益重点覆盖三类监测户。

两县立足资源禀赋、结合市场需求、突出优势特色，集中力量培育主导产业。以惠水县为例，它是贵州“坝子”较多的县，总面积 79 平方千米、贵州最大的山间盆地涟江大坝就处在惠水境内，坝区土壤肥沃、水渠纵横，适宜水稻种植，惠水就把优质米种植作为该区域的主导产业。在喀斯特山区，水土条件较差，惠水则主要发展生长适应性强、对技术要求不高的生态蔬菜产业，如根系发达、易于种管、采收期长、见效较快的佛手瓜，现已在深石山区种植逾万亩，年产量达4.8万吨，实现产值6 000万元，被当地村民称作“石旮旯里的金瓜瓜”。他们的经验是产业发力点向主导产业倾斜，产前重点选育市场竞争力强的优良品种，产中着力打造小农户为生产主体的标准化模式，产后大力发展仓储保鲜和冷链物流，实现产品错峰销售。

（四）以持续巩固提升“三保障＋饮水安全”保障水平为重点，推进乡村基础设施建设和公共服务提升

住房、饮水等基础设施和教育、医疗等公共服务既是不发生规模性返贫的重要防点，也是推进乡村建设的重要方面。过渡期以来，两县在持续巩固提升义务教育、基本医疗、住房安全和饮水安全保障水平基础上，进一步建设完善农村地区，特别是易地搬迁社区的基础设施，提升公共服务水平，乡村建设扎实稳妥推进。

房、水、路、网等基础设施扩面提档、建管并重。惠水县在动态开展住房安全隐患排查和危房改造的基础上，全面推行城镇建房“五级”共管工作体系，全面清理规范住房新建、改扩建行为，扎实推进宜居农房建设试点工作，还对10万个农村宅院进行了测绘建模，为下一步推动乡村民居建设升级、发展乡村民宿等产业奠定了坚实基础。两县在持续投资巩固维修养护村级饮水安全工程的同时，注重采取常态化措施，长效发挥项目效益。如惠水县通过水务一体化改革变“多龙治水”为“一龙治水”，将多家水厂纳入新成立的水务投资公司管理，实现了水网互联互通。在组组通硬化路建设完成的同时，惠水还健全农村道路常态化管护机制，改变了脱贫攻坚阶段重建轻管的局面，探索“交通路”向“产业路”的转变，让“修路”助“致富”。

公共服务开始由脱贫攻坚阶段的保障贫困群众向乡村振兴阶段服务农村居民转变。医疗服务方面，从为贫困群众提供基本医疗保障，转向面向农村居民提升医疗服务水平。在织密三类监测户基本医疗保障网的基础上，全面提升县乡村医疗服务水平，惠水县于2019年起在县城建设三级医院，在11个乡镇建设二级医院，实现了21种大病不出村；富源县158个村都建了卫生室，大病慢病等特殊群体家庭医生签约率达到100%。调研中，两县农民群众普遍反映看病更方便了、更便宜了、更贴心了。文化服务方面，两县均健全了覆盖县乡村三级的公共文化服务体系，在乡村建成一批文体设施。富源县常年持续开展道德讲坛、文化惠民演出等，特别注重调动农民群众参与其中。惠水县已建成县乡村三级文化平台，村级文化站发展到25个，每个村都有了篮球场，应急广播也实现了全覆盖。惠水县积极推进村级养老服务体系建设，在全县11个镇（街道）开展村级老年人日间照料中心建设试点，建成村级照料中心12个，社区照料中心2个。

易地搬迁社区用好后续扶持政策，全面提升配套设施服务。衔接阶段，富源县进一步做好社区管理融入、搬迁群众就医就学等工作，确保搬迁群众稳得住，在18个集中安置区建设活动室16个、便民超市9个、公厕21个、路灯252盏，基础设施和公共服务配套合格率100%，完全满足搬迁群众需求。惠水县在全省率先成立移民社区联合党委和管理委员会，成立1个街道专职进行移民服务管理，持续用好“五个三”机制助推易地扶贫搬迁后续发展，通过完善形成以党组织为核心的管理体系、公共服务体系、社会治安体系、群众自治体系、阵地建设和保障体系为重点的“一核五系”治理模式，抓好心理融入、工作融入、生活融入“三个融入”，探索形成了移民社区治理体系共建、社会治安共治、社区事务共管、治理成果共享的“四共”机制，明田安置点新民社区荣获“全国民族团结进步创建示范单位”“贵州省民主法治示范社区”荣誉称号。

三、经验是什么

两县衔接工作扎实有效，不仅实现了本地区有效衔接，也为脱贫地区探索了有益经验，一些做法对相当部分脱贫县当前正面临和亟待破解的具体问题有很强的借鉴意义。

（一）健全衔接工作体系机制，压实县委书记一线总指挥领导责任，理顺农业农村和乡村振兴部门工作职责

“三农”工作重心转向全面推进乡村振兴后，工作对象转向了所有农民，工作任务转向了推进乡村“五大振兴”，工作举措转向了促进发展。相应地，脱贫攻坚阶段的工作力量和机制也随之调整。衔接阶段，一些脱贫县参照上级部署进行了机构调整，改扶贫办为乡村振兴局，但同时也陷入了“衔接工作该由农业农村局主抓，还是乡村振兴局主抓”的困惑之中，不仅未抓住“三农”工作力量增强的有利条件，反而走进了不知工作怎样开展的“迷雾区”。

当前，对脱贫地区推进乡村振兴而言，很重要的一条保障性措施就是建立起完善的衔接工作体系和机制，以健全的领导机制、责任体系、工作措施和考核办法，推动巩固拓展脱贫攻坚成果，接续推进乡村振兴。无论是脱贫攻坚，还是乡村振兴，县委书记都是一线总指挥，肩负领导责任，应结合实际情况，从制度机制层面明确下来，统筹调配全县上下、内外各方的力量，凝聚全面推进乡村振兴的合力。具体工作中，应充分发挥农业农村部门擅抓产业、乡村振兴部门强于建设的各自优势，在县委领导机制下，理顺职责、各司其职，有序开展各项工作。比如，惠水县就明确了县乡村三级工作责任，建立了“县设总部抓统筹、镇设战区抓组织、村设战队抓实施”的三级责任体系，形成了全县

一盘棋、拧成一股绳的强大工作合力。

（二）强化乡村振兴工作力量，配强乡村振兴驻村工作队，优化村“两委”班子配置，培育在乡返乡下乡人才队伍

推动乡村全面振兴，关键靠人。打赢脱贫攻坚战过程中，县直帮包部门、驻村第一书记和工作队发挥了重要作用，接续推进乡村振兴，还要配强这支工作力量。实现乡村全面振兴是规划至未来近 30 年的远景目标，根本上还要靠一支农村基层党组织队伍和一批在乡返乡下乡的人才队伍。

乡村振兴驻村工作队应“精挑细选、精准选派”。惠水在全县 199 个行政村、7 个易地扶贫搬迁社区共选派 618 名得力干部组建工作队，同时，继续施行县级领导和县直部门挂镇包村制度，明确 1 个镇（街道）有 1 名县级领导挂帮，1 个村有 1 家县直部门包保，部门负责人“白天当局长、晚上当队长”。

村“两委”班子强不强，很大程度上决定了乡村发展、建设和治理水平。富源县在村“两委”换届中探索实施“并岗提薪”，村“两委”主要负责人一肩挑比例由之前的 30%多提高到现在的 95.6%，全县村组干部数量较换届前减少 35%，村“两委”干部的工资由 2 000 元提高到 3 800 元，工作热情大幅提升。惠水县同样精简村组干部数量，提高工资水平，系统组织轮训，并推动村“两委”班子成员年轻化，提高学历水平，目前高中以上学历占 74.3%、较换届前提高 32.6 个百分点，大专以上学历占 40%，比上届提高 24.2 个百分点。强健的村“两委”班子为做好衔接工作提供了有力保障。

推动乡村人才振兴，既要内部挖潜，也要招贤引人。两县注重构建精准化、多层次、多形式的本土人才培训体系，惠水县以就业为导向开展订单式培训，并为参加培训的脱贫户发放生活补贴。两县均建立了完善的农民工返乡和城里人下乡激励机制，强化土地、财政、金融政策支持，改善当地就业创业环境。对在外务工或创业的本地人才，则主要通过情感纽带等将其组织起来，发挥其资源和渠道优势，为本村农产品销售等做贡献。

（三）按照市场规律发展产业，政府侧重投资产业发展基础设施等重资产项目，企业发挥懂市场优势进行轻资产运营

脱贫攻坚过程中，产业扶贫是最直接、最有效的办法，巩固拓展脱贫攻坚成果、接续推进乡村振兴中，发展产业也是管根本、管长远之计。衔接阶段，大多脱贫县的扶贫产业得到了进一步的发展，但也局部存在产业发展后劲乏力，甚至“被市场淘汰、被农户抛弃”等现象。产业终归受市场规律支配，脱贫攻坚阶段政府有形之手要更多发力助推跨越式发展，而在全面推进乡村振兴阶段，则要让企业扮演更重要角色。在农业产业培育过程中，政府可侧重于投资夯实产业基础的重资产项目，企业宜轻资产运营，集中精力扩规模、提品质、延链条、塑品牌。

两县整合用好扶持资金，倾斜用于为产业发展夯实基础，积极培育和引进龙头企业、专业合作社，加快产业发展。2019年之前，惠水县优质米种植基本上是小农户单打独斗，产品品质不一，市场竞争力不强。衔接阶段，惠水引入农业企业进行标准化种植，引导农户组建合作社提高规模化程度，产业很快提档升级，产品商品率已超过40%。为迅速壮大生猪养殖产业，惠水还引进德康农牧、龙凤胎、东方希望、广州越秀等4家生猪行业标杆企业，发挥后发优势，按照现代标准建设100万头产能的养殖基地。富源县搭建“大产业+新主体+新平台”发展格局，培育引进97个龙头企业等新型农业经营主体，较快发展起市场优势明显的魔芋、烤烟、辣椒、乌猪等产业。

（四）分类分步推进乡村建设，衔接段重点是扎实做好乡村规划、集成打造示范试点、整治农村人居环境

脱贫地区发展的底子薄，首要任务是巩固拓展脱贫攻坚成果和着力推进产业振兴。个别脱贫地区将财力物力主要用于“造盆景”，追求“一村振兴”，忘了“全面推进”，也有些地方平均用力，撒胡椒面，乡村面貌迟迟难见改善，农民群众缺少获得感。加快壮大县域经济是促进脱贫地区加快发展的题中之义，也是下一阶段全面推进乡村建设的重要前提，应把握好乡村建设的节奏，按照“数量服从质量、进度服从实效，求好不求快”的要求，由点及面、先易后难、分级分类分步骤推进，衔接阶段主要聚焦乡村规划、示范试点和人居环境发力，总结出可复制可推广经验，点面结合有序推进整体建设。

富源县实施乡村振兴示范工程中，规划建设2个乡村振兴示范乡镇、10个精品示范村和145个美丽村庄，衔接专项资金、涉农整合资金倾斜支持示范工程建设，同时以“干部规划家乡行动”为契机，广泛组织发动各方力量积极参与村庄规划编制。惠水县综合考虑区域发展水平、区位条件、巩固任务等情况，将全县201个行政村按照引领示范村、重点推进村和夯实基础村三类分级统筹推进建设，抢抓贵州全省“特色田园乡村·乡村振兴集成示范试点”建设机遇，围绕环贵阳山水田园城发展定位，坚持规划先行，分批次推进2个州级试点村、10个县级试点村建设。两县把农村人居环境整治提升作为推进乡村振兴的“当头炮”，全面治脏治乱治违规，扎实推进农村“厕所革命”，深入开展农村绿化美化清洁行动，让农民群众切身感受到乡村面貌变化，增强乡村振兴获得感。

（作者单位：中国农业风险管理研究会、中国人民大学
中国乡村振兴研究院）

中国农业保险需要一个实体性管理机构

庹国柱

我国农业保险在自2007年以来的16年里有了飞速发展。为农业提供的风险保障（保险金额）从2007年的1 000亿元提高到2021年的4.78万亿元，年均增长31.8%。同期保险费收入从2007年的53.33亿元增长到2021年的965.18亿元，年均增长22.98%。就保险费而论，农业保险市场规模2020年已经超过一直居于首位的美国，2021年与第一名的美国相差无几。我国已经成为农业保险大国。但是，农业保险的保障水平（保险金额/农业总产值）还不高，农业保险的保险密度和保险深度与农业保险发达国家相差很远。所以还不能算是农业保险强国。

从农业保险大国迈向农业保险强国，除了需要包括财政税收等政策的持续加大支持外，还需要一个强有力的实体性管理机构。16年的实践表明，由于我国缺乏这样一个实体性管理机构，很多该做的事情没做，该做好的事情没做好，在很大程度上影响了农业保险的发展质量和速度。

对于政策性农业保险，根据现行法规，由财政部、国家金融监督管理总局和农业农村部等多部门共同进行行政管理，但是政策性农业保险，不仅需要这些部门运用政策杠杆来引导和调节，而且需要具体进行规划、布局和主导经营。现在的实际问题是，这些政府部门囿于行政资源的限制，又没有工具和抓手，无论是法律法规的制定、政策规划和调整、风险区划和精算定价、大灾风险分散制度的建立和管理等统筹工作，都难以落实，其中有些工作交给保险经营机构或者地方政府，他们也勉为其难，许多矛盾解决不了。

我们需要一个实体性的专业管理机构，才能保证各级政府部门和从事保险业务经营的机构按照中央的政策目标和意图进行经营。本文专门就这个问题做一些粗浅探讨。

一、政策性农业保险的两类业务管理模式

经过16年的中国实践，农业保险是不是有商业性和政策性完全不同的形态及其争论基本上结束，在国内已经达成共识。什么是政策性农业保险呢？我

觉得它可以这样定义：政策性农业保险，是指依据一套专门的区别于商业保险的法律法规和制度，利用保险的形式和技术，管理农业风险，推进农业农村现代化和乡村振兴的农业农村发展政策和财政政策工具。

政策性农业保险虽然可以采取政府和社会资本合作模式（PPP 模式）（例如美国、日本、印度），也可以采取公共治理模式，即政府设立公立农业保险公司独家经营（例如加拿大、菲律宾）（参见 OLIVIER MAHUL 和 CHARLES J. STUTLEY 所著 *Government Support to Agricultural Insurance*，世界银行，2008）。但是对于政策性农业保险的业务管理，不同国家又有不同的模式。

第一种业务管理模式是集中统一管理模式，例如美国、加拿大、印度等。这几个国家虽然制度模式不一样，前者是 PPP 模式，后者是公共治理模式，但是对于农险发展建设推动、农险发展计划制定、农险政策调整意见、农业风险区划、农险产品开发和定价、农业大灾风险管理，以至农险业务的监管，都是由政府下面的实体业务机构根据法律和主管机关的指导意见来做的，这种实体机构在美国是“农作物保险公司（FCIC）”和“风险管理局（RMB）”。在加拿大，是由政府所属公司对于农险业务采取“一竿子插到底”的集中一体化的管理模式，基本上与美国的业务管理模式相同。

美国的制度模式与加拿大虽然不一样，他们经营农险直接保险的主体是经 FCIC 审查批准的商业性保险公司，但是业务管理的主导权在 FCIC，经营机构实际上只是按照 FCIC 的规划和计划，代办保险业务，只负责承保、理赔责任。

这种业务管理模式的优点是：①建立实体性管理机构可以有效贯彻法律法规的目标和意图。政策目标是通过一款一款的产品及其实施来实现的，只有在几种统一的业务管理条件下才可能实现，分散管理条件下很难贯彻到位。②可以最大限度地保证财政预算资金的使用效率。政策性农业保险项目，中央和地方财政补贴了保险费的 80％左右，如果有实体性机构进行集中统一的科学定价，费率科学合理，就能最大限度地保证这些资金不被漏损。③便于对保险经营进行科学合理管理和监督。④较好地维护投保人和被保险人的合法权益。⑤有利于政策性农险的效果评估和持续的法律法规建设的推动，不至于像现在这样有心无力。

第二种业务管理模式是市场化分散管理模式，像我国目前这样，因为中央政府的主管部门财政部、国家金融监督管理总局、农业农村部等，没足够的行政管理资源，也没有实体性业务管理机构，只能把对政策性农业保险发展具有重要意义的业务管理下放给经营机构（实际上是地方政府）。在政府的法律法规和统一计划之下，各地方政府和保险公司各自管理自己的业务，业务发展规划、风险区划和产品开发和定价，都主要由经营主体会同地方政府进行操作和管理。日本也是这种业务管理模式。日本的政策性农业保险，虽然是中央政府的农林部门主管，但是产品的开发主要是由市、町、村的农业共济组合（农业保险互助社）及府、道、县联合会负责，特殊的产品，例如，收入保险，因为涉及补贴等政策的调整，中央政府主管部门也亲自出手设计和开发。

这种业务管理模式的优点是：①能充分调动地方政府和市场主体的积极性；②能充分利用市场主体的技术力量和信息资源；③减少集中统一管理的某些成本。

政府部门有没有政策性农业保险的实体性管理机构，本身没有对错之区别，主要要根据各自不同的国情。但就我国的实践来看，这种缺乏导致实体性集中管理机构实行的分散化业务管理模式弊端不少。

二、政策性农险缺乏实体性管理机构带来的问题

我国现行政策性农业保险制度的建设滞后，立法进度缓慢，没有实体管理机构推动，仅靠几个分散在不同部门的处级机构进行松散的各自为政的管理和监督，农业保险缺乏规划和管理，具体运作、组织和协调都不能说是顺畅和高效的。

（一）立法进度缓慢

理论和实践都表明，因为市场失灵的问题，很难形成商业性的农业保险市场，所以各个国家都通过单独立法，通过政府的政策，特别是财政政策干预，建立了不同于商业性保险市场的政策性农业保险市场。这个政策性农业保险市场，因为需要一套除了基本保险规则之外完全不同的规则体系，就需要《保险法》之外的专门法律法规。经过各方努力，我国在 2012 年由国务院颁布了《农业保险条例》，初步有了农业保险的特殊规则。10 年过去了，这个条例没能随着实践发展而做出相应的修订。设想中的《农业保险法》宣布两年了，迟迟也还没有进展，不是不想作为，而是无能为力。这就大大影响到农业保险的发展效率。实践表明，修订条例也好，立法也好，仅仅依靠没有抓手的政府部门来操作和推动，还是缺乏效率的。

（二）缺乏统一的产品开发和管理

农业保险，特别是政策性农业保险的产品设计开发和管理，是农业保险的关键环节。根据《农业保险条例》的设计，政策性农业保险的产品设计和开发也交给各家参与经营的商业性保险机构，好处是可以充分利用其技术力量和财产保险经营经验的积累。但 16 年的实践证明，这种产品开发和管理模式遇到了难以克服的障碍：第一，保险公司缺乏相关的数据，这些数据大部分在政府部门的手里，在很多情况下取得这些数据比较困难。第二，部分保险公司缺乏

产品开发和精算技术力量，产品定价难以得到地方政府部门的认可。第三，产品及其定价虽然要求由监管部门审查批准，但实际上，对几百款各类产品，根本没有足够的技术资源评估和审查这些产品及其定价，除了做一些文字上的审查之外，不可能对精算数据和模型进行审查。特别是定价是否准确合理，无法知道。第四，政府部门心里不信任这些产品及其定价的科学性和公平性，就发生了难以判断合理性、科学性的讨价还价。在那些地方政府特别强势的地方，顺畅的可持续的保险经营实际上变得比较困难。

根据其他国家（例如美国、日本等）的半个多世纪的成熟经验，为了较好实现政策性农业保险的政策目标，这些产品的设计开发和管理，应由一个政府所属的专门部门或机构，从事农业保险制度的建设和维护、产品的开发和管理，特别是从事主要产品的精算定价。面对我们这么大的农业保险市场，需要的就是这样一个专业机构，能根据政府农业、农村发展计划和乡村振兴战略的要求，统一进行规划和开发，利用政府相关的农业信息优势，进行产品精算定价，保证市场的公平交易和维护政府、农户和经营机构合法、合理的利益。

（三）难以实现农业保险的科学经营

我国现在的农业保险经营非常粗放，缺乏科学性和合理性的“一省一费率”“一省一保额”的保单设计和定价制度，直到现在也无法打破。经过 30 年的研究得到行业共识和确认的农业风险区划和费率的差异化经营和管理，在各地至今无法得到落实和贯彻。缺乏专门机构来科学制定风险区划和负责开发差异化费率的产品，而将这些工作交给任何一家保险公司来做，且不说不同公司的产品开发和精算定价能力有很大差异，即使定价准确，也难以得到政府主管部门的认可，不容易得到科学公正地实施和贯彻，在很多地方发生的逆选择和道德风险问题难以得到很好解决。

对于省级政府和在当地经营农业保险的保险机构而言，没有推动实施风险区划和费率分区的动力，也没有足够的技术力量，中央缺乏一个实体管理机构具体推动贯彻和实施，农业保险的经营管理水平难以提高。

（四）农业保险大灾风险分散制度迟迟建立不起来

农业保险需要一个制度健康和可持续运行的大灾风险分散制度。2008 年以来的每年一度的中央 1 号文件已经有 9 次提到了加快建立农业保险大灾风险分散制度的指导意见，这些年在这方面财政、保监等部门也做了一些努力，确定了三层次的农业保险大灾风险分散制度框架。从 2013 年起，建立了公司级“大灾风险准备金”，2020 年又批准成立了“中国农业再保险股份有限公司”。按照国务院的决策意见，这个大灾风险管理制度，还需要建立再保险之后的超赔责任分担机制，也就是建立“国家农业保险巨灾风险基金”。无论是整个大灾风险分散制度的管理和协调，还是“国家农业保险巨灾风险基金”的设计和建立，在缺乏一个实体机构推动的条件下，不可能很快建立和运作起来。

（五）农业保险制度的管理和监督没有得力抓手

我国农业保险现在的管理和监督，主要是由财政部和国家金融监督管理总局在实施。具体的就是财政部金融司普惠金融处和国家金融监督管理总局财产保险部农业保险处等处室。两家加起来也没有十个人。他们也只能负责处理一些法律法规的制定和发展政策方面大的问题，对高质量发展有重要意义的农业保险经营和管理，特别是产品开发和定价这些重要问题根本无暇顾及，或者是心有余而力不足。产品定价权交给各家保险公司，本来是要求各个公司报监管部门审查的，但无论是对于精算模型还是数据的科学性、合理性和准确性的审查，监管部门都是无能为力的，只能是做文字表述的审查。即便如此，这些产品也在很多情况下不被地方政府接受。管理和监督部门也许想做这些事，来把这个关，只是在现行制度和体制下，没有这样一个实体机构做这些必须做的事，就缺少这个抓手。

三、建立我国农险实体性业务管理机构的建议

推动我国农业保险高质量发展，除了加强集中统一的管理和监督，政府部门还需要一个对政策性农业保险进行业务管理的抓手，一个实体性的业务管理机构。

（一）如何建立政策性农险的实体性管理机构

政策性农业保险要建立这样一个实体性管理机构，可以有三个途径或者方式：第一种，政府部门内设立一个专门的业务管理机构，雇佣足够的专业技术人员从事业务管理工作；第二种，就是依托一个农业保险专业机构，政府部门赋予其权利和责任从事政府需要的政策性农险的业务管理工作；第三种就是由政府部门委托研究院或者大学的专业机构做这些业务管理工作。

在我国现行体制下，无论是财政部还是国家金融监督管理总局、农业农村部，只是虚设了一个由财政部门牵头的松散的“工作小组”，这个工作小组具体并不从事任何关于政策性农业保险的法律法规推动、相关政策规划、农业风险区划、产品设计开发、费率精算定价、建立必要的信息管理平台，以及进行农业保险的政策效果评价等工作，所以很难起到业务管理作用。要想在这几个部门的任何一个内（或之下）建立一个实体性管理机构，可能性都很小。

第二种和第三种途径或方式确实是有可能的。就第二种来说，例如中国农业再保险股份有限公司就可以承担这个重任，第一，它是一个农业再保险机构，与农险直接保险机构和业务是联系在一起的，它们的经营是否有效和成

功，在很大意义上有赖于直保公司的经营效率性和合规性，而且它们完全具备一定的技术力量和条件；第二，它是政府控股的股份制公司，可以根据政府的委托从事政策性农险的某些必要的业务管理工作，就是说，它可以承担某些业务性行政职能；第三，所需要的技术力量容易补充，政府只是需要拨付适当经费就可以运作。

单独运作第三种方式也是有条件的，我曾在一篇文章（庹国柱，2021）中说过，包括中国农业科学院、中国农业大学、南京农业大学、内蒙古农业大学、浙江大学、南开大学、河北经贸大学、西南财经大学、山东农业大学、中国气象科学研究院等单位都有农业保险研究的各具特色的研究团队和比较雄厚的专业技术力量，接受政府部门的委托也是有条件的。

当然，充分发挥中国农业再保险股份有限公司的作用，需要的时候让其去和上述研究机构和高校链接，也许更为方便和有效。

显然，有了这个实体性管理机构，政府部门有限的人员只是做好决策和坐镇指挥，就可以把农业保险高质量发展的工作更有效地向前推动。

（二）如何操作更具可行性

在我国目前双层决策制度下，政策性农业保险主要由省级政府决策，在“自主自愿”的原则之下，本省做不做政策性农业保险，选择哪些保险标的的保险给以政策支持，地方政府补贴保费的比例和范围有多大，费率是多少，都由省级决定。而中央只提供制度、法律和政策支持，并对政策性农业保险的操作进行管理与监督。对于十六类农林牧业标的给予地方政府配套补贴。

鉴于这种政策性农险制度设计的特点，最需要建立实体性业务管理机构的是中央层面，以便将政策性农业保险的法律法规推动、相关政策规划、农业风险区划、产品设计开发、费率精算定价、建立必要的信息管理平台，以及进行农业保险的政策效果评价等工作真正抓在手里，落到实处。至于这些工作中的产品开发和定价，中央的实体性管理机构只负责给予补贴的保险险种。各地的特色产品，因为比较多且比较杂，可以由地方政府与保险经营机构合作，自行解决，有条件的省份也可以把部分产品开发和精算定价的工作委托当地具有条件的研究机构和高校来做。这样，央地监管机关也不必要求各家公司报批每一款开发和应用的产品，实际上目前监管机构也缺乏审查每一款产品必要的技术力量。

（作者单位：首都经济贸易大学）

粮食安全与食物系统

论粮食安全的风险演化与政策供给[①]

胡冰川

2022年中央1号文件提出“牢牢守住保障国家粮食安全和不发生规模性返贫两条底线”。从粮食安全的理论和实践来看，经常提到两个概念，一是粮食安全风险，二是粮食安全底线。粮食安全风险主要强调思维方式，承认粮食安全局势的变化发展，而粮食安全底线则侧重行动方式。当粮食安全的风险思维落实为政策方案时，其底线建构将会转化为确定性的物质准备，例如农业生产、农产品贸易、粮食物资储备等。从全局来看，粮食安全的逻辑在于以确定性应对不确定性，以物质基础构筑社会稳定屏障。

从历史发展来看，免于饥饿是人类经济社会发展的重要成果，“零饥饿”也成为人类未来发展的重要目标。从人类社会自身发展规律来看，粮食安全作为概念早期并不存在，未来也将随着社会进一步发展而消失。现阶段，粮食安全概念存续恰恰是处于历史的过渡阶段。在当前阶段，农业生产和产出水平已经可以逐步支撑人类自然繁衍，饥饿人口比例和绝对数量整体下降，但是负面因素仍然存在，在特定时空范围内会恶化粮食安全，为此有必要建立相应的公共政策以防止饥饿蔓延。相关公共政策作为人类实现粮食安全的现实选择是独立于生产与交换的经济系统而存在的，而未来实现“零饥饿”也不会通过公共政策的路径。

为了对粮食安全及现有问题进行讨论，本文首先对粮食安全历史进行了简要概括，在低生产力水平时期，人与自然之间的相互关系是通过物质关系实现的，只有相当数量人口告别饥饿之后，粮食安全才能成为社会共识。在概念生成的基础上，对粮食安全风险进行了讨论，从人类角度，基于现有生产力水平，有讨论价值的安全需要在人类行为的边界之内，即风险阈值，当前的问题在于粮食消费的刚性特征注定了粮食安全的风险阈值区间十分狭窄，简单的增加供给和减少供给都可能带来形势恶化，这就使得粮食安全的政策救济始终处于矛盾境地。进一步地，本文讨论经济系统对粮食安全的作用与贡献，这里存在一个基本逻辑，就是经济系统不会恶化粮食安全，现代市场经济的价格作用

---

① 本文原载于《治理现代化研究》2022年第5期。

会促使粮食安全向优化方向发展。最后，本文讨论了公共政策的供给，特别是粮食储备政策对粮食安全的作用，即政治目标在底线策略上与经济目标存在不同，但是这种差异性并不会妨碍粮食安全高标准目标的实现。

一、粮食安全的基本认识

关于粮食安全的国际认识与国内认识是不同的，历史认识与现代认识也是不同的。不仅如此，粮食安全在各国的不同时期也存在较大差异。对比这些差异，不难发现：联合国粮农组织所定义的“摄取食物与营养的可获得性”只是一个折衷和包容的定义。由于国际国内面临的环境不同，粮食在中国的概念往往被特定为谷物，安全概念在很大程度上特指为储备水平。因此，粮食安全在中国的概念特指谷物库存，这既有复杂的历史背景、也有特定的技术因素。就概念来看，在当前条件下已经得到了完善，尽管谷物库存仍然是粮食安全的重要指标，但是粮食安全的内容得到了更多的充实。习近平总书记在 2022 年 3 月 6 日参加政协农业界、社会福利和社会保障界委员联组会时指出“要树立大食物观”。其实，在 2017 年中央农村工作会议时，习近平总书记就指出，“老百姓的食物需求更加多样化了，这就要求我们转变观念，树立大农业观、大食物观，向耕地草原森林海洋、向植物动物微生物要热量、要蛋白，全方位多途径开发食物资源”。

在当前条件下，国际国内的粮食安全概念在共识上具备一致性，而这种一致性显然是现代概念，其基础在于食物营养水平（或者可见预期）在一定程度上可以满足人类发展需要，或者说人类改造自然能力达到一定水平。按照人类生理需求来看，大致包括三个阶段：

第一阶段从人类诞生持续到新大陆发现，这一时期人类食物营养摄入增长十分有限，食物营养只能满足基本生理代谢和代际繁衍需要。任何农业技术发展与资源扩展带来的收获增长最终都会被人口增长所吸收。布罗代尔认为“无论何时何地，不限于十五至十八世纪那个时期，每当人口增长超过一定的水平，人们就势必更加地依赖植物”。在这一阶段，尽管贸易能够在一定的时空范围内起到平衡作用，但是这种平衡作用并不能改变人与自然之间的紧张关系。马尔萨斯《人口论》讨论的正是这种关系。

第二阶段从新大陆发现到人类绿色革命时期，由于高产作物的引种大幅度地提高了食物产出，叠加人类工业化的进程，使得先进国家摆脱了食物约束。其结果是不仅人口数量大幅增长，人类健康状况也大为改善。能够观察到的，16—18 世纪英格兰平均预期寿命为 33～40 岁，到 1950 年全球平均预期寿命已经达到 45.7～48 岁。这一时期，食物获取越来越表现为财富生产和分配，越高收入国家食物供应越丰富、健康状况越好，这一现象也被描绘成 Preston 曲线。这一阶段，不仅是农业生产出现了巨大进步，贸易也带来了全球产销分工，进一步促进了农业产出的增长。

第三阶段是人类绿色革命以来，随着农业产出水平的快速提高，发达国家的食物营养已经出现了相对过剩，由此也带来了一系列健康问题，大致可以判断的是：现阶段发达国家的食物营养已经达到甚至突破了人类生理需求。这一现象反映出人类在食物营养方面已具备完全超越自然约束的能力。也正是因为如此，在 1974 年世界粮食大会上，出现了对“粮食安全”的定义，“在任何时候都能获得充足、营养丰富、多样化、平衡和适度的世界基本粮食供应”。此后，这一概念经过多次修改，其基础都立足于食物生产能力的大幅度提升，其潜台词在于人类已经在能力上可以实现零饥饿的目标，而目标达成则依赖财富创造与分配。

可以简单概括，当前的粮食安全是一个现代概念，主要反映出人类社会的进步。透过人类历史，按照现有粮食安全概念，其实质就是经济生产能力与社会发展水平。在现代社会，这两个要素共同构建了粮食安全的必要条件。能够看到，美国、巴西、澳大利亚等农业禀赋丰富的国家，其粮食安全来自农业生产；而日本、韩国、新加坡等国家的粮食安全则来自当地社会的财富创造。不仅如此，这些国家也具备良好的社会发展水平，尤其是社会治理能力，战争等混乱局势显然会恶化一个区域的粮食安全。毫无疑问，粮食安全状况改善是人类社会发展的结果，之所以在现阶段成为政治目标，源于这一目标在经济上的可及性。如果不存在可及性，自然就不存在关于粮食安全的概念。

二、粮食安全的风险特征与政策空间

与粮食安全可及性所对应的是，在任何情况下，一切关于粮食安全风险的边界需要置于人类可应对的能力范围之内，即可应对性。在人类可应对范围之内的粮食安全概念，也需要进一步廓清，尤其是风险和不确定性，是存在相应界限的，其判断标准在于是否存在明确概率，这种未知显然取决于具体事件，例如自然灾害的发生概率或者战争发生概率，即可认知性。而对于粮食安全中的不确定事件，在本质上是一个不可认知的外生问题，那么主要考验人类的应对能力。

从粮食安全的结果来看，特别是人类社会进入市场交换以来，粮食安全风险并非单边的，而是双边的，即粮食和农产品增产同样也会导致未来的状态“劣化”。仅凭农作物减产和贸易条件恶化作为判断标准是生产形态，并非经济形态。不仅如此，关于粮食援助的悖论问题也需要置于粮食安全风险框架下进行讨论。

从粮食安全风险概念出发，即使在现代社会，也很难对粮食安全进行绝对定义，至多是进行现象描绘，使之更接近人类主观认知。但在抽象意义上，粮食安全风险的概念属于比较的结果，不妨理解为：一切可以引起现有粮食安全状况“劣化”的可能性。对于“劣化”的衡量，主要存在于社会经济领域，可以直接采用福利效应进行测度。基于此，从现代社会来看，粮食安全风险作为概念，多数时候可以庸俗化为可能的经济损失。当然，其间接影响会波及社会生活其他领域。例如，非洲猪瘟疫情导致生猪存栏量大幅下降，猪肉价格大幅提高，全社会福利出现大量损失，进而引发社会对公共政策（包括环保“一刀切”）的批评。再例如，新冠疫情以来，根据联合国粮农组织估计，全球因食物短缺导致的饥饿人口将增加 1 亿人，对人类总福利带来大量损失，除此之外，也引发了对现有国际食物系统的讨论。

粮食安全风险从比较层面更容易理解，如果笼统地解释为“经济损失的可能性”，则没有实际意义。为此，有必要对粮食安全风险的现实特征进行讨论，包括粮食消费属性、粮食安全风险的阈值区间。

（一）粮食消费属性

从消费理论出发，为了更好地获得商品弹性估计，在实证计算中经常对商品效用进行区分。遵循这一思路，人类食物消费总量可以包含两个部分，一是满足基础代谢所必需的营养，这部分消费是绝对的，或者说完全刚性消费部分；另一部分是超出必需营养的这一部分，属于弹性消费部分。至于满足人类基础代谢对应的食物需求，更多的是生理和健康问题，但是从绿色革命以来，大体可以认为这部分需求是接近得到满足的，毕竟人类预期寿命和健康都在大幅度提高；现在的问题在于，超出必需营养的弹性消费部分是否真实存在，如果真实存在，那么其存在形态及与刚性消费部分存在什么样的关系？

上述食物营养是一个总和的抽象概念，如果对应到具体食物消费当中，从各国食物消费发展来看，都经历了从植物性食物到动物性食物的升级，从一元消费向多元消费的升级。在食物总体概念里将消费人为划分为必要消费和非必要消费可以在现实中找到对应。植物性食物，特别是大田种植的作物都属于必要消费，因为这类商品在市场交易中始终显示出明显的价格刚性，主要满足生理层面的代谢需求；而水产、水果等高经济价值农产品对于多数国家显示出较强的价格弹性，主要满足偏好性需求。这就意味着，食物价格弹性本身是价格的函数，即越高价格的食物，其弹性就越强。食物需求的可分性表现为品种的可分性，这种可分性表现为消费弹性的差异。

再进一步，如果说大田作物都属于必要消费，产出主要满足刚性消费，那么也是不充分的。同样，对大田作物产出（例如谷物）而言，仍然存在必要消费弹性，这个弹性是通过间接方式产生的。一种是食物之间相互替代的交叉弹性，另一种则来自食物链的转化，显然肉类弹性高于谷物，当肉类价格变化对需求产生影响时，会对饲料产生间接影响，又会通过生产传导到口粮，所以对于谷物产出来说，可以认为其整体属性是刚性产品，但是仍然具备一定的弹性空间。为了便于说明，仍然沿袭食物消费的可分性，在直观上不妨假定谷物有90%是刚性消费，有10%是弹性消费；同样可以假定，水产有10%是刚性消费，而90%是弹性消费。

对于食物消费属性来说，尽管需求可分性是通过品种或消费群体可分性实现的，但是在具体品种上的表现并不是绝对的，谷物需求仍然可以存在一定的弹性，而高价值食物也可以存在一定的刚性。

（二）食物消费的阈值区间

如果食物消费的价格弹性是既定的，那么在单位价格条件下，消费数量就是既定的，只要生产力允许，经过市场的简单博弈，产出必然与消费数量相等从而实现平衡，此时食物消费总量只是一个“点”。显然，在食物消费具备可分性的条件下，即食物消费弹性存在区间的情况下，在单位价格条件下，消费势必存在上界和下界，即食物消费的阈值区间。从自然属性来看，对于特定食物而言，其下界取决于基础代谢对应的必要需求，上界取决于生理代谢能力，这个区间实际上非常宽广，而且度量尺度属于生理学范畴。我们需要讨论的是人类社会在经济条件下的食物消费的阈值区间，这个区间显然比生理区间要小得多，因为涉及食物生产和供给以及市场出清。

考虑在一个封闭经济体系内部，食物供给的唯一来源是食物生产，并且：①生产力水平不构成食物消费的约束，即产出弹性是充分的；②产出与消费的平衡依赖市场交换机制。在这种条件下，食物市场（食物消费）的上下界范围取决于食物消费刚性与弹性。在食物消费属性越偏向于刚性时，其上下界越狭窄，而越偏向于弹性时，其上下界就越宽。

之所以如此，对于生产者而言，其产出对应的消费刚性越强，则受到的约束越强，“谷贱伤农”就是这个道理。显然，当消费刚性部分都得到满足时，额外的任何产出增加都会导致亏损，市场出清将止步于消费刚性部分的满足；同样地，从生产者来说，在多次博弈之后，产出注定不会低于消费下界，毕竟任意低于消费下界的产出都将导致价格暴涨和超额利润，进而使得新的生产被释放，从而平衡缺口。因此，刚性食物消费的数量上下界将会在一个十分狭窄的区间，在理论层面应该是无限趋近于消费上限的区间。

另外，对于生产者而言，其产出所对应的消费弹性越强，市场出清的数量下限就越低，毕竟任意数量都可以容易获得对应的市场出清。基于此，可以判断的是：对于消费属性偏向刚性的食物而言，例如谷物，其消费区间的上限为刚性满足部分，而下限则距离上限很近，下限范围则取决于消费弹性的大小。在直观上，可以例证的是，谷物消费区间存在于一个狭小的数量范围内；相对的，对水产品而言，其消费区间可以在一个非常宽广的数量范围内。

从事实来看，在1998—2003年，中国人均粮食产量从412.5千克下降到334.3千克，下降了19%，从而导致2003年国内粮食价格暴涨，由此可以大体推断出粮食消费数量的上下限区间范围。相对而言，1978年以来，人均水果产量从6.9千克增长到200千克，显示出非常宽广的消费空间。因此，从食物来看，其消费属性越偏向于刚性，则通过市场出清的数量上下界范围越窄，而消费属性越趋向于弹性，则市场出清的上下界范围就越宽。进一步地，由于不同食物在属性上的可分性，即便是刚性食物也具备一定的弹性，这就使得这一类食物在消费上限数量的狭窄区间内变化。因此，从社会认识的粮食安全风险正是源于这种狭窄的变化区间。能够看到，在各国粮食政策的实际操作层面，其决策变化的区间也是非常狭小的，例如在2020年新冠疫情初期，相当数量国家启动了粮食出口管制政策，但是很快又全部放开。

三、粮食安全的风险演化

仍然从理想条件出发，就粮食安全的供需平衡来看，其数量变化在上下界区间范围内波动应当是可以容忍的，或者说是无须“人为”干预的，即“合理区间”。即便是干预，也是在超出合理区间范围以外才实施干预以使得供需平衡，换而言之合理区间以外即“风险区间”。显然，风险区间仍然要以人类可应对性为边界。当前的问题在于，在现实中如何确定这样的边界，即阈值定义，这也是一个具体问题。从实践出发，在一个时空范围内具体设定数量阈值，特别是供给（产量、库存等）下界，早已是通行做法；不仅如此，在主要发达国家的农业支持政策当中，也包含了一定数量的去产能补贴，例如休耕补贴等，这实际上也是对产出上界进行一定的干预。尽管在实践与理论存在一定差异，但是在方向上是大体吻合的。

为了更好地识别合理区间与风险区间，仍然从现实问题入手，可以讨论的内容在于：在人类社会的自然演化背景下，粮食安全与粮食不安全之间是否存在内在关系。纵观人类发展历程，整体趋势是从粮食不安全走向粮食安全，现在的问题在于，这一过程会否逆转，或者说过程中会否存在反噬效应，即从粮食安全走向粮食不安全是否具有一般性？最近几年以来，无论是非洲猪瘟、新冠疫情，还是俄乌局势变化，使得人类对粮食安全风险敏感程度大幅度提高，但是从社会科学研究来看，讨论超过人类应对能力的风险并不具有一般意义。当人类长期处于无法有效应对风险的情景之下，那么实际上并不存在粮食安全问题，正如绿色革命之前的发展实践。

在人类对粮食安全风险的认识和应对能力提高的过程中，对应的是生产力的持续解放。化解可认识、可应对的粮食安全风险能力本身说明人类的进步。在这个进步过程中，农业生产始终存在两个特征性事实，一是农业经营方式的变化，二是农业生产结构的调整。不仅在中国，也是在世界范围内正在发生的：相当数量的农业生产资源正在快速集中，农业生产规模在持续地大规模化和超大规模化，中小农业生产者（包括传统小农）正在快速地退出农业生产；与此同时，农业产出结构不断更新，单位资源的农业产出价值越来越高，例如蔬菜、水果、花卉等经济作物对传统大田作物的替代作用。正因为如此，也引发了诸多关注，成为粮食安全方面社会争议和批评的焦点。

实际上，从市场经济逻辑来看，无论是农业生产经营规模、还是农业产出结构调整，都说明粮食安全风险阈值的上界是内生存在的。其解释在于：在粮食生产领域，效率竞争的结果是规模经营，也正是效率竞争促进了效率提升，从而使得粮食安全问题得到解决。因此，需要讨论的问题在于农业生产结构调整对粮食安全的影响。实际上，这个问题并不复杂，相对于谷物而言，经济作物的需求弹性更大，这就意味着经济作物的市场出清范围比谷物大得多，显然经济作物产出增长在一定范围内占用了传统谷物的生产资源，但是这种占用不会影响到粮食安全。原因在于，谷物需求刚性决定了价格对数量的敏感性，一旦产生了粮食安全危机，那么谷物价格的上涨会重新配置农业生产资源，从而增加谷物产出。

再进一步地讨论，一是自发演化的农业生产结构调整，例如中国、欧洲大陆都是历经了从谷物种植向经济作物种植的发展过程，中国明朝“改稻为桑”的政策在当时条件下也是失败的；二是殖民地种植园这种外来的商品农业生产，特别是经济作物生产，其物质基础都存在于已经或接近满足粮食需要了，然后才能通过自主演化或者外生引入更经济的商品农业生产，这一过程是不可逆的。

传统意义上，农业生产受到自然条件的约束，从而形成自然经济，无论是中国的自由农户，还是欧洲的农场庄园。在自然经济时代，农业生产资源的专用性是很强的，那么绝大部分农业生产呈现出刚性，无论是地块肥力、还是种子获得，都是刚性的。如果引入交换和价值概念，那么农业生产就显现出较大的弹性。例如在传统盐碱地区，除了耐盐碱作物，其他作物是无法生产的，过去江苏盐城是棉花主要产区，现在也不再种植棉花了。

随着绿色革命发展，商品农业兴盛，在利润与宏观政策刺激下，使得农业生产适应自然、改造自然的能力大幅度提高，农业资源的专用性逐步下降，如果不考虑成本代价的话，在寿光的日光温室里也可以生产香蕉，这就意味着农业生产的弹性得到极大的扩展。当产出弹性扩展时，需求刚性产品，例如谷物的市场失衡将很快会被生产的变化所平衡，而不会面对刚性需求无法被刚性生产满足的情况。所以农业生产调整，特别是向更高价值方向发展，在自然演化条件下，是满足粮食安全之后的新发展，也是必然结果，并不会对粮食安全带来影响，也得到国际社会的广泛认同。综合来看，现实中需要应对的粮食安全阈值风险应该是下界问题。

四、粮食安全的底线与公共政策基础

从社会发展的内生机制来看，粮食安全的自然演化是趋向于走向能力上界的，即更好地保障粮食安全，而非损害粮食安全的。按照可认知性、可应对性的二分法标准，当面对可认知、可应对粮食安全风险时，需要的是长期持续提升人类能力，实际是提高农业生产力的过程。在很大程度上，这一过程属于社会发展的内生演化，与粮食安全的公共政策干预并没有太大关系，例如发达国家 20 世纪 60 年代以后纷纷采取激励政策鼓励农业生产，但最终都走向政策转型。

只有面对不可认知、但可应对的粮食安全风险时，才需要相应公共政策的干预，包括具体的安全冗余策略、社会治理政策等。实际上，粮食安全的公共政策干预也仅限于粮食安全风险的下界问题，或者说是粮食安全的底线问题。需要回到粮食安全的早期概念，粮食的刚性需求包含了人类生存权这样的天然人权，是不具备排他性的，即弱商品属性。面对这一问题，在政治上解释粮食安全就是实现食物的非稀缺性和非排他性，从而解决经济配置的弊端，实现人类生存权，进而服务于政治自由主义。严格意义上，正是自由经济倡导的“市场失灵”才塑造了对饥饿的社会管理，这也是粮食安全的狭义内容。所以，在概念上，当前讨论的粮食安全风险主要反映社会发展水平，是内生能力问题；而粮食安全底线才是公共政策问题，是外生手段问题。从社会发展来看粮食安全，需要面对的是农业生产能力问题；从公共政策则需要考虑粮食安全风险策略，其中关键政策在于粮食安全底线构建。

如前所述，从人类社会自然演化来看，粮食安全的自然演化方向是积极的，但是在个别时空条件下，仍然会出现不同程度的意外，就此需要筑牢粮食安全底线。实际上，涉及粮食安全的公共政策目的在于应对个别时空条件下的短期变化，是临时性救济，从而确保社会生活的连续性。其必要条件在于应对意外变化的强度（安全冗余）和社会治理状况，基于中国当前的经济社会发展，粮食安全底线的必要条件更偏向于社会治理水平。之所以如此，粮食安全的底线逻辑并不是着眼于长期农业生产和农产品市场的问题，而是在特定时空范围内提供必要物质救济，主要反映的是社会治理能力和治理水平，这也日益成为国际社会的共识。毕竟，相对于农业生产而言，农产品分配所需要的社会资源更为复杂，即便存在足够的粮食安全冗余，如果没有足够的社会治理能力，那么也很难确保粮食安全底线。

为了验证粮食安全风险与底线之间的关系，可以通过现有经验数据进行验证，基于联合国粮农组织与世界银行公布数据建立的模型结果显示：①现有粮食生产能力与政府治理没有直接关系；②营养不良人口比例与政府治理和人均耕地存在相关关系，政府治理水平越高，国民营养状况越好，人均耕地规模越大，国民营养状况越好。这也说明，粮食生产能力内嵌于经济社会发展，与相应公共政策的支持固然有一定关系，但是从长期看，经济社会发展的作用要显然大于政策的作用，例如工业革命和绿色革命对农业产出增长贡献要明显大于同时期的财政支持和补贴措施；而政府治理对营养不良人口比例有着重要的作用，说明社会治理状况对食物分配产生了很大的影响，也意味着筑牢粮食安全底线的关键在于社会治理。

简而言之，应对粮食安全风险主要有赖于人类的经济社会发展，属于内生问题。从演化趋势来看是从匮乏走向富足的过程，在这一过程中也自然产生了“粮食安全”概念，这一概念存在于某个合理的区间范围内，超过上界的供应会造成浪费，低于下界的供应则会带来人道主义灾难。以经济自由主义的观点，对粮食安全不必施加任何干预，市场会自动优化粮食配置；但是从政治自由主义的观点出发，即便在一个食物总量富足的社会，也会存在饥饿问题，因此有必要对粮食分配进行公共政策干预。透过对粮食安全风险的识别容易得出，粮食安全风险下界，即粮食安全底线，是独立于经济系统的。为筑牢粮食安全底线，有必要在社会治理方面采取措施，尤其是施加公共政策干预。

五、粮食安全中的储备政策

（一）粮食安全冗余的基本逻辑

在现代社会，粮食安全存在两个关键因素，一是数量保障，即粮食供给；二是社会治理，即良治环境。从具体问题出发，以中国为例，按照 2020 年全球政府治理指数来看，在全球 214 个国家和地区中排名全球第 58，整体处于较好的状态。可供类比的是，意大利政府治理指数排名第 70，印度排名第 71；而营养不良状况的重灾区往往处于政府治理排名第 70 以后的国家。对于当前中国粮食安全而言，社会治理并不构成明显约束，因此，粮食安全的底线策略仍然是基于刚性消费的数量保障。从政策工具箱的角度，可选的公共政策有不少，但是对于当前中国粮食安全底线而言，最有直接作用的公共政策是应当是粮食储备，这也是政策比较的结果。

实际上，粮食储备也是粮食供应的日常所需，农作物季产年销是自然特征，尽管随着开放程度提高，地理来源增加以后使得粮食供应更加频繁，但库存和储备机制始终存在，莫过于规模与运行有所差异。当前发达国家的年末粮食库存占全年消费比例在持续下降，而中国保持一个相对较高的水平，这属于不同的策略。对于多数发达国家而言，由于越过了粮食安全的数量阶段，因此对粮食安全并不存在特定的政策目标，所以最终粮食库存降到市场最低状态。相对而言，中国政府始终重视粮食安全，尤其强调粮食安全的底线思维，所以人为设定安全冗余标准。

从安全冗余的一般理解出发，在某个特定的时空条件下，储备水平越高，安全性越好，但是越高的冗余则对应越高的经济成本。这也意味着，安全与成本是矛盾的，那么作为公共政策的粮食储备，并不存在约束条件下的优化问题，毕竟库存和储备只取决于经济成本，安全冗余水平与公共财政预算是高度相关的。所以在一般逻辑上，粮食储备政策是严格外生的，简而言之，就是“花多少钱办多少事”。但是，这并不意味着可以通过支出增加而无限提高库存水平，粮食安全冗余显然存在物理上限，这取决于对特定时空条件的理解，或者说对预期的判断。

在一个“正常”的年份，即在农业生产连续的背景下，粮食储备的物理上限理论上不会超过100％，持续超过100％的粮食储备将会有部分最终成为陈化粮食，当前尽管保管条件改善，但是从理论上说，势必存在合理的粮食品质区间。意即，过度的粮食储备会导致陈化粮，而陈化粮会带来经济损失，而这部分经济损失是无谓损失，这也构成了粮食储备的物理上限。因此，粮食储备的物理上限将永远无法有效应对“不正常”的极限情景，例如全球粮食多年绝收。任何粮食储备带来的安全冗余只是应对特定时空的合理情景，例如自然灾害带来的减产，区域局势紧张带来的短期价格上涨等。

（二）中国粮食储备

从基本逻辑来看，为了提高粮食安全冗余而设置的粮食储备属于公共政策，是外生于经济系统的。该逻辑在整体上是成立的，但是面对各国的具体情况，也存在较大差异，最具代表性的事实是中国粮食储备。根据FAO的农产品市场信息系统（AMIS）估计，2021/2022年度，中国小麦库存消费比为93.7％。可供参照的，美国库存消费比为57.6％。库存高低只是客观结果，在面对预期价格上涨的背景下具有财富效应，而面对预期价格下跌背景下则需要承担损失。从全球粮食市场的长期性来看，下跌的时期要超过上涨的时期，库存越高，其面临的损失越大。这也是发达国家持续降低粮食库存的根本原因，也符合粮食储备的基本逻辑。显然，从中国粮食安全的底线出发，必定存在相应的安全阈值。实际上从库存消费比情况来看，这一安全阈值比较明了，大体在30%左右，如图1所示。以小麦为例，改革开放以来，库存消费比有两个低点，分别是1981年的32.6%和2005年的34%，据此可以大体判断出粮食安全的库存消费比为30%。可供对照的，除中国以外的其他国家小麦库存消费比的平均水平为26%。显然，在1981年和2005年到达库存消费比的低点以后并没有继续下降，如果不存在人为设置粮食安全阈值的话，那么中国粮食库存消费情况将会与全球平均水平相一致，因此可以判断中国粮食安全底线的库存消费阈值为30%。按照反证法，如果安全阈值为100%，那就意味着既定政策目标从未实现；同样地，如果阈值为60%，那就意味着多数年份既定政策目标未实现，因此阈值势必为库存消费比最低的年份。

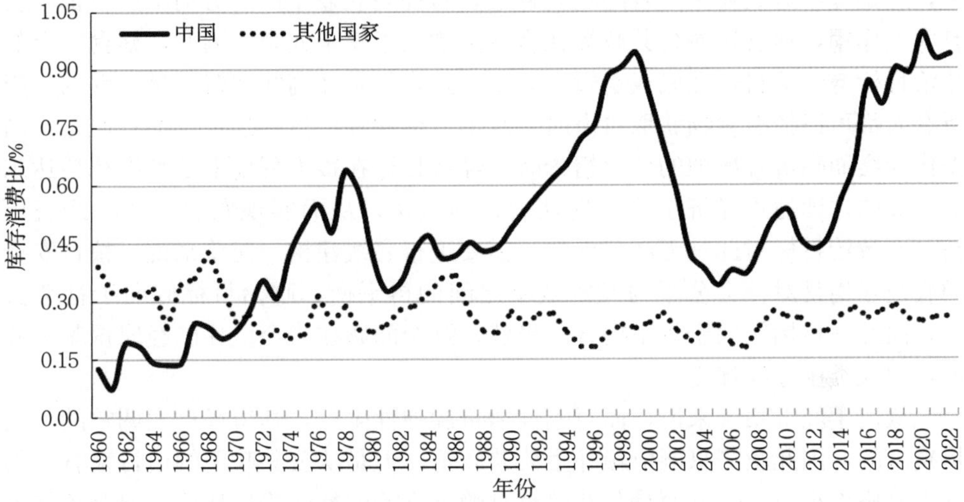

图1　中国与其他国家小麦库存消费情况

数据来源：FAO农产品市场信息系统（AMIS）。

如果将库存消费比作为粮食安全底线阈值，中国阈值并不比国际水平高出太多。但是从历史来看，中国粮食库存确实存在阶段性库存消费比过高的现象，其主要原因在于供需的结构性失衡，毕竟当前人均口粮消费量在持续下降，而产出始终维持高位。从科学态度出发，针对当前的粮食库存消费比较高的情况，存在政策适度调整的空间，当然这取决于政策的目标导向。据此来看，涉及中国粮食安全的储备政策并无不当，起到了安全冗余的效果，毕竟粮食供给相对更多。

六、小结

新冠疫情以来，叠加国际政治经济形势变化，全球粮食市场及饥饿状况均出现了恶化，各国政府均加强了粮食安全的公共政策供给，尽管如此，在整体未能缓解全球粮食安全恶化的形势下，边缘人口的营养不良状况仍在加剧。通过分析可以得出，粮食安全本身作为政治目标出现，其蕴含的公共政策是超越一般经济政策的，这也使得不同的粮食安全底线策略对应不同的公共政策。这些公共政策可能会对应不同的公共支出，但是无法使用经济评价来判断“好坏优劣”。

尽管如此，需要明确的是，面向粮食安全底线的公共政策是外生的，对农业和粮食产需本身不会带来内生影响，即粮食安全的公共政策更多的是救济性的，而非发展性的。举例来说，无论是提高粮食收购价格、增加粮食库存水平，还是提高对农业生产者的收入补贴，对提高农业生产的劳动生产率都不会有太大作用，尽管这些公共政策在客观上增加了安全冗余。因此，粮食安全的政治目标与经济目标在底线逻辑上并不一致，但是在高线逻辑上是一致的。当所有人都可以拥有食物获取自由时，政治目标和经济目标是重合的；但是，当现代社会面临饥荒增加的恶化情景时，经济目标在很大程度上是默许社会达尔文主义的，即通过经济手段实现社会正向淘汰，从而实现农业生产的经济更新，而政治目标对此是无法容忍的，需要进行底线建构。简单来说，粮食安全的底线建构是对社会公平与经济效率之间的再平衡，政治目标倾向于社会公平，而经济目标倾向于效率提升。当然，这个问题在当今世界已经取得基本共识，即人类生存权优先。

从内生经济系统来说，面对刚性消费和弹性生产，其市场自发调整的范围是狭小的，因此救济只能依赖外生公共政策。但是从公共政策的运行来看，仍然需要格外小心，一方面是公共政策有赖于良治的社会治理环境，现有条件下的粮食安全对社会治理的需求要大于物质基础，毫无疑问，当前面临饥饿的国家并不是真正缺粮，更多地其实是良治环境；另一方面，政策重心应当集中在救济性、短期性上，不应将公共政策过度延展到内生系统，这时往往会导致外生政策对内生系统的干预加深，有可能影响内生系统的自然演化发展，毕竟人类发展就是一部逐步告别饥饿的历史，其主要动力机制源于内生发展和经济更新。

从公共政策的工具和尺度来看，粮食安全底线可以简单对应为粮食储备水平。实际上，粮食储备水平只是粮食安全冗余的一个简单指标。在具体工作内容上，如果将粮食安全冗余简单为粮食储备，那么极端条件下有可能出现的场景是吃白米饭。试想在吃白米饭的场景下，社会缺乏的显然不只是蔬菜、肉类、调味品等，其他诸如药品、燃料、纺织品等物资都是全面匮乏的，势必会导致相当数量的人口因为其他原因失去生命。因此，粮食安全是现代社会物质保障体系的一个代名词，并不应简单理解为农业生产和农产品供应，更不能庸俗化为粮食储备。

参 考 文 献

胡冰川，2015. 世界农产品的库存变化与中国因素［J］. 湖州师范学院学报，37（9）：1-9.

胡冰川，2020. 全球农产品市场的一般性解释框架［J］. 世界农业（6）：18-24.

李周，蔡昉，金和辉，等，1990. 论我国农业由传统方式向现代方式的转化［J］. 经济研究（6）：39-50.

厉为民，1986. 世界粮食安全储备［J］. 世界农业（10）：9-10.

钟甫宁，1995. 稳定的政策和统一的市场对我国粮食安全的影响［J］. 中国农村经济（7）：44-47.

朱增勇，李梦希，孟君丽，2019. 非洲猪瘟对中国生猪市场和产业发展影响的研究［J］. 价格理论与实践（7）：20-23.

ALONS G，2017. Environmental policy integration in the EU's common agricultural policy：greening or greenwashing?［J］. Journal of European Public Policy，24（11）：1604-1622.

ANDERSON K，TYERS R，1984. European Community grain and meat policies：effects on international prices，trade and welfare［J］. European Review of Agricultural Economics，11（4）：367-394.

BULLOCK D S，SALHOFER K，2003. Judging agricultural policies：a survey［J］. Agricultural Economics，28（3）：225-243.

CANDEL J J L，2014. Food security governance：a systematic literature review［J］. Food Security，6（4）：585-601.

CRANFIELD J，HERTEL T，PRECKEL P，2005. A modified，implicit，directly additive demand system［J］. Applied Economics，42：143-155.

FRIEDMANN H，1982. The political economy of food：the rise and fall of the postwar international food order［J］. American Journal of Sociology，88：248-286.

GALOR O，MOAV O，2005. Natural selection and the evolution of life expectancy［J］. Minerva Center for Economic Growth Paper.

GILLIGAN D O，HODDINOTT J，2007. Is there persistence in the impact of emergency food aid? Evidence on consumption，food security，and assets in rural Ethiopia［J］. American Journal of Agricultural Economics，89（2）：225-242.

KNIGHT F H，1921. Risk，uncertainty and profit［J］. Social Science Electronic Publishing（4）：682-690.

KYDD J，2015. Ex-post evaluation study of IFPRI's research on high-value agriculture，1994—2010［R］. Washington，D. C.：International Food Policy Research Institute（IFPRI）.

LATRUFFE L，DESJEUX Y，2016. Common agricultural policy support，technical efficiency and productivity change in French agriculture［J］. Review of Agricultural，Food and Environmental Studies，97（1）：15-28.

NALLY D，2011. The biopolitics of food provisioning [J]. Transactions of the Institute of British Geographers，36 (1)：37-53.

PRESTON S H，1975. The changing relation between mortality and level of economic development [J]. Population Studies，29 (2)：231-248.

RIMMER M，POWELL A，1992. An implicitly directly additive demand system：estimates for Australia [J]. Center of Policy Studies/impact Centre Working Papers.

SUMNER D A，2014. American farms keep growing：size，productivity，and policy [J]. Journal of Economic Perspectives，28 (1)：147-166.

UDMALE P，PAL I，SZABO S，et al，2020. Global food security in the context of COVID-19：a scenario-based exploratory analysis [J]. Progress in Disaster Science (7)：100120.

VAN DEN BROECK G，MAERTENS M，2016. Horticultural exports and food security in developing countries [J]. Global food Security (10)：11-20.

（作者单位：中国社会科学院农村发展研究所）

农业跨周期调节：基本要义、重点任务与策略选择①

杨久栋[1]　郭芸芸[2]　潘扬彬[1]

一、引言

党的十九届五中全会提出完善宏观经济治理，要求搞好跨周期政策设计，提高逆周期调节能力。这是未来一段时间我国宏观调控政策的主基调，也是宏观调控理论的重大突破和创新。长期以来，我国主要采用逆周期调节，通过“短平快”的政策熨平短期波动，虽然能解决眼前的问题，却容易积累长期的风险。农业是稳民心、安天下的战略产业，是国民经济发展的战略基石。搞好农业跨周期调节，加快推进调控理念、方式、手段创新，对农业农村经济稳健运行和国民经济健康发展具有重要现实意义。

宏观调控是熨平周期波动的重要手段。宏观调控必须区别对待结构性矛盾，避免“一刀切”，否则就会影响宏观调控的效果（纪显举，2015）。近期我国明确提出跨周期调节是宏观调控实践的总结和理论创新（朱微亮、周琼，2021）。当前对跨周期调节的研究主要集中在金融领域。研究认为宏观杠杆率与跨周期调节，保持宏观杠杆率的基本稳定，是实现稳增长与防风险动态平衡的根本要求，也是实施跨周期调节的关键环节（张晓晶，2021）；需要我国财政政策与货币政策的协调配合，可依次从紧密联系、联动领域、不同调节范围及侧重点四个维度来观察（贾康、苏京春，2021）。农业领域主要的周期是“蛛网周期”，跨周期调节重点是关注主要农产品周期性波动问题，比如猪周期（王宏梅、赵瑞莹，2019）的研究，聚焦抑制“猪周期”，解决生猪市场的健康平稳发展问题，研究打破主产区“猪周期”波动怪圈，稳定主产区生猪产业发展（王军、曹建民，2016）等问题。相关文献对农业重点领域进行了较为深入的研究和分析，研究方法和视角值得深入借鉴。但是目前文献主要局限于农产品流通领域的跨周期调节，对农业产业跨周期调节研究文献较为有限。本研究

① 本文原载于《华中师范大学学报（人文社会科学版）》2022 年第 3 期。

聚焦农业领域，并将农业跨周期调节分为三部分，聚焦其基本要义、重点任务与优化路径进行了分析阐述。

二、农业跨周期调节的基本内涵与时代特征

农业生产和农村经济发展具有明显的周期性特点，始终面临短期波动与长期稳健运行目标的矛盾。实现农业经济中长期稳定和可持续发展，需要跳出应对短期波动为主的思维定式，以中长期均衡发展的视角进行调节制度设计，用超越周期的“锚”来指引调节的方式、力度与节奏，有效熨平经济异常波动。综合宏观调控理论与农业经济管理实践，本研究试将农业跨周期调节的概念界定为：国家从农业中长期发展的宏观视角，审慎评估农业经济周期间波动合理性与异常性，以克服农业经济自身周期性波动、避免其诱发国民经济“超常规”连锁反应和系统性风险为调控目标，通过使用财政、货币、汇率等多元互补政策工具，综合运用行政、法律、市场等手段，构建涵盖预测、预警、评价、监督、责任在内的治理结构和工作运行体系，对具有全局性、公共性、长期性的农业经济活动进行稳健、科学和适度干预的调节机制。

农业跨周期调节与逆周期调节一样，本质上属于农业宏观调控的制度范畴，均是为了保障农业经济平稳健康发展设立的支持保护政策体系。但与传统意义上的农业支持保护及逆周期调节有别，农业跨周期调节有其显著特征：一是政策目标的长远性、一致性。农业跨周期调节更加关注中长期目标，追求的是农业在一个超长周期或多个周期内的长期稳定均衡增长，对短期波动给予审慎评价与适度容忍，以促进农业发展的稳产保供、结构优化、提质增效、就业增收、生态环保、风险防范等多元目标和综合效益相得益彰，实现稳增长和防风险的动态平衡。二是政策工具的多元性、互补性。与逆周期调节针对主要解决单一、临时、局部问题的相机抉择不同，农业跨周期调节采取的调控措施更加丰富多元，甚至是多种工具的集成组合。在跨周期调节的政策框架内，可能综合运用财政、货币、汇率、价格、产业、投资、土地、就业、消费、环保等多种类型政策工具，并且更加注重各种政策的协同互补，防止个别政策为了短期目标“打架”。三是调控效果的传导性、联动性。逆周期调节往往针对解决短期具体问题，采取“一事一议”的调控策略，追求标的精准、及时见效。农业跨周期调节着眼中长期和全局发展，由于影响农业经济运行的制约因素可能并非问题本身，需要抽丝剥茧找到问题源头，选择科学合理的调节对策，调节技术含量更高，甚至可能通过多重传导来稳定市场预期，降低发展不确定性。四是调控规则的制度性、系统性。农业具有全局性、基础性和公共性的典型特

征，往往牵一发而动全身，这就决定了农业跨周期调节时空范围更广、传导性更强、持续波及影响更大。为了保证农业跨周期调节宏观性、稳健性，甚至保持着眼长远的“忍耐”性，避免“临时性”和“运动式”的短期行为造成休克或政策共振，越来越倾向通过先行制度化设计，实现宏观调控目标制定和政策手段运用制度化，运用普遍、严谨制度化调节手段，或者综合行政、法律、经济等多种手段系统调节。

宏观调控是实现经济稳健发展的内在要求。改革开放以来，我国以逆周期调节为主的农业宏观调控体系不断完善，在关键时点实行的逆周期调节，对及时纾解压力、分散风险、恢复市场稳定等发挥了重要作用。但逆周期调节在熨平短期波动和应对危机的同时，也难免产生一些副作用，我们始终未能摆脱周期性大起大落的困扰，每隔一段时间就要出现一次波动。在这种情形下，农业要迈向高质量和可持续发展，迫切需要建立一种着眼全局和长远的跨周期调节机制。首先，农业生产季自然属性和自然环境压力需要跨周期调节。农业生产的对象主要是有生命的动植物，并且多是生鲜时令农产品。与工业与服务业相比，农业生产具有明显的季节性、周期性特征，大量鲜活农产品短期内集中上市，难免造成市场瞬间“拥堵”。如果我们将视野局限于农业的一个生产周期内，采取短平快的调节方式熨平经济波动，那么我们永远跳不出周期性大起大落的“窠臼”。要跳出周期看周期，正确区分和适度容忍合理的周期性波动。其次，农业消费、投资、进出口三者间新的动态平衡需要跨周期调节。目前，我国农业资源环境硬约束日益趋紧，增加产量与提升品质诉求难以兼容，库存高企与销售不畅的矛盾十分突出；农业投资长期欠账，农业现代化投资明显滞后于工业化和城镇化，政府、金融、社会资本、农户自投比例不合理，事关长远发展的基础投资尤为薄弱；农产品进口特别是高端优质农产品大幅增长，存在国内外价格倒挂和贸易逆差持续拉大等突出问题。农业消费、投资、进出口三者间正在进入一个新的动态平衡，需要以全局观和中长期视角合理运用跨周期调节，保持农业消费、投资、进出口的动态平衡，拉动农业经济平稳增长。再次，农业与相关产业的高度关联及其对国民经济的深刻影响需要跨周期调节。随着农业市场化程度加深，农业与相关产业的关联性及其对国民经济的传导性愈发明显。农产品价格波动不再是源于供求关系的唯一变量，而与大宗商品价格波动呈现共同趋势和波动形态，其背后交织着货币、汇率、金融、能源和全球经济波动等多种因素。农业领域相关问题的出现，其根源并非在农业内部，一些外生因素已经可以通过市场机制打通的渠道对农业及相关产业产生显著影响。因此，解决农业问题不完全在农业本身，应溯及源头和因果来找到解决问题的根本之策。最后，农业经济治理体系与治理能力现代化需要跨周期调节。经济周期是市场经济的必然产物，是市场调节规律发挥作用的结果。准确把握和认识经济周期，平抑周期内经济大起大落和防范其传导诱发的系统性风险，是经济治理体系和治理能力现代化的重要内容。农业问题不仅是解决农产品供给、价格平稳、质量安全等技术性问题，更是牵涉资源与环境、产业与生态、供给与需求等多重利益纠葛的复杂现实问题。解决这些深层次问题，要构建适应发展阶段、产业结构、市场需求相匹配的治理体系和能力。

三、我国农业跨周期调节的重点领域与主要任务

“十四五”时期是我国农业转变发展方式、优化产业结构、转换增长动力的关键阶段。各种历史性目标交织、历史性机遇交汇，我国农业面临着前所未有的市场化、全球化发展机遇，也面临着内外部发展环境与条件变化挑战（尹成杰，2021）。应从我国农业现代化长远目标和经济社会发展的全局任务出发，按照“保供固安全，振兴畅循环”思路定位，充分考量形势变化与技术变革，既立足当前稳产保供，又着眼长远培育持续增长动能，明确农业跨周期调节的主要任务与重点领域。

（一）确保国家粮食安全和重要农产品有效供给

1. 总量平衡

虽然我国粮食产量持续高位，但产销总量平衡压力较大。2020 年我国粮食产量达到 66 949 万吨，创造了历史新高，但是包括大豆在内的粮食进口量同步创新高，粮食净进口 13 906 万吨，广义粮食自给率为 82.8%。一方面，粮食产量增长的势头明显减弱。2004—2015 年粮食产量年均增速 3.2%，2015—2020 年增速降至 0.19%。粮食连年持续增产的难度愈发加大，粮食产量阶段性峰值隐现。另一方面，粮食消费增长率明显高于粮食产量增长率。2011—2020 年我国粮食消费年均增长率 2.8%，粮食产量年均增长率 1.8%，相当于每年高 1 个百分点。常年的粮食消费增量高于产量增量，标志着我国粮食总体供求是偏紧的。因此，应综合考虑人口增长、消费升级、用途拓展等客观因素，科学测算“十四五”和更长时期我国粮食产需形势，未雨绸缪强化粮食生产，守住粮食供求总量平衡的底线。

2. 结构优化

当前我国口粮安全绝对有保障，小麦、稻谷自给率稳定在 95%以上，中长期粮食安全的短板主要是食用油和饲料用粮短缺。人多地少水缺的基本国情与农情，决定了我国不可能仅仅依靠国内有限的农业资源实现完全自给，在品种结构选择上要有优先序，不能“全面开花”。另外，我国农业资源丰富，食物品种多样，既要稳粮食、保大宗产品，也要因地制宜地发展“小品种、大产

业”。农业跨周期调节重点应放在保口粮安全、食物安全、产业链安全的关键领域，聚焦主要品种、优势品种和高效品种予以重点支持。

3. 区域协同

2011 年后，我国粮食产量增长逐渐趋缓，部分省份粮食生产出现明显下滑迹象。以连续三年间的粮食产量平均数来估算各地粮食生产能力，2018—2020 年与 2011—2013 年相比，北京、上海、浙江、湖南、福建、广东、广西、海南、新疆 9 省份粮食产量不同程度地减少；陕西、江西、贵州、重庆、宁夏、青海、西藏 7 省份粮食产量基本持平；天津、河北、山西、内蒙古、辽宁、吉林、黑龙江、江苏、安徽、山东、河南、湖北、四川、云南 14 个省份产量有所增长，其中只有黑龙江、河南、内蒙古、山东、吉林、江苏、四川 7 个产粮大省明显增长。部分省份粮食出现明显减少或持平，部分粮食主产区滑向产销平衡区或粮食调入区，主销区普遍出现自给率下降的现象，保障国家粮食安全的重任越来越依靠北方粮食主产区。保障国家粮食安全，必须搞好区域间粮食供给跨周期调节，要根据耕地、淡水等资源分布和区划，压实粮食安全党政同责，稳住粮食主产区产能，强化对平衡区、主销区自给率提升的责任考核。

（二）稳定农产品价格与市场秩序

农产品价格及市场运行是宏观调控的重要领域。在市场经济条件下，农产品价格波动是市场调节指引供求关系改善和市场自我发育的客观结果。但是农产品价格大起大落，阶段性剧烈波动或长期处于震荡状态，一定程度造成市场秩序失调和市场信号失灵，既挫伤农业生产者的积极性，又损害消费者利益，甚至容易诱发系统性风险。搞好农产品市场跨周期调节，要正确区分“合理”波动与“异常”震荡，准确评判其中的因果关系及传导影响。

1. 重点关注国计民生的大宗农产品市场运行

经过几十年的探索和发展，我国基本建立了覆盖粮、棉、油、糖、肉等大宗农产品的稳价保供调节机制，形成了包括最低收购价、临时收储、目标价格、用途管制等调控政策体系。要坚持完善粮食和重要农产品稳价保供的调节目标，将跨周期调节的重点放在事关国计民生的大宗产品和关键品种上，对区域性的小品种市场短期波动保持理性克制。要做大宗农产品生产、消费、库存、价格和贸易等信息的动态监测和信息发布，加强市场预期管理和舆论引导，严厉打击恶意谣传、市场垄断、投机炒作等行为。同时，要健全农产品价格与农业生产资料价格、生产成本变化联动的调控机制。

2. 高度重视玉米市场供给与价格波动

玉米是我国三大主粮作物之一，在粮食总产量中的比重及其对产业链纵深影响不断提升。近 10 年间，玉米成为我国产销增幅最大的粮食作物，呈现产量、销量、进口量“三量齐增”态势，产量从 2011 年的 4 226 亿斤增加到 2020 年的 5 296 亿斤，年均增长 1.1%；消费量从 4 258 亿斤增加到 5 861 亿斤，年均增长 3.3%，从产需基本平衡到产需缺口拉大到 665 亿斤，自给率下降到 90%左右。特别是随着玉米用途深化拓展、市场化程度逐步加深及其与国际大宗商品关联度的提高，玉米工业化、能源化、金融化属性凸显，对农业全产业链甚至国民经济的传导影响明显加大，应将玉米作为农业跨周期调节的重点和难点。

3. 厘清多元因素影响对冲解决“猪周期”

生猪是我国城乡居民肉类消费的绝对主力，也是最易波动和社会关注度最高的产业之一。近年来我国生猪市场大起大落、周期性波动的现象没有根本性改变，受非洲猪瘟、进口冲击、环保政策，以及养殖模式变革和输入性通胀等多重因素叠加影响，新一轮“猪周期”波动更为剧烈。生猪临时收储规模较小，对调剂余缺、平抑价格剧烈波动的作用极为有限。要着眼于熨平周期，充分考虑“猪周期”形成的深层次原因，找准供需不平衡的主要矛盾，合理区分短期随机波动与长期异常波动，改变单一供给调节为“供给—需求”双向调节。

4. 构建统一高效的大宗农产品储备体系

大宗农产品储备体系是国家安全体系的重要内容，也是维护农产品市场健康运行的“稳定器”和“蓄水池”。目前，我国基本建立了涵盖粮、棉、油、糖、肉等大宗农产品的物资储备网，但在储备总量与结构、运行效率、资金保障、管理机制等方面仍有较大不足。比如，大中城市重要农产品自给能力与储备保障能力明显下降，农产品供给过度依赖主产区，特别是鲜活农产品大范围、长距离运输不仅造成损耗和成本上升，还对应对自然灾害等紧急情况缺少“后手”。因此，应将大宗农产品储备作为跨周期调节的重要环节，宁可“十储九空”，也要“积谷防饥”。要优化粮食和重要农产品的储备机制，明确各级政府特别是主销区的储备责任，理顺高效统一的部门协作机制，确保财政资金保障，利用大数据、云计算等现代信息技术提高储备动态管理、科学决策能力，充分发挥储备对市场运行的调节作用。

（三）大力发掘农产品消费潜力

合理引导农产品供给与消费的结构性平衡，是农业跨周期调节的核心问题。经过 40 多年的改革发展，我国农业的主要矛盾已由总量不足转变为结构性矛盾，突出表现为阶段性供过于求和有效供给不足，农产品供给约束转变为需求约束成为我国农业经济增长机理发生的一个最大变化。部分农产品阶段性“多了多了、少了少了”，固然是供给结构出了问题，同时也与需求不足密切相关。

过去一个时期，我国农业供给侧改革在转型升级、结构调整、扩大投资和进出口管理方面形成了一套行之有效的调控体系，但在引导和扩大农产品消费需求方面的调控手段较为有限。从宏观看，我国经济增长动力发生重大变化，消费对增长贡献率不断提高。2011—2019 年我国消费率平均为 53.4%，2020 年达到 54.3%，高于资本形成总额 11.2 个百分点，消费已成为经济增长的主要驱动力，特别是与发达国家 70%～80%的最终消费贡献率相比，我国消费增长的空间依然巨大。从供给侧看，近年来我国粮食和重要农产品连年丰收增产，供给数量有保障，但是高端、特色、优质农产品供给明显不足，一头是大路货农产品销不出、价格低，一头是优质农产品大量进口。从需求侧看，我国口粮、肉类等产品消费基本维持一个均衡水平，食用油、奶类、水产品、高端水果等农产品消费快速增长。从经济增长与消费变化规律看，世界各国在人均 GDP 超过 1 万美元这个档次之后，都会发生明显的消费变革。2019 年我国人均 GDP 超过 1 万美元，居民恩格尔系数下降到 28.2%，人们已由“吃得饱、吃得好”向“吃得安全、吃得健康”转变，更多地考虑农产品质量与品质。另一方面，促进农村消费也要认识到农产品既要进城也要下乡，丰富农村农产品消费品类，调整农村农产品消费结构，将完善农村零售网点建设纳入城乡居民消费升级规划之中。

搞好农业跨周期调节，既要从供给端着手，坚持农业供给侧结构性改革的战略方向，提升农产品供给与需求的适配性，使供给结构更好适应需求特别是消费结构变化和品质升级的要求；又要从需求端发力，坚持扩大内需为战略基点，打通供需堵点，补齐需求短板，提升供给质量，贯通生产、加工、流通、仓储、消费全环节，形成需求牵引供给、供给创造需求的高水平动态平衡。

（四）促进农业农村投融资稳定发展

近年来，我国经济增长动力明显发生转换，消费拉动成为新动力，但投资对经济增长的作用依然巨大。与工业化城镇化相比，农业农村投资长期处于疲软状态，投资规模体量小、资金来源渠道受限、基础设施和公共服务投资明显滞后。宜将补齐农业农村投融资这个最大的短板弱项，作为农业跨周期调节的战略支点。

1. 加大农业基础设施投资力度

农业基础设施是降成本、防风险、提效率、稳产能的基础物质支撑，具有显著的公共品属性和正外部性，应发挥财政投资的主渠道作用。要稳步扩大高标准农田建设投资总量，综合考虑物价和劳动力成本逐年上涨的实际情况，及时提高亩均预算标准，既要保数量，也要保质量。另考虑到粮食主产区资金配套压力较大、财力与事权不匹配，宜逐步降低甚至取消主产区农田配套要求。

在农林水事务支出中，水利建设特别是大江大河治理支出占比较大，而在农田水利建设一端，干渠老化、支渠损毁、斗渠淤塞，有水进不了渠、有水进不了田的现象尤为突出，对农业生产和粮食安全造成极大影响。要把干支斗农毛渠作为高标准农田建设和水利建设的重点，集中精力、整合财力打通“最后一公里”。

2. 鼓励和引导社会资本进入农业

近年来，社会资本支持农业农村发展领域不断拓展，产业链条不断延伸，特别是农业龙头企业的联农带农作用愈发明显。据农民日报社“第五届中国农业企业500强排行榜”统计监测，2020年全国500强企业营收起点接近14亿元，其中超千亿元的有7家，超百亿元的有128家。广大农企和非农企业纷纷投身乡村振兴，带来资金、技术、信息、数据、管理、人才、品牌等先进要素资源，已经成为农业农村现代化的坚定力量。很多社会资本通过“企业＋村集体/合作社/中介组织＋农户”等多种形式的复合经营模式，形成了新型农业经营主体、农民、村集体等多元主体参与、个体与社会双赢多赢的格局，让农业农村资源要素实现了更大的价值。虽然社会资本进入农业可能诱发“非粮化”“非农化”问题以及农民利益受损风险，但要认识到社会资本进入农业带来的正效益远大于负影响，其带来的潜在风险是可以规避的。建议及早设立社会资本进入农业的“负面清单”，严格准入门槛和过程监管，同时要着重改善地方农业投资与营商环境，鼓励和引导现代农业与技术、资本、要素市场对接，培养专注长期行为的实体产业，稳住新型农业经营主体的基本盘，让社会资本担当农业农村投资的主力军。

3. 提升农村金融供给与服务能力

我国农村金融改革发展取得了长足进步，涉农贷款余额、农业保险保费收入持续增长，农村金融产品和服务模式创新不断涌现。但从需求侧看，农业产业结构变化带来的产业资金需求、新型农业经营主体规模性资金需求、乡村建设和公共服务投资需求，以及农民消费升级对农村金融供给总量、结构、模式提出了更高要求。要按照农业生产周期及“投资—回报”周期，增加农业中长期贷款总量。做大政策性金融总盘子，探索综合性开发金融服务农业农村全领域的新模式。鼓励地方和企业设立乡村振兴基金，充分发挥财政资金主导的产业基金乘数放大效应。

（五）保持农民就业与收入持续增长

市场经济核心要义包括主体平等、竞争中性、充满活力。经过几十年改革发展，我国农业农村市场化程度不断提高，城乡融合发展步伐明显加快。但是，由于我国城乡二元结构的历史惯性及其留下的巨大鸿沟，农业比较效益偏低、农民外出务工就业机会成本高、各项公共服务性支出大、城乡居民就业和收入不均衡不平等，以及由此带来的农业农村投资和消费不足，已经成为长期经济发展的掣肘和国内经济大循环的堵点。因此，以稳就业、促增收来扩大农村内需空间、释放农村发展活力，应当成为农业跨周期调节的重点任务之一。

1. 以农产品价格理性调节稳住农民务农种粮收益

务农种粮收入在农民收入构成中仍占相当比重，是粮食和农业主产区农民收入的绝对大头。保障务农种粮收入稳定在合理水平，既稳住农产品供应链的源头，又为畅通国内大循环释放农村消费潜力。近期全球大宗产品价格持续上涨，推动化肥、农药、柴油等农资价格高位运行，直接推高我国种粮物化成本亩均上涨100元以上，大宗产品涨价已经开始向粮食和农产品供应链下游传导。对于近期较为明显的输入性通胀预期，要对农产品价格理性上涨保持一定的克制，在着眼长期稳定的同时，允许农产品价格短期适度波动。

2. 以发展乡村富民产业夯实农民就业增收基础

农业比较效益低，一个重要原因是产业链条短，产业价值链发育不足。目前，我国农产品加工业仅为农业产值比的2.4倍左右，农产品加工转化率67.5%，与发达国家4倍以上的产值比和80%～90%的加工转化率差距较大。农业利润实现主要靠初级农产品“以量取胜”，加工转化薄弱，产业增值率低。应发挥县域土地、劳动力富集的比较优势，大力发展乡村富民产业，让农民就近就地就业，把产业主要留在县域，把产业增值收益更多地留给农民。发展乡村产业，既要发挥其稳产保供的经济功能，又要发挥吸纳就业和促进增收的社会功能，还要发挥区域繁荣和乡村振兴的可持续发展功能。

3. 以保障农民外出务工就业稳住经济基本盘

农民工就业是民生之本，一头连着宏观经济发展，一头连着亿万农户家庭。就当前而言，保就业能对冲疫情对经济的影响，加快经济复苏和回归正常轨道。支持吸纳农民工为主体的劳动密集型行业发展，充分发挥农村劳动力资源的竞争力和优势。加大新型专业技术人才培训，提高农民工就业能力和质量。结合农民工新群体和就业新形态变化，及时调整和引导农民工充分、灵活、有效的就业渠道和就业模式，健全保障农民工合法权益的制度体系。

4. 以促进公共服务均等化释放乡村投资消费潜力

近年来，我国基尼系数在0.45～0.48，明显高于0.4的国际公认警戒线，低收入群体主要在农村。一方面是农民收入低，购买力不足；另一方面是农村公共服务供给薄弱，农民生产生活各类支出高，不敢消费。在采取超常规举措拉动农民收入快速增长的同时，要注意到城乡公共服务不平等对农业农村投资和农民生活消费的抑制性影响。由于低收入群体在公共服务供给中受益更大，建议通过增加包容性的政府支出，降低农民医疗、教育、低保等公共服务支出负担，以均等化公共服务解除农民投资消费后顾之忧，激活乡村内需潜力，畅通城乡统一大市场。

（六）处理好稳增长与防风险的动态平衡

保持农业稳增长与防风险的动态均衡，始终是宏观经济调控和农业长远发展的关键问题。我国农业受世界百年变局、地缘政治、贸易摩擦、气候变化、突发疫情等多种因素叠加的潜在风险影响，国内外环境日趋复杂，不稳定性、不确定性明显增加。应坚持底线思维，充分认识和估量农业领域各种风险挑战及其影响，将农业发展与安全统筹起来，实现稳增长与防风险的长期平衡。

1. 高度重视防范农业自然灾害风险

我国农业自然灾害多发频发重发，特别是随着全球气候变暖，极端气象灾害频发，各类灾害的破坏性、不可预见性增大。据统计，近10年我国农作物年均受灾面积达3.8亿亩，其中成灾1.9亿亩、绝收4 220多万亩，因灾损失粮食600多亿斤。从自然灾害类型看，因干旱、洪涝、台风、风雹、低温冻害等五大灾害导致的农作物产量损失分别占42.7%、33.7%、6%、9%、8.6%。有效防范农业自然灾害风险，要从改善基础设施、强化技术支撑、提升赈灾保障能力多方面入手。改善农田水利基础设施，建设一批旱能浇、涝能排的高标准农田，以先进物质装备夯实防灾减灾的基础支撑；强化灾害监测与应对的技术支撑，利用卫星遥感、大数据、云计算、物联网等先进信息技术实现灾害精准预测和主动避灾，运用先进设施装备和技术手段有效防灾；做好种子、农资、农机等生产资料储备，建立区域性救灾物资储备中心，及时恢复灾后生产。

2. 扎实做好植物病虫害和动物疫病防控

近年来，随着我国农业结构深度调整，农业产业加快向优势产区和规模经营主体集中，以及农产品长距离、大范围运输，导致植物病虫害和动物疫病风险扩散蔓延加速，其复杂性、不确定性、突发性明显增强，防控难度越来越大。目前，我国常年发生农作物病虫害种类超过1 400余种，其中一类病虫害17种；对畜牧业生产和公共卫生安全较大威胁的动物疫病有260多种，每年报告发生的疫病数量超过90种。此外，据《2019中国生态环境状况公报》显示，我国已经发现的外来入侵物种达到660多种。应高度重视动植物疫病防控的重要性，将其提高到维护农业产业安全和国家公共安全的战略高度，加快补齐短板、堵住漏洞。加快建立中央到地方的动植物疫病统一管理体系，加强疫情监测、预警、报告与处置，全面强化基层植保、兽医队伍力量。

3. 大力发展农业保险

保险是最为成功的农业风险管理工具之一。2020年我国农业保险保费规模达到814.9亿元，超过美国成为世界最大的农险市场。但总体上，我国农业保险的覆盖广度、保障程度、服务精度仍然不够，要继续推进农业保险“扩面、增品、提标”，提高大宗农产品保险标准，支持地方开展特色优势产品保险，理顺扶持机制和管理体制，探索“中央保大宗、地方保特色”的发展格局。将农业保险作为未来政策支农的主攻方向，在大宗产品应保尽保基础上，加快发展产量险、价格险、收入险等高层次政策性农业保险，以需求为导向积极开发符合产业升级和农民消费升级的涉农商业保险。创新产量险、价格险、收入险等高阶农险产品，以及保险与担保、期货等多种金融工具组合，构建成本保险保基本、高阶保险保收入、巨保险保大灾的多层保险保障体系。

4. 高度关注全球政策与贸易不确定性风险

近年来全球化进入新阶段，世界进入变革期，经济低迷，市场萎缩，保护主义、单边主义、霸权主义有所抬头。特别是后疫情时代，世界大国纷纷调整农业产业保护和供应链保障策略。我国农业作为开放程度最高的产业之一，深受全球经济波动和主要农业国家政策调整的传导影响，农业发展的外部环境、农产品国际贸易不稳定的风险明显加大。在不稳定性不确定性明显增强的国际背景下，应从战略纵深统筹考虑我国农业发展和农产品贸易格局，既要未雨绸缪地做好多元化贸易布局，也要积极参与和推动全球农业发展新规则的制定。

四、农业跨周期调节的路径优化与策略选择

科学的宏观调控，有效的政府治理，是发挥社会主义市场经济体制优势的内在要求（习近平，2014）。由于不同宏观调控政策在目标选择、内容、形式与手段上既存在着显著的差异性，又有着广泛而深刻的联系，成功的农业跨周期调节机制必须在路径和策略上实现均衡和协调。

（一）坚持顶层设计与因地制宜的灵活结合

制定和执行高水平农业发展规划，有利于从战略层面厘清农业长远发展的总体方向、目标任务和行动抓手，正确引导社会认知和市场预期。要遵循规划作为顶层制度设计的权威性，立足农业发展战略规划的长远目标，更多从区域间、结构间的整体平衡，以及从农业产业链、供应链、流通链、价值链的全环节，确保农业发展的主基调主方向不偏离。同时，密切关注规划执行和产业运行中的新情况新变化，及时发现苗头性倾向性的问题，灵活运用市场调节手段，实现长短期、多目标的有机协调。

（二）坚持有效市场和有为政府的有机统一

市场作为配置资源最有效率的形式，但并不能起到全部作用。在粮食、生猪、土地等重大问题上，不能完全按照比较优势和效益优先的原则来考虑，不能只算短期经济账，不算长远安全账，一定要保持战略定力，确保在关键时候

依靠国内资源能够基本满足需求。在社会主义市场经济体制下，必须发挥社会主义制度的优越性、发挥党和政府的积极作用。当经济波动超预期进入异常范畴，或者可能引起区域性、系统性风险，政府要从长时间轴看待经济发展和运行，适度运用财政、货币、价格、税收、收储、技术、市场管制等政策工具实施强有力的调节，推动有效市场与有为政府的有机结合，赢得经济长远发展的主动权。

（三）坚持法治思维和法治方式的规范指引

要坚持法治思维和法治方式搞好农业跨周期调节。国家政府的全部行为都要有法律依据和法律授权（谢晖，2001），防止出现“权力失约”现象。依法确立农业跨周期调节的适格主体，明确政府与市场、中央与地方，以及部门之间调控职权职责，明确对农业经济运行跨周期调节的监测机制、决策程序和行动规则，将相关重大决策纳入规范化、法治化轨道，确保调节活动规范有序、合理适度。尽快启动相关领域立法工作，推动与跨周期调节有关的农业生产指标设计、经营管理、行业标准、贸易配额、支持保护、管制措施、救济手段、反垄断与不正当竞争等调节规则的法制化。

（四）坚持国内大循环和高水平对外开放的统筹协调

要推动高水平对外开放，用好国内国外“两个资源，两个市场”，着眼全球农产品供给大市场，保障我国粮食和重要农产品供应链安全。鼓励我国农业企业“走出去”，加大国际农业技术援助和贸易合作，提高我国农业海外形象和“话语权”。研究WTO主导的多边体系减弱背景下国际农业政策调整的机遇与挑战，关注全面与进步跨太平洋伙伴关系协定（CPTPP）、跨大西洋贸易与投资伙伴协议（TTIP）、美洲自由贸易区（FTAA）等双多边关系发展动向，积极参与新一轮国际农业投资与贸易规则制定，在进一步开放中为我国农业中长期发展营造新环境、开拓新空间。

参 考 文 献

纪显举，2005. 宏观调控：理论应与实践共进［J］. 云南社会科学（6）：70-74.

贾康，苏京春，2021. 论中国财政政策与货币政策的协调配合［J］. 地方财政研究（2）：39-52.

王宏梅，赵瑞莹，2019. 生猪生产决策行为研究：以山东省为例［J］. 东岳论丛，40（5）：120-128.

王军，曹建民，2016. 主产区猪肉价格波动与调控策略研究［J］. 价格理论与实践（3）：62-65.

习近平，2014. 习近平谈治国理政［M］. 北京：外文出版社，117-118.

谢晖，2001. 权力缺席与权力失约：当代中国的公法漏洞及其救济［J］. 求是学刊（1）：59-65.

尹成杰，2021. 后疫情时代粮食发展与粮食安全［J］. 农业经济问题（1）：4-13.
张晓晶，2021. 宏观杠杆率与跨周期调节［J］. 中国金融（5）：58-60.
朱微亮，周琼，2021. 跨周期调节的意义与实践［J］. 中国金融（5）：64-66.

（作者单位：1. 中国人民大学农业与农村发展学院；
2. 华南农业大学农林经济管理流动站）

非洲猪瘟疫情冲击、养殖规模与生猪生产决策

李鹏程　王明利

一、引言

“粮猪安天下”是中国多年实践得来的宝贵经验。改革开放以来，中国生猪产业实现了快速发展，完全扭转了猪肉供给紧缺的不利局面（王明利，2013）。但进入21世纪以来，先后暴发的高致病性猪蓝耳病、猪瘟、仔猪病毒性腹泻、非洲猪瘟等疫情对生猪生产造成巨大冲击，一定程度威胁到猪肉产品的充足稳定供给。如受2006年暴发的高致病性猪蓝耳病影响，生猪出栏量、存栏量双降，猪肉价格持续上涨，均价每千克由2006年的8.52元上涨至2008年的14.98元，涨幅达到75.82%。2018年8月首次在中国暴发的非洲猪瘟疫情，更是造成了中国猪肉供给的断崖式下跌，此后两年猪肉价格同比涨幅连续超过50%，居民日常生活受到严重影响，尤其是低收入人群。为此，中国政府先后印发《非洲猪瘟常态化防控技术指南（试行版）》《非洲猪瘟等重大动物疫病分区防控工作方案（试行）》，积极提升生猪产业生物安全水平，削弱疫情冲击影响。2020年中央1号文件更是将生猪稳产保供列为经济工作的一件大事。

纵观应对生猪重大疫情冲击的历史可知，中国政府长期将提升生猪养殖规模化率作为稳定生猪生产、保障猪肉产品充足供给的重要政策抓手。如为应对2006—2008年高致病性猪蓝耳病的冲击，中国政府密集出台了《关于促进生猪生产发展稳定市场供应的意见》《关于促进规模化畜禽养殖有关用地政策的通知》等诸多文件，大力推进规模化养殖，由此2007年前后中国生猪养殖规模化率实现了快速增长，至2010年规模化率提升了2.61倍，达到34.96%。为应对2018年暴发的非洲猪瘟疫情，相关支持政策再次将规模养殖场作为重点扶持对象，并计划在三年内将规模化率提升13个百分点，至2022年年末达到65%。在此过程中，各地方政府纷纷引进规模养殖企业提升当地生猪产业素质，新开工建设的养殖场基本是万头规模，其中不乏超过十万头规模的特大规模养殖场。理论上，大规模养殖能够增强养殖场（户）资本积累的能力，有

利于促进一些具有不可分性的防疫设施、设备得到采用，进而增强疫情应对能力，稳定生猪生产。然而从禽流感冲击相关研究来看，大规模养殖场并非稳定家禽生产的压舱石。如于乐荣等调研发现禽流感对养殖场（户）的冲击程度因规模而异，小散户受到的影响相对较小，并且恢复迅速，而中规模养殖场（户）家禽养殖数量大幅减少，且恢复缓慢（王乐荣，2009）。那么单体养殖规模的扩大究竟能否增强生猪生产的稳定性，又该如何更好提升生猪产业应对疫情冲击的能力就成为值得研究的问题。

当前关于疫情冲击对畜牧业影响及应对的研究已较为丰富，主要涉及经济损失测算（朱学锋等，2014；浦华等，2008）、防疫措施及政策的经济效果评估（刘明月，2017；白裕兵等，2013）、个体行为决策及影响因素等方面。由于养殖场（户）是实施疫病防控行为的微观主体，是决定畜牧业生产受疫情冲击程度的关键一环，故对其行为决策及影响因素的研究成为相关领域的热点。在疫情冲击下，养殖场（户）行为决策易受到受教育程度、养殖规模及疫病经历等个体特征，对生物安全、地区疫病风险及防疫政策的认知情况，以及技术服务获得便利性、信息渠道通畅情况等社会防疫条件的综合影响（张桂新、张淑霞，2013；罗丽等，2016；黄泽颖等，2016；何杰明，2019）。随着研究的深入，养殖场（户）的风险厌恶特征，对相关支持政策的满意程度，对疫情影响的预期，以及组织化程度相继被纳入分析框架之中（闫振宇、陶建平，2008；张丽娜，2015；杨佩，2015）。上述研究成果对本文具有重要的参考价值，但聚焦疫情冲击下不同规模养殖场（户）生产情况差异的研究还不多见，同时当前研究主要采用二值选择模型、结构方程等线性模型，在线性假设下，回归系数只能反映变量间的平均影响程度，难以有效反映不同规模的差异化特征。鉴于此，本文基于2019年10—11月对全国8省的实地调研，分析非洲猪瘟疫情冲击对生猪生产的影响机理，并在此基础上借助面板平滑转换模型（PSTR）进行实证检验，以期提出稳定生猪生产的对策建议。

二、分析框架与研究假说

是否能够稳定生猪生产主要取决于养殖场（户）对突发疫情冲击所致影响做出何种反应。所以本研究逻辑起点在于厘清疫情冲击对于生猪生产的影响机理。综合已有研究，疫情在直接造成大量生猪死亡或被强制扑杀之外，还将通过影响预期收益及生产条件间接冲击生猪生产。个体决策方面，疫情冲击将引起生猪价格的剧烈波动，甚至引发养殖场（户）的恐慌情绪，受此影响的养殖场（户）将基于自身偏好调整养殖决策。生产条件方面，疫情冲击以及政府采取的防疫措施将在一定程度上阻碍生产要素的正常供给，对生猪生产造成直接约束。为便于描述，本文依次将上述影响命名为市场效应、情绪效应，以及生产效应。

市场效应方面。突发疫情冲击将造成生猪产品价格的剧烈波动，从而影响畜禽生产。在疫情初期，大量生猪集中出栏，价格总体大幅下降，生猪产业进入亏损期，养殖场（户）倾向于提前出栏育肥猪、淘汰能繁母猪以减少生产损失，进而导致生猪存栏的快速下降。情绪效应方面。突发疫情冲击直接给生猪生产带来了巨大的潜在损失，尤其非洲猪瘟疫情传播速度快、涉及范围广，在较短时间内就传遍了中国大陆 31 个省份，其间还不时传出一些具备较好防疫条件的万头猪场被感染的消息。这将众多养殖场（户）置于了较大风险之中。由于继续从事生猪生产极可能遭受严重的经济损失，进而众多养殖场（户）主动调减养殖规模，甚至采取恐慌抛售的行为来规避风险。生产效应方面。由于非洲猪瘟疫情防控期间，养殖场（户）均采取封闭式管理，单个养殖场（户）无法准确掌握外部非洲猪瘟疫情，外购仔猪补栏存在极大的不确定性，并且随着猪肉供给的短缺，疫情后期仔猪价格大幅上涨，进行补栏的潜在损失增大，致使养殖场（户）外购仔猪补栏意愿下降。同时，为有效阻断疫情的传播，我国政府对生猪跨省调运进行了严格的限制，这都在一定程度上阻碍了生产要素的流动。

不同规模养殖场（户）在应对上述疫情冲击效应时可能作出不同决策，进而呈现出不同的生产状态。首先，养殖规模越大，养殖场（户）可能对突发疫情冲击所引起的短期养殖利润变化越不敏感。因为大规模养殖场建设需要大量的资本投入，表现出很强的资产专用性，其必定更专注于长期饲养行为，不太可能因为短期的亏损而大幅调减存栏。其次，风险偏好随财富水平的变化特征是影响不确定环境下个体决策的重要方面（马征程等，2018）。已有研究表明，随着个体财富的增长，尤其是当财富达到一定水平之后，其会更加关注财富的保值而非增值，此时风险厌恶程度表现出随着财富增长而递增的特征。所以相较于小规模养殖场（户）而言，大规模养殖场（户）饲养量大、预付资本多，其对于潜在损失可能更为敏感，故在面对疫情冲击所引起的生产风险时，可能更倾向于调减养殖规模。最后，养殖规模越大的养殖场（户），越有能力实现向上、下游的延伸，实现全产业链一体化经营。因此，其能够在生产要素流动受阻的情况下，通过生产要素的内部流动，为自己源源不断地提供饲料、仔猪等必要的生产要素，保障生猪生产的稳定。基于此，提出如下三个假说。

假说 1：养殖规模越大，可能对突发疫情冲击所引起的短期亏损越不敏感，从而更倾向于作出维持当前养殖规模的决策。

假说 2：养殖规模越大，对于潜在损失更为敏感，可能受生产风险的影响越大，从而更倾向于作出大幅调减养殖规模的决策。

假说 3：养殖规模越大，越能摆脱对外部生产要素的依赖，因此面对疫情冲击时，更能维持生猪养殖规模。

三、研究方法，变量选取及数据说明

（一）研究方法

为检验上文所提出的研究假说，并着重探究不同规模养殖场（户）间存在的生产差异，本文使用面板平滑转换模型（PSTR 模型）进行实证分析，此模型已被广泛运用于处理变量间的非线性关系（González 等，2005；魏玮、毕超，2012）。此模型的回归系数由自变量、因变量及另一个外生变量共同决定，并呈现出随外生变量变化而变化的非线性特征，正好与本研究的方法需求相契合。PSTR 模型具体形式如下：

$$y_{it}=\mu_i+\beta_0 x_{it}+\beta_1 x_{it} g(q_{it},\gamma,c)+\varepsilon_{it} \tag{1}$$

$$g(q_{it},\gamma,c)=\left(1+\exp\left(-\gamma\prod_{j=1}^{m}(q_{it}-c_j)\right)\right)^{-1} \tag{2}$$

其中，$\gamma>0$，$c_1\leqslant c_2\leqslant\cdots\leqslant c_j$

上式中，y_{it}为因变量，x_{it}为自变量，μ_i为个体效应，ε_{it}为随机扰动项，β_0、β_1为系数。$g(q_{it},\gamma,c)$为转换函数，是一个取值介于 0 到 1 之间的连续有界函数，其中，q_{it}为转换变量，用以构建变量间的非线性关系；γ为平滑参数，用以反映转换函数随转换变量变化的速度；c为位置参数，类似于门限模型中的门限值，用以确定转换函数的取值。m为位置参数的个数，一般取值为 1 或 2。当$m=1$时，位置参数仅有一个维度，此时为两区制模型，转换函数取值为 1 时模型处于高区制，取值为 0 时模型处于低区制，处于 0 到 1 之间时模型在高低区制间平滑转换。当$m=2$时，位置参数有两个维度，此时为三区制模型，转换函数关于$(c_1+c_2)/2$对称，并在该处取得最小值。

在对 PSTR 模型进行估计之前需对非线性关系存在性进行检验，并确定转换函数形式。进行非线性检验的常用方法是对转换函数在$\gamma=0$处进行泰勒展开，构造如下辅助回归方程：

$$y_{it}=\mu_i+\beta_0 x_{it}+\beta_1 x_{it} q_{it}+\beta_2 x_{it} q_{it}^2+\cdots+\beta_m x_{it} q_{it}^m+\varepsilon_{it} \tag{3}$$

对 PSTR 模型的“非线性检验”相当于以H_0：$\beta_1=\beta_2=\cdots\beta_m=0$作为方程（3）的原假设进行假设检验。为了检验原假设是否成立，需要构造如下统计量：

$$LRT=-2\log(SSR_1/SSR_0) \tag{4}$$

$$LM=\frac{TN(SSR_0-SSR_1)}{SSR_0} \tag{5}$$

上式中，T为面板数据的时间长度，N为面板数据截面维度，SSR_0、SSR_1分别为在原假设、备择假设下的残差平方和。如果检验结果拒绝原假设，则需要进一步进行“剩余非线性检验”，直至接受原假设为止。

（二）变量选取

本文以各养殖场（户）年末生猪存栏变动率作为因变量，用以反映不同规模养殖场（户）的突发疫情应对决策。自变量方面，市场效应以养殖场（户）盈利情况进行表示；情绪效应以受疫情风险影响情况进行表示；生产效应以生猪养殖模式进行表示，因为根据生产要素来源的不同，生猪养殖可分为自繁自育和专业化养殖两类，自繁自育模式涉及生猪养殖的产仔、保育、育肥全部阶段，能够实现要素的内部循环，而专业化养殖模式一般只涉及生猪养殖的某一阶段，其正常生产完全依赖于与外界进行要素交换。所以通过对比二者差异就可反映生产条件变化所带来的影响。

以“生猪年末存栏量”为转换变量，用以反映疫情冲击所致各种影响随养殖规模变化而变化的非线性特征，并借此对相应假说进行检验。风险决策理论认为，决策者对潜在外部冲击所做出的种种反映，建立在其对潜在后果的个人估计之上，这主要取决于各个养殖场（户）的疫病防控特征。因此参照相关文献，对以下方面进行控制。首先，生猪养殖场（户）面对疫情冲击时，将根据自身疫病防控能力、风险规避能力等情况，对潜在收益或损失进行估计，以求实现效用的最大化。如对于缺乏良好防疫条件、未购置保险的养殖场（户）而言，其防疫劣势凸显，将面临较大的疫病感染风险及潜在损失，此时扩大养殖规模的期望收益远小于调减规模，进而可能做出调减养殖规模的决策。为此，以“生物安全水平”“防疫专业化水平”和“购置保险情况”三个变量来控制养殖场（户）疫病防控能力、风险规避能力对生猪存栏的影响。其次，缺乏从业经验、受教育程度更低的养殖场（户）通常缺乏有效的疫情应对经验，可能更容易受到疫情冲击的影响，而倾向于主动调减养殖规模以规避风险。为此，以“从业年限”“受教育情况”来控制养殖场（户）疫病防控经验对生猪存栏的影响。此外，在非洲猪瘟疫情暴发前后，诸多生猪养殖场（户）还受到“禁养区”“限养区”划定，以及地方过严的环保要求等政策影响而被迫调减了养殖规模，故还有必要将“环保政策约束情况”作为控制变量，以排除环保政策对生猪生产造成的影响。

（三）数据来源及统计性描述

为充分反映疫情冲击对中国生猪生产的影响情况，在综合考虑地区特征、产销情况等方面代表性的基础上，选取了华中、华南、华东、东北及西南 5 个地区的 8 个省进行实地调研[①]，在各省内部随机抽取两个生猪养殖大县具体展

---

① 调研的 8 省分别为：河北省、黑龙江省、江苏省、山东省、河南省、湖北省、广东省、四川省。

开，每个县随机选取涵盖大中小规模的15户具有代表性的养殖主体进行问卷调查，调研内容为养殖场（户）基本信息及2018年、2019年两年的生猪养殖情况，总共发放问卷240份，收回有效问卷238份，在排除感染非洲猪瘟及2018年新增的养殖场（户）样本后，有208份问卷适用于本文。最终选取面板数据为208户养殖场（户）2年数据共416户。各变量描述性统计如表1所示。

表1　变量定义及描述性统计

变量类别	变量名称	变量定义	均值	标准差
因变量	突发疫情应对决策	2018年、2019年年末生猪存栏变动率	0.06	0.48
自变量	盈利情况	1=盈利，0=未盈利	0.58	0.50
	受疫情风险影响情况	1=是，0=否	0.25	0.43
	养殖模式	1=自繁自育模式，0=专业养殖模式	0.67	0.47
控制变量	生物安全水平	采用生物安全措施的数量	5.42	1.86
	防疫专业化水平	专业兽医开展疫病检测：1=有，0=无	0.72	0.45
	购置保险情况	1=购置，0=未购置	0.71	0.45
	从业年限	养殖场（户）从事养殖年限	10.73	6.52
	受教育情况	养殖场（户）受教育年限	8.67	2.17
	环保政策约束情况	1=受影响，0=未受影响	0.14	0.35
转换变量	生猪年末存栏量	2018年、2019年年末生猪存栏量	6 909.54	33 384.41

数据来源：作者根据调研数据整理。

四、实证分析

（一）多重共线性检验

为确保回归结果不存在偏差，首先运用方差膨胀因子对变量进行多重共线性检验。检验结果显示（表2），模型VIF均值为1.13，1/VIF最大值为0.98，均远小于10，表明模型不存在多重共线性问题（雷泽坤等，2020）。

表2　多重共线性检验结果

变量名称	VIF	1/VIF
盈利情况	1.03	0.98

（续）

变量名称	VIF	1/VIF
受疫情风险影响情况	1.05	0.95
养殖模式	1.26	0.79
生物安全水平	1.02	0.98
防疫专业化水平	1.14	0.87
购置保险情况	1.08	0.92
从业年限	1.18	0.85
平均受教育情况	1.16	0.86
环保政策约束情况	1.03	0.98
平均 VIF	1.13	—

（二）线性检验与剩余非线性检验

由表 3 可知，模型在 1%显著水平下拒绝原假设，表明变量间具有非线性关系。由剩余非线性检验结果可知，模型在 10%显著水平下未能拒绝原假设，表明适合采用单个转换函数的 PSTR 模型进行估计。最后，模型位置参数检验结果表明（表 4），模型最优位置参数个数为 1。

表 3　线性检验与剩余非线性检验结果

检验类型	检验假设	LM 检验	LRT 检验
线性检验	H0：r=0 H0：r=1	21.233** (0.012)	21.794*** (0.010)
剩余非线性检验	H0：r=1 H0：r=2	9.477 (0.394)	9.586 (0.385)

注：括号内为统计量对应的 P 值，*、**、***分别表示在 10%、5%、1%水平下显著。

表 4　模型位置参数个数检验结果

$m=1$		$m=2$		结果
AIC=−2.552	BIC=−2.348	AIC=−2.525	BIC=−2.332	$m=1$

（三）参数估计及分析

运用 Matlab 软件进行参数估计。采用格栅搜索法寻找平滑参数 γ 和位置参数 c，通过确定残差平方和最小的参数值 γ 和 c 对模型进行估计。为消除异方差影响，对除因变量外的所有连续变量取对数。

由模型估计结果可知（表 5），在自变量中，盈利情况（市场效应）变量对生猪存栏变动率在 1%显著水平下，具有显著正向影响，相较于实现盈利的养殖场（户），未能实现盈利的养殖场（户）倾向于调减 25.25%的存栏，也即是在非洲猪瘟疫情暴发初期，生猪产品市场价格的普遍大幅下降将驱使养殖场（户）大幅调减存栏；受疫情风险影响情况（情绪效应）变量对生猪存栏变动率在 1%显著水平下，具有显著负向影响，受到生产风险影响的养殖场（户），倾向于调减 44.52%的生猪存栏，由此严重影响生猪生产的稳定性；养殖模式（生产效应）变量对生猪存栏在 10%显著水平下，具有显著正向影响，即在疫情冲击背景下，因生产要素流动受阻，相较于自繁自育模式，专业育肥养殖场（户）的生猪存栏将下降 7.74%。

表 5　模型估计结果

类型	变量	估计值	T 统计量
线性部分	盈利情况	0.252 5***	6.036 3
	受疫情风险影响情况	−0.445 2***	−10.712 9
	养殖模式	0.077 4*	1.674 7
	生物安全水平	−0.014 1	−0.220 1
	防疫专业化水平	0.181 7***	3.735 9
	购置保险情况	0.250 1***	2.668 5
	从业年限	−0.020 4	−0.566 1
	受教育情况	0.013 3	0.090 7
	环保政策约束情况	−0.178 5**	−2.300 7
非线性部分	盈利情况	−0.082 5	−0.938 9
	受疫情风险影响情况	−0.305 7***	−3.720 4
	养殖模式	−0.117 7	−1.119 5
	生物安全水平	0.277 7	1.384 1
	防疫专业化水平	0.337 9	1.161 8
	购置保险情况	−0.022 2	−0.154 0
	从业年限	−0.053 6	−0.763 1
	受教育情况	−0.243 5	−1.226 0
	环保政策约束情况	0.251 8	1.431 4
c		8.507 7	—
γ		9.312 5	—
RSS		28.711 0	—

注：*、**、***分别表示在 10%、5%、1%水平下显著。

从位置参数数值大小可知，不同规模养殖场（户）的突发疫情应对决策在年末存栏达到4 952（e8.507 7）头时开始呈现出显著差异。但市场效应变量对生猪存栏变动率的影响在位置参数两侧未能呈现出显著差异（盈利情况的非线性部分回归系数不显著），表明养殖场（户）对利润变化的反应未随养殖规模的扩大而发生变化，这与预期不符，假说1未能得到验证。可能的原因是，自2017年起生猪价格长期低迷，2017年生猪价格为14.66元/千克，2018年生猪价格继续下行，跌至12.31元/千克，相关情况直到2019年下半年才得以扭转，在生猪价格长期低迷的情况下，大规模、特大规模养殖场（户）的规模经济优势不但难以发挥，甚至可能承担更为严重的亏损，从而未能发挥有效应对利润变化的优势来稳定生猪生产。情绪效应变量对生猪存栏变动率的影响在位置参数两侧呈现出显著差异。也即是受生产风险影响养殖场（户）的疫情应对决策应被分成高、低两种不同的区制，调减生猪存栏幅度将随转换变量的变动在不同区制之间平滑转换。具体而言，当养殖规模小于4 952（e8.507 7）头时，模型处于低区制，此时受到生产风险影响的养殖场（户）将使存栏调减44.52%；当养殖规模大于4 952头时，模型处于高区制，非线性部分的影响随着转换变量的增大逐渐增强，即影响系数将以9.13的速度从低区制向高区制平滑转换增强，最终将驱使存栏下降75.09%（−0.445 2和−0.305 7）。表明受疫情冲击影响而主动调减生猪存栏的力度随养殖规模的扩大转换至了更强水平。由此，假说2得到验证。生产效应变量对生猪存栏变动率的影响在位置参数两侧未能呈现出显著差异，表明养殖场（户）对生产条件变化的反应未随养殖规模的扩大而减弱，这与预期不符，假说3未能得到验证。可能的原因是样本中实现饲料生产、生猪饲养以及加工屠宰的一体化养殖场（户）较少，未能反映出养殖规模扩大对于破解生产要素阻碍的积极作用。

在控制变量方面，防疫专业化水平和购置保险情况均在1%显著性水平下对生猪存栏变动率具有显著的正向影响，相较于对照组［上述变量赋值为0的养殖场（户）］，进行专业防疫的养殖场（户）倾向于将生猪存栏扩大18.17%，购置保险的养殖场（户）倾向于将生猪存栏扩大25.25%。但生物安全水平未能通过显著性检验，可能的原因是数据缺乏足够的变异。从前文描述性统计来看，众多受访对象均采取了一定的生物安全措施，采用数量的平均值达到了5.42项（总共可选择7项），进而生物安全水平的高低难以得到有效显现。反映养殖场（户）疫病防控经验的受教育情况、从业年限未通过显著性检验，表明面对具有100%致死率的非洲猪瘟疫情，上述个体特征的差异不是影响养殖场（户）决策的主要因素。环保政策约束情况在5%显著性水平下对生猪存栏变动率具有显著的负向影响，表明环保政策确实对生猪生产产生了负面影响。

五、结论与政策启示

近年暴发的重大疫情对生猪养殖业造成了严重冲击，致使猪肉供给短缺、肉价飞涨，相关情况受到社会的广泛关注。本文以非洲猪瘟疫情为例，在控制了个体特征、市场、环保政策等因素的基础上，分析了疫情冲击对生猪生产的影响机理，在此基础上着重探讨了不同规模养殖场（户）面对疫情冲击时的生产决策差异，并基于河北、黑龙江、江苏、山东、河南、湖北、广东、四川 8 省 208 户生猪养殖场（户）的两期（2018—2019 年）调研数据，利用 PSTR 模型对此进行了实证检验，研究发现：疫情冲击通过市场效应、情绪效应，以及生产效应影响养殖场（户）生猪生产决策。其中，情绪效应的影响存在高、低两种不同的区制，当养殖规模小于 4 952 头时，养殖场（户）将主动调减 44.52%的存栏量；当养殖规模大于 4 952 头时，非线性部分的影响随着养殖规模的扩大而逐渐增强，即影响系数将以 9.13 的速度从低区制向高区制平滑转换增强，最终将驱使存栏量下降 75.09%。

本研究结论对于提升我国生猪养殖业应对疫病冲击、稳产保供能力具有重要的政策涵义。这不仅有助于更为全面掌握不同规模养殖场（户）面对疫情冲击时的政策需求，而且有助于制定更为科学的生产支持政策。首先，应根据疫情冲击背景下不同规模养殖场（户）的决策差异，制定针对性的生产支持政策。对于中小规模养殖场（户），应着重通过资金支持提升疫病防控条件，通过培育、完善社会化服务体系提升疫病防控的专业化水平；而对于大规模养殖场（户），应重点加强疫情信息传递，提升周边公共区域的防疫水平，以消除其不必要的恐慌情绪。其次，要转变生猪养殖业发展思路，提升生猪生产自身的稳定性。就养殖模式而言，应重视自繁自育一体化养殖模式对于稳定生猪生产的积极意义。虽然专业化养殖是美国等发达国家的主导养殖模式，也是我国提升生猪养殖效率、缩小国际竞争力差距的重要途径（沈鑫琪等，2019），但专业化养殖模式面对突发疫情时受到的冲击会更大，生产稳定性较差。因而在疫病频发背景下，为实现稳产保供这一当前生猪养殖业发展的首要目标，应当适当引导并支持生猪养场（户）采用自繁自育模式。就养殖规模而言，在强调规模化养殖对于提升生猪养殖业防疫专业性及硬件设施完备性等方面具有积极作用的同时，还应清楚认识到大规模养殖面对疫情冲击时的心理劣势，因此，引导、培育小规模养殖户向着适度规模的家庭农场方向发展，走渐进式规模化道路应是未来持续提升生猪养殖规模化率的主要途径。

参 考 文 献

白裕兵，浦华，李亮，2013. 规模生猪养殖户对疫病防控服务的满意度研究［J］. 中国兽医杂志，49（1）：95-96.

何杰明，2019. 生猪养殖农户疫病防控行为及影响因素研究［J］. 吉林畜牧兽医，40（12）：112-113.

黄泽颖，王济民，王晨，等，2016. 禽流感风险下肉鸡养殖户防疫行为的调查研究［J］. 中国农业科技导报（4）：199-207.

雷泽坤，郑正喜，许宪春，2020. 基于电商平台大数据的特征价格指数研究［J］. 统计研究，37（8）：22-34.

刘明月，2017. 禽流感疫情冲击下养殖户经济损失评价及补偿政策优化研究［D］. 杨凌：西北农林大学.

罗丽，刘芳，何忠伟，2016. 重大动物疫情公共危机下养殖户的疫病防控行为研究：基于博弈论的分析［J］. 世界农业（2）：58-64，201.

马征程，杨朝军，万孝园，等，2018. 财富水平和风险偏好：基于我国居民家庭的实证研究［J］. 投资研究，37（10）：90-102.

浦华，王济民，吕新业，2008. 动物疫病防控应急措施的经济学优化：基于禽流感防控中实施强制免疫的实证分析［J］. 农业经济问题（11）：26-31.

沈鑫琪，李秉龙，乔娟，2019. 生猪养殖专业化分工的生产率效应及其差异性研究：来自自繁自养型养殖场户的经验证据［J］. 农业技术经济（4）：71-83.

王明利，2013. 中国生猪产业波动规律及调控对策研究［M］. 北京：中国农业出版社.

魏玮，毕超，2012. 基础设施对能源强度的非线性溢出效应：基于 PSTR 模型的实证分析［J］. 上海经济研究，24（8）：70-80.

闫振宇，陶建平，2008. 养殖户养殖风险态度、防疫信念与政府动物疫病控制目标实现：基于湖北省 228 个养殖户的调查［J］. 中国动物检疫（12）：16-18.

杨佩，2015. 动物疫情危机下养殖户行为决策的分析：基于 ISM 模型［J］. 安徽农业科学，439（25）：330-325，336.

于乐荣，李小云，汪力斌，2009. 禽流感发生后家禽养殖农户的生产行为变化分析［J］. 农业经济问题，30（7）：13-21，110.

张桂新，张淑霞，2013. 动物疫情风险下养殖户防控行为影响因素分析［J］. 农村经济（2）：107-110.

张丽娜，2015. 吉林省畜牧业发展的金融支持研究［D］. 长春：吉林农业大学.

朱学锋，陆昌华，陈学法，等，2014. 规模化猪场疫病防控的经济学评估［J］. 江苏农业学报，30（4）：896-900.

GONZÁLEZ A，TERASVIRTA T，DIJK D V，2005. Panel smooth transition regression models［R］. Research Paper.

（作者单位：中国农业科学院农业经济与发展研究所）

构建一体化农田建管保险机制初探

郭红宇[1] 陈 正[1] 董 镯[2] 王占行[1] 张 强[2]

习近平总书记指出，中国人的饭碗任何时候都要牢牢端在自己手中，饭碗主要装中国粮；高标准农田建设要坚定不移抓下去，提高建设标准和质量，真正实现旱涝保收、高产稳产。贯彻落实习近平总书记重要指示批示精神，近年来，国家有关部委、各级人民政府高度重视确保粮食生产的农田基础设施建设，大力推进高标准农田建设，先后印发《全国高标准农田建设规划（2021—2030年）》及一系列地方规划。强化高标准农田建设“五统一”要求，科学规范布局、高质量建设、高水平监管，有助于保障粮食等重要农产品的有效供给、稳住粮食安全“压舱石”。加强高标准农田建设既是落实保障国家粮食等重要农产品供给安全的重要抓手，也是扩大农业农村有效投资的重要依托，更是推动农业高质量发展的重要载体。

近年来，中央和地方不断加大对高标准农田建设的投入力度，高标准农田建设亩均标准持续提高，截至2021年底，我国已经累计建成9亿亩高标准农田，有力支撑了我国粮食产量稳定在1.3万亿斤以上。但由于我国地域广阔，投入规模与高标准农田建设的任务还不匹配，存在投入标准仍然偏低、投入强度不高及监管力度不够等情况，各地高标准农田建设的质量还有差异，一些地方高标准农田建设内容不完善、工程措施不配套，难以达到国家标准；管护机制还不完善，一些地方存在重建设、轻管护的问题，未能有效落实管护责任，管护措施和手段薄弱，后续监测评价和跟踪督导机制不完善，日常管护不到位，设施设备损毁后得不到及时有效修复、带病运行，工程使用年限明显缩短，影响了财政投资的效果，长期下去将会造成国家粮食安全的基础不牢。为切实推进高标准农田建设，确保工程质量安全，加强建后管护，各地采取了一系列务实管用的措施，在高标准农田建设项目中推行保险试点就是其中一项重要创新。

一、高标准农田全生命周期管理主要环节及风险点

高标准农田建设项目作为农业建设项目的一种，遵循规划布局、方案设

计、建设实施到竣工验收的基本程序，强化项目全生命周期管理，必然要求加强项目各个阶段、各个环节的管理，强化风险管控。

（一）布局规划

农田建设项目坚持规划先行。按照《全国高标准农田建设规划（2021—2030年）》布局要求，高标准农田建设集中在各分区的永久基本农田、粮食生产功能区和重要农产品生产保护区。新增建设项目的建设区域应相对集中，土壤适合农作物生长，无潜在地质灾害，建设区域外有相对完善、能直接为建设区提供保障的基础设施。项目规划是项目实施的重要依据，对于后期项目方案设计、建设实施起着决定性作用。由于我国地域辽阔、地形复杂，气候条件、土壤质量不一，因此，这一阶段管理的关键点在于编制高质量的高标准农田建设项目规划，在国家规划及土地调查的基础上，编制省、市、县三级规划，建立完整的高标准农田建设项目规划体系，细化实化地块布局，为因地制宜进行方案和结构设计打下良好地块基础。

（二）方案设计

农田建设项目实行常态化申报，纳入项目库的项目，在征求项目区农村集体经济组织和农户意见后，在完成项目区实地测绘和勘察的基础上，编制项目初步设计文件。初步设计文件应由具有相应勘察、设计资质的机构进行编制，并达到规定的深度。项目设计阶段也是高标准农田建设项目最关键的阶段，管理的关键点就在于能否选取技术实力强的设计单位，以及设计单位是否按照有关标准规范，并结合地形地貌、水文气象等条件合理设计工程方案和工程结构。

（三）建设实施

农田建设项目应按照批复的初步设计文件和年度实施计划组织实施，按期完工，并达到项目设计目标；应当推行项目法人制，按照国家有关招标投标、政府采购、合同管理、工程监理、资金和项目公示等规定执行。项目实施阶段是项目工作量最大的阶段，是项目由图纸变成实体的主要阶段。这一阶段管理的关键点在于把控项目建设进度和工程质量。一方面，建设单位要指导监理单位，督促施工单位按照批准的施工进度计划，有序推进有关工程内容建设实施；另一方面，施工单位要严格按照工程建设有关法律法规、标准规范及设计文件，采用合理的工序进行施工，保障工程建设质量；同时，监理单位要加强对工程质量的监理，及时向建设单位报告工程质量情况，必要时邀请第三方检测机构进行检测。

（四）竣工验收

农田建设项目按照“谁审批、谁验收”的原则，由审批项目初步设计单位组织竣工验收。申请竣工验收的项目应当完成批复的初步设计文件中各项建设内容技术文件材料分类立卷，技术档案和施工管理资料齐全、完整；主要设备及配套设施运行正常，达到项目设计目标；各单项工程已经设计单位、施工单位、监理单位和建设单位等四方验收；编制竣工决算，并经有资质的机构审计。项目竣工验收既是项目建成投用的重要标志，也是把控项目建设质量的关键一环。这一阶段管理的关键，一方面是验收材料是否齐全，验收材料既包括项目施工期间材料，也包括项目前期工作及财务等与项目实施有关的资料；另一方面是验收组织是否规范，是否由有权限的部门组织验收，验收专家组成员是否符合规定或满足验收要求。

（五）后期管护

农田建设项目后期管护不是项目建设的环节，但却是项目建设内容高效发挥作用的关键措施。《全国高标准农田建设规划（2021—2023年）》明确，地方各级政府要落实管护主体，压实管护责任；建立健全日常管护和专项维护相结合的工程管护机制；建立农田建设项目管护经费合理保障机制。高标准农田建设项目内容主要分散在田间地头，统一管理难度较大，极易受自然灾害、人为误操作、疏于管理等影响，造成道路、沟渠、配电设施等损坏或不能有效发挥作用。这一阶段管理的关键是，能否建立健全的管护机制、工程破损及时发现和处理机制，以及完善的资金保障机制。

现将高标准农田建设项目主要阶段及风险点进行归纳，详见表1。

表1　高标准农田建设项目主要阶段及风险点

项目阶段	主要风险点
布局规划	规划布局科学合理性、项目选址科学准确性
方案设计	方案设计是否达到规定的深度；设计方案及结构是否合理；工程量计算是否准确；材料单价、人工费、机械费等组价是否合理；施工组织方案是否合理
建设实施	是否按照招投标有关规定开展招投标；中标的施工单位是否具备承担项目的能力，或存在分包、变相分包等行为；是否按照设计图纸、规范要求进行施工建设；实施进度计划是否符合合理的工期要求；监理单位是否按照监理规范对项目施工进行监理
竣工验收	验收程序是否符合规定要求；验收专家组成员或者承担验收任务的工程咨询机构是否具备验收的能力条件；验收把关是否严格、规范
后期管护	是否开展经常性巡查，及时发现工程损坏位置并进行维修；是否有足够的管护经费保障管护工作的正常开展

二、保险在解决农田建设与管理中发挥的作用

保险是现代经济的重要产业，是风险转嫁最直接、有效的手段之一。工程

与财产保险是成熟的保险产品，广泛运用于工程建设与管理过程中，在发生自然灾害与意外事故造成保险财产损失时，给予保险赔付。在我国，目前与工程直接相关的保险有建筑工程一切险、安装工程一切险、职业责任保险和工程质量保险。目前高标准农田建设工程中采用工程质量保险试点案例较多。工程质量保险，狭义上讲，是指工程质量潜在缺陷保险（国外称 IDI）；广义上讲，是指建设工程相关方以工程质量为保险标的，由保险公司对因工程质量缺陷造成的建筑本体的损失予以赔偿、维修或重置的保险。

（一）工程质量保险

工程质量保险是一类将国外经验与我国国情相结合的保险创新产品。工程质量保险起源于 19 世纪的法国，为确保建设工程的质量责任能得到有效保障，法国政府通过法律规定强制要求建设工程必须购买工程质量保险。随后，英国、美国、日本及西班牙等国在参考法国成功实践的基础上逐步建立了符合各自国情的工程质量保险制度，时至今日，已被全世界 40 多个国家采用并实行，有效保障了各国的工程质量水平。在国内，上海于 2012 年 8 月发布了《关于推行上海市住宅工程质量潜在缺陷保险的试行意见》的通知，首次试行住宅工程质量潜在缺陷保险，工程质量保险的试点重心转移至住宅工程质量潜在缺陷保险。2017 年 8 月，住房和城乡建设部发布《关于开展工程质量安全提升行动试点工作的通知》，提出在上海、江苏、浙江、安徽、山东、河南、广东、广西、四川试点工程质量保险。2019 年 4 月，北京发布《北京市住宅工程质量潜在缺陷保险暂行管理办法》。

高标准农田建设项目是我国基本建设工程的重要组成部分，近年来，随着国家持续加大投入力度，高标准农田建设项目已形成规模，有力保障了国家粮食和重要农产品的供给安全。但高标准农田建设项目在建设和使用过程中，由于投入不足、建设标准偏低、项目分布范围广、管护力度不够、工程参与方众多，以及不可预见的因素较多等，部分高标准农田建设项目出现工程质量偏低、灾害损毁严重、管理责任及管护投入压力大等情况，高标准农田建设工程及工程的建设参与各方（包括使用方：主要为乡镇或村社集体）均不可避免地面临着各种风险，如不加以防范，很可能会影响工程建设的顺利进行，影响项目建成和使用效果。

2019 年，国务院办公厅发布《关于切实加强高标准农田建设提升国家粮食安全保障能力的意见》指出，结合农村集体产权制度和农业水价综合改革，建立健全高标准农田管护机制，明确管护主体，落实管护责任；各地要建立农田建设项目管护经费合理保障机制，确保建成的工程设施正常运行；将建后管护落实情况纳入年度高标准农田建设评价范围。因此，为保证工程项目的建设质量，加大项目后期管护保障力度，风险管理就显得尤为重要。通过引入工程质量保险服务就成为建设方转嫁风险、共同提高项目品质非常有效的途径。高标准农田建设工程质量保险是一种农田建设项目工程质量保险，农田建设项目工程相关方，以农田建设项目工程质量为保险标的，由保险公司对因农田建设项目工程质量缺陷造成的项目本体的损失予以赔偿、维修或重置。

（二）高标准农田建设工程质量保险发挥的作用

一是有助于提升工程质量，减轻业主的监管压力。高标准农田建设工程质量保险，一方面建立了健全的工程质量管理制度和责任体系，有利于推动落实工程参建各方的质量主体责任，通过保险的风险管理制度，监督参建各单位依照法律法规和合同约定对各自承担的技术服务、工程和产品质量负责，强化工程施工质量管理，提升工程质量品质。另一方面，将因工程质量潜在缺陷产生损失风险的责、权、利转移给了保险机构，由于责任和利益主体统一到保险机构，所以保险机构在工程建设中能够切实负责地代表业主权益，履行工程质量管控责任，规范施工单位的质量行为，减轻基层农业农村部门的监管压力。

二是有利于减轻政府负担，推进政府职能转变。高标准农田建设工程质量保险有助于构筑一个以市场力量为基础的“工程质量＋管护服务”的新机制，通过经济手段实施质量风险和管护制度管理，平衡农业农村局、村委、农户、保险公司、勘察、设计、施工、材料供应商和监理等相关方的地位和关系，既符合市场要求，又能避免因农田工程产权归属和责任不明晰而造成农田工程后期质量和管护工作无抓手的困境，将政府从大量质量管理、调解经济纠纷等事务中解脱出来，理顺政府职责。

三是有助于提高工程维修保障效率，促进解决“建后管护难”的问题。高标准农田建设工程质量保险，将保险赔付金作为工程管护资金来源之一，拓宽经费来源渠道，有效解决管护资金安排难的问题，同时有助于实现高标准农田建后管护全域化、常态化、长效化。有助于解决高标准农田建设完成后落实管护责任主体，高效全面解决高标准农田建后维修程序复杂、修复不及时、资金使用效率不高等问题，有效解决了高标准农田项目“建后管护难”的问题，实现政府、中标单位、保险公司三方共赢。

三、高标准农田建设保险试点情况及存在问题

为保障高标准农田项目工程在设计、使用期限内正常运行，全国各地都在探索切实可行的管护新模式，推出了“田保姆”“田管家”等一系列创新模式。一些地方围绕工程建设期间质量保障、工程建后使用管护关键环节，充分利用保险的损失分摊、经济补偿功能，相继推出了“工程质量责任险”“高标准农田综合险”或差异化的保险，促进提高高标准农田建设质量及管护利用水平。

（一）试点险种及主要特点

1. 高标准农田建设工程质量保险——湖南省、山东省

高标准农田建设工程质量保险是指由建设单位、施工单位、项目主管部门或者建设项目的委托单位等主体单位投保的，在保险合同约定的保险范围和保险期间内出现的，由于工程质量潜在缺陷所造成的投保工程的损坏，保险公司承担赔偿保险金责任的保险。潜在缺陷是指因设计、材料和施工等原因造成的工程质量不符合工程建设强制性标准以及合同的约定，并在使用过程中暴露出的质量缺陷，例如工程结构出现影响使用安全的裂缝、变形、破损、断裂、坍塌；工程结构产生超出设计规范允许的不均匀沉降等。

湖南省在高标准农田建设质量保险试点方面走在前列，2019 年就印发了《关于开展农田建设项目工程质量金融保险创新试点的通知》（湘农发〔2019〕121 号），在株洲市茶陵县、常德市津市市、郴州市宜章县、郴州市桂阳县等四个地区进行项目试点。2020 年，又印发《关于开展农业建设项目工程质量保险试点工作的通知》（湘农联〔2020〕94 号），进一步扩大试点范围，在岳阳市五县两区进行试点，并明确允许试点县（市、区）在省级农田建设专项资金中列支保险费。岳阳市整市推进高标准农田建设工程质量保险试点，高标准农田建设工程质量保险的承保范围为在设计标准（包括洪水、排水条件等）内农田建设项目工程存在的超出设计规范允许的不均匀沉降，影响使用的裂缝、变形、破损、断裂，整体或局部倒塌，以及其他因设计不合理、质量不达标等工程实施过程中各类主体未达标准导致的工程无法使用问题。

山东省于 2021 年 9 月印发了《关于开展高标准农田建设工程质量保险试点的通知》，要求各地（市）上报高标准农田建设综合保险试点，并明确在高标准农田综合保险方案等方面提出了要求。按照试点通知的有关要求，针对高标准农田建设管护过程中的上述痛点，保险公司开发了“高标准农田建设工程质量责任保险及相关附加险产品”，并于 2021 年 12 月在临沂市罗庄区实现首笔业务落地。目前，济南市商河县、东营市垦利区、泰安市肥城市、临沂市罗庄区、河东区均与保险公司签署高标准农田建设工程质量责任保险。据统计，截至目前，保险公司累计为 19 万亩高标准农田提供工程质量和管护维修，共保障金额 1.3 亿元。

2. 损毁工程险——辽宁省

损毁工程险是由保险公司承担高标准农田损毁工程的修复，从而带动日常养护的一种保险。保障内容包括：高标准农田工程质量保险与财产一切险，在保险期间内，保险单载明的高标准农田建设工程及附属设施在日常使用过程中因质量潜在缺陷、意外事故和自然灾害发生故障无法正常运行需要对工程设施进行维修的，被保险人为保证其安全运行所实际支出的工程设施维修费用、重

置费用、人工费用等必要且合理的费用，保险人按照保险合同的约定负责赔偿。

辽宁省在2019年高标准农田建设项目招标中进行了“损毁工程险”试点，将保险公司引入工程质量监督体系，通过高标准农田建设工程质量保险和财产一切险结合，完善在建工程建设质量管理流程，实现项目建设与工程管护机制的“同步设计、同步建设、同步落实”。沈阳市铁西区在2020年建设高标准农田项目时，按照沈阳市农业农村局“建管结合、综合施策”的原则，在项目工程招标时明确要求由中标单位自行购买“损毁工程险”，保险费率为中标额的5%、保险期限为10年，由保险公司负责对损毁工程的修复等费用。

3. 高标准农田综合保险——广东省

高标准农田综合保险将高标准农田工程建设质量保险、财产一切险、耕地地力指数保险多险种类别纳入保障范围，但不同地方试点有所区别，如人保财险广东清远市分公司在清远市试点的高标准农田建设“工程质量＋灾毁损失＋管护服务”综合保险，该项目承保连南瑶族自治县农业农村局2021年高标准农田改造提升工程，总面积约7 000亩，除提供质量保障＋管护保障外，还增加了工程完工后的财产保障，保险金额1 376万元，实现高标准农田工程全方位综合保障，为连南高标准农田建设项目提供集于一体的风险保障服务。中华财险肇庆中心支公司为广东稻海农业旅游发展有限责任公司在四会市管护的893亩高标准农田提供的“设施灾毁损失＋耕地地力保护＋管护服务”一体化综合保险，保障金额超2 600万元，除提供农田设施灾毁保障、防范因保险责任事故导致的物质损坏外，还增添对农田地力的保障机制，引导投保农户实施一系列有效措施改善地力指标，保护和提升耕地质量，将保险模式由传统受灾赔付转变为“正向激励”，进一步提高农田生产力，保证高标准农田工程“有人管、有人修”，确保地力不下降，促进农田稳产保收。与清远市试点不同的是，四会市保险将耕地地力保护纳入保障范围，未将工程质量纳入保障范围。

（二）试点存在的主要问题

从各地试点情况看，目前高标准农田建设保险试点主要还是集中在工程质量责任方面，部分地方延伸到了财产损失，并且对于保险保障内容和范围，各地也进行了不同的探索，成为高标准农田建设保险试点的有益案例。但由于高标准农田建设保险试点在工程保险领域起步还比较晚，相关政策还不健全，加之高标准农田建设项目本身点多、面广、区域性强等特点，目前试点的保险还存在一些不尽合理的地方。

一是保险机制设计仍不够合理，风险转嫁没有无缝衔接。目前很多试点投保的险种和保障内容、期限均不统一，不能与管护期内存在的主要风险相适应。根据调研各方综合分析，一致认为管护期的风险事故可能是工程质量不达标、自然灾害损毁和生产过程中人为误操作损坏等因素交织形成，理赔内容可能难以界定。从农民角度讲，无论是哪一种原因造成的设施损毁，均影响了实际生产，农民可能难以界定是否属于工程质量问题，而对专业鉴定机构出具鉴定结果不予赔偿修复的，存在难以理解、引发纠纷的可能。

二是第三方质量风险控制缺位，不利于工程质量的提升。从各地调研情况来看，保险公司自行聘请的第三方质量风险控制机构多为当地的监理公司，有些并没有达到甲级监理资质，仅为乙级监理资质，有些干脆没有选择监理公司，而是使用第三方材料检验机构或者质量检测机构代之，尚不能真正发挥第三方质量风险控制机构的应有作用。还有部分项目存在保险公司没有聘请第三方质量管控机构参与的情况。

三是零星分散、不具备规模效应，无法形成大数法则。由于高标准农田建设项目的分散，且项目的审批及管理层级均为市（县）级农业农村部门，保险试点主要还是以市（县）级为主在推动，主要是一些市（县）的保险分公司在区域内开展的试点，加之多少地方保险公司是有限参与试点，再保险人也对此类项目顾虑较大，难以形成跨市、全省、跨省甚至全国范围的大范围推广，试点尚未形成有效规模；此外，项目没有统筹管理，大多是县级承保理赔，没有统一数据出口，数据代表性不强，参考意义不大，无法形成大数法则。

四是保险期限较长，保险服务能力和效果有待检验。目前，多数试点项目保险期限为 5 年，部分长的达到 10 年，绝大部分试点保险还没有进入理赔期和管护期，对于保险公司的理赔效率和服务能力尚待检验。且由于高标准农田建设项目保险试点的属性、保费来源的不稳定性及保费额度较低等，一些项目在保险运行过程中，缺少第三方专业机构对保险公司的服务质量进行监管与考核，保险服务质量也有待商榷。

四、高标准农田建设与管护一体化保险及机制构建

为进一步加强高标准农田建设保险探索，推动更加适合高标准农田建设项目的险种类型，按照“保险＋风控＋服务”的模式，农业农村部工程建设服务中心与和德保险经纪有限公司研究设计了高标准农田建设综合保险，从保险产品的设计、第三方质量风险管理服务机构（TIS）的选聘、管护体系的建立到保险赔偿标准的制定，利用市场化机制打造成“保、控、护、赔”四位一体的运作体系，确保为政府主管部门提供可推广、可复制、可持续的高标准农田保险与风险管理的有效模式。

（一）高标准农田建设与管护一体化保险方案

1. 核心目标

以保险为抓手，建设高标准农田建设项目全面风险管理体系，实现工程保险、质量保险和财产保险等险种的无缝衔接，提供高标准农田建设与管理的全方位综合保障，确保建成高标准农田基础设施持续助力粮食增产增收。

2. 险种设计

设计、选择投保险种是转嫁风险的核心步骤。根据各地试点项目取得的经验，遵循全面性、可实现性和经济性三项基本原则，综合考虑目前保险市场产品的特点，选择最合理、最合适的险种，进行有效组合，合理转嫁高标准农田建设项目面临的潜在风险，切实发挥综合保险产品的风险转嫁功能，可选择高标准农田建设工程质量保险、财产一切险、建筑工程一切险保险进行投保（图1）。

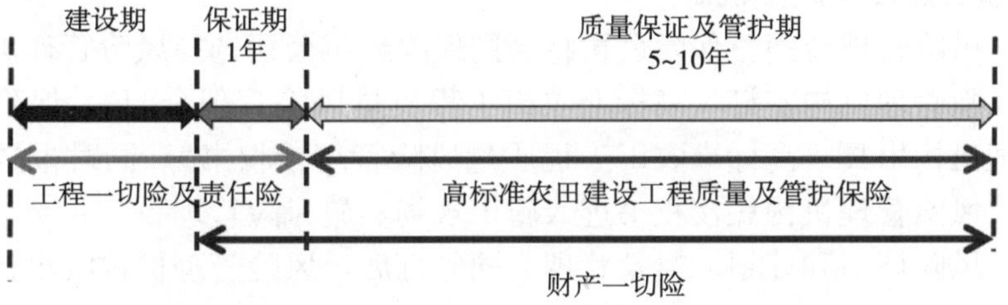

图1　高标准农田建设与管护一体化保险保险期限

3. 主要特点

高标准农田建设项目综合保险从保险保障、再保安排、后期服务等方面，提供全面的解决方案。一是工程质量缺陷与财产损失风险全覆盖。保险方案包含建设期内的工程险，建设后的财产险及高标准农田建设工程质量保险，做到从高标准农田建设到建成后5～10年内的全方位保障，实现无缝衔接（图2）。二是提供管护费用保险责任。保险方案覆盖高标准农田日常使用过程中的管护费用，管护费用每年统筹管理申报。三是引入专业第三方工程质量风险管理机构（TIS）。TIS将协助保险公司巡查高标准农田工程建设过程中的风险，并提出工程整改意见，助力高标准农田建设工程标准化、规范化，降低后期因工程质量缺陷导致的高额赔付概率。四是提供再保险公司支持。综合保险方案已获得再保人的认可，可为项目承保公司提供50%以上的再保支持，可以有效分散项目保险公司的承保风险，做大项目规模。五是提供日常巡查管护服务方案。建立保险专管员团队与巡管护队伍，在保险期内，负责已完成验收项目设施、设备的日常巡管护服务，保证问题早发现早处理。

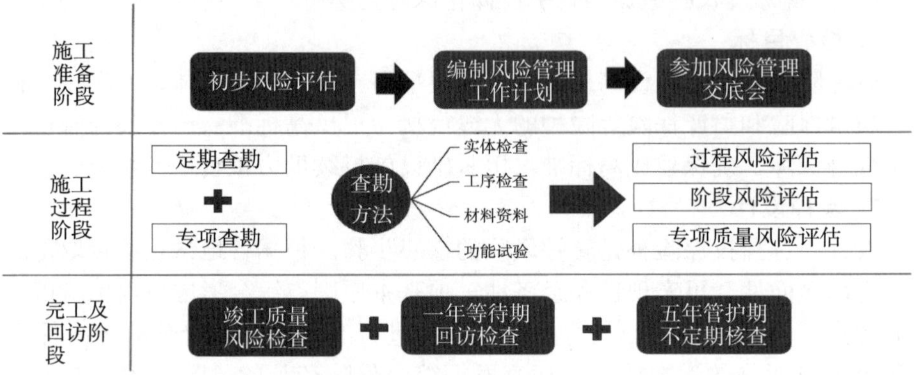

图 2　高标准农田建管一体化保险方案

（二）高标准农田建设与管护保险机制构建

1. 项目建设期风控机制

（1）风险管理合同。保险公司将会同保险经纪公司选择风险管理机构，与选择的风险管理机构签订《高标准农田工程质量风险管理合同》。保险公司向风险管理机构出具《高标准农田工程质量风险管理授权书》，同时报送工程建设单位。风险管理机构凭授权书进入施工现场实施风险管理。

（2）风险评估和计划。风险管理合同签订后，风险管理机构收集相关的工程资料，对工程中可能出现的质量风险进行评估，出具项目质量风险的初步评估报告，编制风险管理机构工作检查计划。

（3）风险交底。在工程开工前，组织风险管理机构、建设单位及项目参建各方召开风险管理交底会。交底会上风险管理机构将对工程中可能存在的质量风险点、过程中质量检查方式以及参建各方需配合事宜等进行告知，并形成会议纪要。

（4）质量风险检查报告。风险管理机构将按照风险管理合同要求执行现场检查，并及时编写《质量风险检查报告》报保险公司，检查报告主要包括检查情况的描述、检查存在质量缺陷、缺陷处理建议、潜在缺陷风险分析、质量缺陷整改反馈。保险公司将检查报告盖章后交建设单位及建设主管部门。

（5）质量缺陷改正。对于质量风险检查报告中提出的质量缺陷和处理建议，风险管理机构需在检查过程中保持与建设单位和监理单位、保险公司的沟通，掌握质量缺陷整改的反馈情况，并对整改的实施结果进行跟踪，同时记录相关的处理情况，登记整改销项内容。建设单位在收到检查报告后，组织参建各方及时改正质量缺陷。质量缺陷改正完毕后，建设单位应当及时回复保险公司。质量缺陷未改正的，监理单位不得同意通过相关验收。

（6）争议处置。设计单位与保险公司就工程质量缺陷的认定发生争议时，选择争议双方共同认可的具有相应资质的工程质量鉴定机构进行鉴定，鉴定费用由责任方承担。

（7）质量风险最终检查报告。在工程完工后，风险管理机构将对整个工程实施过程中的质量检查情况、质量缺陷追踪情况进行汇总评价，质量缺陷改正完后，编制《质量风险最终检查报告》并报保险公司。保险公司审核最终检查报告，盖章后分别交工程建设主管部门、建设单位。高标准农田建设主管部门组织竣工验收时，要将质量风险检查报告及质量缺陷整改情况作为重要参考依据。

（8）复查回访。在保险责任生效前，风险管理机构会对建筑工程质量情况进行实地检查，将暴露出的质量缺陷汇总，出具竣工复查风险评估报告。在保险责任生效前，保险公司将组织风险管理机构、建设单位召开项目总结会，就检查确认的事项进行沟通，包括竣工验收的遗留问题和竣工验收后出现的质量缺陷处理结果、保险条款的满足情况等。

2. 建后管护监督管理机制

（1）建立专项管护制度。在高标准农田后期运行过程中，建立高标准农田日常巡查管护服务制度，解决乡镇干部流动性大、行政村合并、村干部经常更换，职责疏于交接，管护责任难以落实到人的问题。

（2）打造市、县、镇、村多个层级的管护队伍。在高标准农田后期运行过程中，通过保险经纪公司与保险公司的服务体系，打造市、县、镇、村多个层级的管护队伍，同时建立协保员队伍、村级管护员和外聘维修队。管护队伍将在保单签署后立即投入正式运营，负责处理一切保险事宜。项目服务小组组长、副组长人员变动须与被保险人协商确定，其他成员人员变动须通知被保险人。

（3）运用现有农业信息科技平台进行远程监督管理。在高标准农田具体运行过程中，保险机构协调资源，可利用卫星遥感技术、无人机进行介入，通过大数据联动平台，对高标准农田情况形成影像数据信息，做好高标准农田远程监督工作。

3. 保险赔付机制

（1）建立从保险报案、现场查勘、理算赔偿的保险赔付流程，确保保险事故得到及时、足额的赔偿。

（2）建立保险事故赔偿数据库，将高标准农田保险接入农田建设管理信息系统，保证高标准农田保险的数据真实性。

五、进一步发挥农田建设领域保险作用的意见建议

（一）系统化构建综合险种

从全面做好高标准农田建后管护的工作需要出发，以保险类别看，需要高

标准农田建设工程质量险，也需要对建后基础设施遇灾害、人为损毁的财产险，甚至需要前期的建筑工程险。因此，有必要探索构建综合保险体系，实现工程保险、高标准农田建设工程质量保险、财产保险与工程质量管理的“无缝链接”，系统评估建设与质量风险，控制总成本，解决管护期的责任界定难、易生纠纷等问题，使保险期限与管护期限一致。在制度设计过程中，应充分发挥保险经纪公司等保险中介的专业作用，在项目顶层和底层设计、高标准农田保险产品研发、专业审核、索赔协助、服务标准设计及服务效果评价、风险及保险数据归集等方面逐步构建完善的保险保障体系。

（二）创新机制需要政策支持

建立“保险＋第三方”质量风险管理机制强化工程监理体系，是高标准农田建设管理的重大制度创新，虽然从目前试点实施情况看，仍未到保险理赔期，其作用效果有待观察，但从高标准农田建设工程质量保险实施效果看，对提升工程质量、减少后期纠纷有重要作用。建议在现行法律法规的框架内，鼓励参与高标准农田建设的地区持续推动保险试点工作，同时，鼓励保险主体积极参与高标准农田项目保险，可针对不同建设内容、工程质量标准的区域研发示范性的保险产品并配套长效质量风险管控标准，以引导各试点地区规范展开试点，进一步提升保险对高标准农田建设工程质量管控发挥的积极作用。

（三）探索解决保险费用来源渠道

做好高标准农田建后管护是当前及今后高标准农田管理的重大问题，也是未来农田建设管理全面提质升级必须面对的问题。建议在工程项目建设资金中明确保险费的来源和列支科目、施工单位购买、项目提取的管护费或项目管理费等，配合保险创新，探索通过保险、第三方专业服务等方式，把保险保障与理赔和项目的长期管护有机结合起来，切实加强高标准农田建后管护工作，确保建成高标准农田基础设施持续发挥效益，夯实国家粮食安全基础。

参 考 文 献

陈新翠，2009. 我国工程保险发展历程［C］//一个行业　一种观念：北京保险业“纪念改革开放 30 周年”获奖征文集，68-72.

刘旭涛，2013. 我国工程保险的现状与发展浅析［J］. 时代金融（18）：155.

王和，2005. 工程保险：工程保险理论与实务［M］. 北京：中国金融出版社 .

中国保险年鉴编委会，2012. 中国保险年鉴 2012［M］. 北京：中国保险年鉴社 .

朱文龙，2016. 我国建设工程保险现状与发展［J］. 环球市场信息导报（5）：1-3.

（作者单位：1. 农业农村部工程建设服务中心；
2. 和德保险经纪有限公司）

重大疫病对生猪产业链企业股价波动风险的影响研究

樊冬生[1]　王嘉澜[1]　李文瑛[2]　李　剑[1]

一、引言

“猪粮安天下”，中国作为猪肉生产和消费大国，猪肉产品产量占整个肉类产量的62%以上①。自2018年以来，中国生猪业遭受非洲猪瘟疫情的沉重打击，截至2019年11月21日，全国共报告发生160起非洲猪瘟感染事件，扑杀生猪数量119.3万头，生猪产能出现严重下滑，猪肉市场供需矛盾加剧，2019年中至2020年末猪肉价格处在历史高位②。受稳产保供政策影响，2021年第一季度末生猪价格开始下跌，并逐渐回落至低位运行。非洲猪瘟疫情对我国相关行业造成的冲击将通过影响企业利润对相关上市公司的股价造成重大影响，因此非洲猪瘟疫情对生猪产业链上市公司股票市场的冲击值得深入研究。

股票市场是经济发展状况的晴雨表，非洲猪瘟疫情冲击为股票市场分析生猪产业链相关上市公司发展趋势提供了重要信息。因此，研究聚焦于生猪产业链相关上市公司股票市场，探究生猪产业链相关上市公司股价面对非洲猪瘟疫情冲击是否有显著市场反应。并重点探讨如下问题：生猪产业链上市公司股价在非洲猪瘟疫情不同阶段冲击下会呈现怎样的变化？生猪产业链上市公司不同部门间受非洲猪瘟疫情冲击存在何种异质性特点？非洲猪瘟疫情冲击效应受上市公司哪些潜在因素影响？针对以上问题进行研究，有利于帮助投资者和主管部门建立对非洲猪瘟冲击下生猪产业链上市公司股价变化特点的认识。同时能够检验市场在短期内是否有效，这将为投资者合理配置资产、增强风险防范能力提供支撑。更重要的是，对于维护生猪产业链上市公司股票市场健康稳定发

---

① 数据来源：农业农村部就非洲猪瘟有关情况举行新闻发布会．中华人民共和国农业农村部网站．2019-03-01. http：//www. moa. gov. cn/ztzl/fzzwfk/gzdt/201903/t20190301 _ 6173098. htm。

② 数据来源：农业农村部就10月份生猪生产形势有关情况举行例行新闻发布会．中华人民共和国农业农村部网站．2019-11-22. http：//www. moa. gov. cn/hd/zbft _ news/szscxs/。

展、促进中国生猪产业结构调整和转型升级具有重要价值。

文章具体安排如下：第一部分是文献综述，第二部分研究设计主要包括样本选择、相关数据来源和研究方法，第三部分进行实证结果分析，第四部分总结研究结论并提出相应政策启示。

二、文献综述

特定事件信息的发布往往会导致信息关联上市公司股票价格的变动，这种变动一般具有快速、敏感的特点。从微观层面来看，媒体信息披露、企业并购公告、食品安全事件等会引起价格波动导致利润变化，同时相关上市公司股票价格出现较大波动，且股票价格波动存在一定的传染效应与竞争效应（聂赟彬、乔娟，2019；Turner 等，2018；Draner 等，2019；Kong 等，2019；王永钦等，2014；周锦等，2019）。从宏观层面来看，国家的法律法规、货币政策和汇率变化、新能源产业政策等因素能够推动股票价格变化（Xiao 等，2017；孟庆斌等，2020；Liu 等，2021）。值得注意的是，聚焦于重大动物疫病对上市公司股价影响的研究中，Henson 和 Mazzocchi（2002）基于英国政府披露疯牛病事件对养殖产业链相关上市公司股价和市值的研究，发现养牛、饲料和乳制品行业受到了负面冲击，而替代品等企业则出现股价利好。Xiong 等（2021）研究了非洲猪瘟对中国和 8 个主要猪肉出口国生猪养殖上市公司层面的经济影响，结果表明非洲猪瘟疫情为中国和国际生猪养殖公司带来积极和显著的股票回报，并且公司规模与股票回报有着密切联系。总的来讲，源于宏观和微观层面的特定事件信息对于相关上市公司股价产生显著影响，其中重大动物疫病突发信息对于产业链上市公司股价影响具有异质性特征。

生猪产业链存在因养殖模式产业链不同、食品质量差异、疫病等引起的价格波动风险，其中非洲猪瘟疫情是我国生猪产业链面临的重要风险来源之一，其对养殖业生产、消费和价格周期具有显著冲击影响（李文瑛、宋长鸣，2017；李文瑛等，2018；张硕等，2022）。2018 年 8 月中国确诊首例非洲猪瘟疫情，随着非洲猪瘟疫情快速传播，生猪产业的生产、消费结构以及价格周期等都发生了深刻变革，生猪产业链体系也面临着进一步调整（朱增勇等，2019；张喜才、汤金金，2019）。深刻变革主要表现为，非洲猪瘟疫情暴发对生猪产业的发展造成极大的冲击，短期内会使疫区所在地以及周边生猪养殖场（户）等损失惨重，随着时间推移，恢复生产条件向好，但生猪生产仍面临疫病风险高、资金匮乏等困难（李鹏程、王明利，2020），生猪产能受到制约，猪肉供给偏紧，居民肉类消费特点呈现以其他畜产品替代猪肉消费的态势（朱宁、秦富，2020；朱宁等，2020）。非洲猪瘟疫情冲击下生猪市场的供需变化，使得生猪及产品价格呈现短期区域性差异及长期价格上涨现象（朱增勇等，2020；熊涛，2021），这轮冲击影响延伸至整个产业链及关联市场，主要体现为非洲猪瘟疫情对生猪产业链的不同环节、不同省份之间存在明显的异质性（刘婷婷等，2020）。

综上，上述研究为本文提供了良好的借鉴和参考，但现有研究多集中于非洲猪瘟对于生猪产业链生产、消费和产业链间异质性影响分析方面，鲜有研究关注和深入分析非洲猪瘟对于生猪产业链上市公司股票价格的波动情况，尤其是生猪产业链各部门以及部门间股价的波动情况。鉴于此，本文将采用事件研究分析方法，针对性研究非洲猪瘟疫情对我国生猪产业链上市公司的股价效应。

三、研究设计

（一）样本选择和数据来源

为了具体测度非洲猪瘟疫情对生猪产业链上市公司股价的冲击影响，本文通过事件研究法对生猪产业链上市公司股票价格波动进行事件冲击效应研究。样本选择上，本文筛除因事件窗口内已经退市和部分数据缺失的上市公司样本，最终选取中国A股股票市场与生猪产业链相关的31家上市公司日度股票价格数据作为研究对象，并以事件发生前可获得最新的上市公司2017年年报中主营业务收入占比最高的业务作为公司类别划分的依据，具体划分为生猪养殖、屠宰及肉制品加工、饲料加工和兽药生产4个部门，并添加其他肉类部门与生猪养殖部门进行对比分析（表1）。数据获取上，本文样本公司财务数据和市场指数数据均来源于Choice金融终端数据库，关于非洲猪瘟和公司名称关键词的百度指数数据通过网页爬取技术获得。

表1　样本公司分类

主营业务	上市公司名称
生猪养殖	温氏股份、牧原股份、天邦股份、新五丰、罗牛山
屠宰及肉制品加工	华统股份、龙大肉食、双汇发展、金字火腿、煌上煌、得利斯
饲料加工	禾丰牧业、大北农、正邦科技、天康生物 正虹科技、金新农、新希望、唐人神、海大集团
兽药生产	鲁抗医药、海正药业、普洛药业、海翔药业、长春高新、金河生物、绿康生化、瑞普生物、中牧股份、生物股份、普莱柯
其他肉类	益生股份、圣农发展、民和股份、仙坛股份、华英农业、福成股份、上海梅林、天山生物

（二）研究方法

1. 事件研究法

事件研究法是定量分析某一特定事件对公司资产价格影响程度的研究方法，被广泛应用在各个领域，尤其是股票市场的事件反映情况研究。其核心思想是将通过基准模型估计出的正常收益与实际收益进行差值计算，所得到的差值即为研究所关注的异常收益，进而通过事件窗口期内异常收益之和来衡量所关注事件对股票市场的影响。

本文事件研究的设计主要分三步，首先确定本文研究的事件日和事件信息（表 2）。在此基础上进一步明确事件窗，即事件窗口期和事件估计期的设定（图 1）。由于非洲猪瘟疫情披露并不一定在股票市场交易时间，因此事件窗口设置为从事件日后第一个交易日开始，即本文选择事件日后［1，15］共 15 个交易日作为事件窗口进行研究分析。关于估计窗口的设计，文献中常将事件日前的 $t=-150$ 至 $t=-30$ 共计 120 天时间段作为估计窗口，利用最小二乘法估计 α_i 和 β_i，而以上是基于估计期内不包含评估事件的情况下进行的，本文三则事件日期跨度从 2018 年 8 月 3 日到 2019 年 7 月 3 日，采用文献中常用估计期将致使本文估计结果受到干扰，同时考虑到生猪生产的周期性和保证估计期的纯净，本文将估计期设定为事件日前一年之前的 245 个交易日，即［－246，－490］，共 245 个交易日。最终事件窗口期选取共计 260 个交易日的股票价格数据进行分析。

表 2　事件信息列表

事件时间	发布机构	事件信息	事件估计期
2018-08-03	农业农村部	首例非洲猪瘟暴发	2016-08-01 至 2017-08-02
2019-03-20	农业农村部	《关于稳定生猪生产保障市场供给的意见》	2017-03-16 至 2018-03-15
2019-07-03	国务院办公厅	《关于加强非洲猪瘟防控工作的意见》	2017-06-29 至 2018-06-28

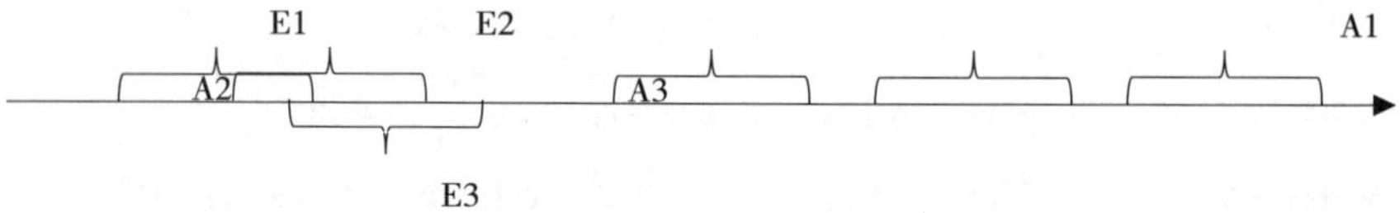

图 1　事件窗口期和事件估计期的划分

图 1 中通过字母标号对事件窗口期和事件估计期进行划分，其中 E1 和 A1 分别为首例非洲猪瘟暴发事件估计期和事件窗口期；E2 和 A2 分别为《关于稳定生猪生产保障市场供给的意见》（以下简称《稳产保供意见》）发布事件估计期和事件窗口期；E3 和 A3 分别为《关于加强非洲猪瘟防控工作的意见》（以下简称《加强防控意见》）发布事件估计期和事件窗口期。

2. 回归分析

在测度非洲猪瘟疫情股票市场反应的基础上，为了进一步分析非洲猪瘟疫情对公司层面的影响因素，借鉴刘行和陈澈（2021）的研究构建如下模型进行回归分析：

$$CAR_{it}=\gamma_0+\gamma_1 INDEX_{it}+\gamma_2 SIZE_{it}+\gamma_3 TR_{it}+\gamma_4 PB\ it+\varepsilon_{it} \quad (1)$$

具体来说，本文分别对三则事件进行回归分析。其中样本方面，由于百度指数中公司名称搜索数据缺失，研究剔除了三家样本公司数据（分别为福成股份、绿康生化和生物股份），因此36家样本公司15个事件窗口交易日的回归分析样本共计540个。对于变量的定义上，因变量累计异常收益取事件窗口［1，N］内异常收益之和（N=1，2，3，…，15）。由于投资者关注度影响股票价格波动，因此通过百度指数中公司名称和非洲猪瘟组合关键词搜索量的对数值构建非洲猪瘟指数这一代理变量。此外，选取一些代表公司特征的控制变量，分别为市净率、换手率以及公司规模指标（表3）。

表3　变量及其定义

变量	变量定义
因变量	
累计异常收益（*CAR*）	取事件窗口［1，N］内异常收益之和（N=1，2，3，…，15）
主要解释变量	
非洲猪瘟指数（*INDEX*）	取关键词为（公司名称+非洲猪瘟）百度搜索指数之和的自然对数
控制变量	
市净率（*PB*）	每股市价/每股净资产
换手率（*TR*）	成交量/流通股本×100%
公司规模（*SIZE*）	取上市公司市值的自然对数

四、实证结果分析

（一）非洲猪瘟疫情对生猪产业链上市公司股价效应分析

聚焦于非洲猪瘟疫情对于生猪产业链上市公司股价的影响，表4为运用事件研究法得到的事件窗口期内所有样本公司事件窗口的日平均异常收益结果。具体分析来讲，首例非洲猪瘟暴发事件中样本公司在t_1～t_2、t_9～t_{11}交易日平均异常收益显著为负，并且事件日后第一个交易日平均异常收益为负值的有35家上市公司，表明非洲猪瘟暴发初期对生猪产业链上市公司股价具有短时间较强负向冲击效应，但持续性比较弱，会伴随着非洲猪瘟疫情发布出现相对弱的负向冲击。

值得注意的是，《稳产保供意见》这一信息的发布，股票市场中生猪产业链上市公司股价呈现正向的平均异常收益，其中事件窗口期内为显著正向平均异常收益的天数超过半数，具体分析其主要原因是春节后生猪产能下降，导致猪肉供给不足，为缓解这一情况国家发出促进猪肉稳产保供工作的信号，从而引起投资者预期猪肉价格升高，收益将会增加。国务院发布《加强防控意见》强调进一步巩固前期防控成果，引起生猪产业链上市公司股价短期呈现正向平均异常收益，表明市场认为进一步加强非洲猪瘟疫病的防控能有效加快生猪产能恢复，持续提升上市公司收益。

综合来看，非洲猪瘟疫情暴发初期对股票市场带来显著负向影响，但随着生猪稳产保供和防控能力的提升，生猪产业链上市公司股价呈现出显著正向收益。此外，比较三则事件对生猪产业链上市公司股价冲击幅度发现，《稳产保供意见》发布事件的股价波幅最大，《加强防控意见》发布的股价波幅次之，首例非洲猪瘟暴发事件股价波幅最小，且负面事件带来的最大平均异常收益高于正面事件。

表 4　事件窗口期内样本公司异常收益分析

时间	AR-1		AR-2		AR-3	
	Mean	+/−	Mean	+/−	Mean	+/−
t_1	−0.032 8***	4∶35	0.008 8**	27∶12	−0.013 2***	9∶30
t_2	−0.008 1***	9∶30	−0.009 6***	16∶23	0.014 8***	28∶11
t_3	0.000 9	20∶19	0.008 3***	24∶15	0.021 6***	26∶13
t_4	−0.001 0	16∶23	0.004 4***	21∶18	0.004 4	21∶18
t_5	0.015 6***	32∶7	−0.018***	11∶28	−0.018	8∶31
t_6	0.008 2**	29∶10	−0.004 2	15∶24	0.002 9	17∶22
t_7	0.004 3	23∶16	0.011 8***	26∶13	−0.007 3**	12∶27
t_8	0.008 4***	25∶14	0.030 1***	34∶5	0.014 8***	28∶11
t_9	−0.018 6***	9∶30	−0.002 4	15∶24	−0.007 3***	17∶22
t_{10}	−0.006 7***	18∶21	−0.003 9	16∶23	0.017 3***	27∶12
t_{11}	−0.016 5***	5∶34	0.015 5***	22∶17	−0.002 8	18∶21
t_{12}	−0.001 8	15∶24	0.015 9***	28∶11	−0.002 1	15∶24
t_{13}	0.000 4	17∶22	−0.029 5***	7∶32	−0.029 9***	5∶34
t_{14}	0.004 7	25∶14	0.002 6	19∶20	0.008 9**	28∶11
t_{15}	0.002 7	20∶19	0.013 9***	22∶17	0.004 4	24∶15

注：AR-1、AR-2、AR-3 分别表示首例非洲猪瘟暴发事件、《稳产保供意见》发布事件和《加强防控意见》发布事件窗口期内样本公司的异常收益。***、**、* 分别表示在 1%、5%、10%的显著性水平通过检验。

表 5 分别从首例非洲猪瘟暴发事件、《稳产保供意见》发布事件和《加强防控意见》发布事件三个阶段分析生猪养殖、屠宰及肉制品加工和其他肉类部门的事件窗口期的累计异常收益。其中对屠宰及肉制品加工部门进行生猪产业链下游上市公司股价变化情况的分析，针对其他肉类部门股价波动进行生猪养殖部门股价替代效应分析。

从事件发展角度来看，首例非洲猪瘟暴发事件给生猪养殖部门带来显著负向影响，而其替代品其他肉类部门和屠宰及肉制品加工部门并未受到明显冲击，这表明非洲猪瘟疫情暴发初期对生猪养殖部门上市公司股价带来负向冲击，且并未产生对于其他肉类部门股价的替代效应。随着非洲猪瘟疫情的发展，大量扑杀感染病毒生猪导致生猪产量出现明显下降，当《稳产保供意见》发布后，并未对屠宰及肉制品加工部门股价产生显著影响，而生猪养殖部门呈现正向的超额回报，其中新五丰上市公司正向收益超 30%，分析得出这种强正向收益主要源于生猪市场供给偏紧累加需求旺盛，股票市场将这种预期看好的信息反映到股价上。

表 5　养殖、屠宰和其他肉类部门样本公司事件窗口累计异常收益

部门名称	公司名称	CAR-1	CAR-2	CAR-3
生猪养殖	温氏股份	−0.062 1	0.043 9	0.148 3**
	牧原股份	−0.181 5***	0.108 2	0.131
	天邦股份	−0.167 5**	0.067 4	0.172 9
	新五丰	0.005 2	0.310 7***	0.127*
	罗牛山	−0.170 7***	−0.064 3	−0.142 2
屠宰及肉制品加工	华统股份	−0.164 7	−0.064 7	−0.112 9
	龙大肉食	−0.065 4	0.104 7	−0.066 9
	双汇发展	−0.046 1	−0.046	−0.046 5
	金字火腿	0.030 9	0.016 8	−0.097 6*
	煌上煌	−0.023 9	0.022 6	−0.076 1
	得利斯	−0.024 9	0.052 5	0.237 5***
其他肉类	益生股份	−0.201 5**	−0.520 8***	0.1656
	圣农发展	−0.001 4	−0.010 2	−0.005 9
	民和股份	−0.038 8	0.012 2	0.005 5
	仙坛股份	0.071 9	0.003 1	0.058 5
	华英农业	0.009 6	−0.073 2	0.01

（续）

部门名称	公司名称	CAR-1	CAR-2	CAR-3
其他肉类	福成股份	−0.006 7	0.158 6**	−0.073 5
	上海梅林	−0.017 1	−0.012 3	0.028 6
	天山生物	0.025 5	−0.113 5	−0.083 8

注：CAR-1、CAR-2、CAR-3 分别表示首例非洲猪瘟暴发事件、《稳产保供意见》发布事件和《加强防控意见》发布事件窗口期内样本公司的累计异常收益。***、**、* 分别表示在 1%、5%、10%的显著性水平通过检验。

饲料加工和兽药生产作为生猪产业链的上游部门，其股价波动易受原材料价格和饲用需求影响。从表 6 分析得出，首例非洲猪瘟暴发给饲料加工上市公司股价带来一定程度的负向影响，主要受股票市场投资者对于未知的非洲猪瘟危害的不确定预期，从累计异常收益的结果来看，首例非洲猪瘟暴发事件对饲料加工部门股价冲击并未产生大范围负面影响。

《稳产保供意见》发布后，生猪产业链上市公司中饲料加工和兽药生产部门呈现显著正向的累计异常收益，其中兽药生产上市公司事件窗口的累计异常收益率涨超 30%～50%，说明生猪产业链上市公司部门间股票价格存在传染效应。着眼于长期，《加强防控意见》发布事件的累计异常收益中，饲料加工部门的天康生物和唐人神表现出 20%左右的正向累计异常收益，兽药生产部门的中牧股份呈现 30%以上的负向累计异常收益，表明《加强防控意见》发布事件利好饲料加工部门，利空兽药生产部门。可见《加强防控意见》的发布一定程度传递出饲用需求稳中向好和兽药需求减少的信号。

表 6　饲料加工和兽药生产部门样本公司事件窗口累计异常收益

部门名称	公司名称	CAR-1	CAR-2	CAR-3
饲料加工	禾丰牧业	0.017 3	−0.008 5	0.113*
	大北农	−0.078 1**	0.116 7**	0.052
	正邦科技	−0.004 2	0.139	0.139 5*
	天康生物	−0.078 1**	0.075 2	0.224 2***
	正虹科技	−0.024 4	0.104 9	0.038 4
	金新农	−0.016 7	0.075 2	−0.050 9
	新希望	−0.041 8*	0.106***	0.018 1
	唐人神	−0.091 5	0.073 2	0.193 4**
	海大集团	−0.031 5	−0.026 5	−0.059 8

（续）

部门名称	公司名称	CAR-1	CAR-2	CAR-3
兽药生产	长春高新	0.132**	−0.013 6	−0.024 6
	普洛药业	−0.082 9*	0.042 1	−0.053 2
	海翔药业	−0.000 7	0.491 8***	−0.087
	金河生物	0.027 4	0.044 4	0.009 7
	绿康生化	−0.083 7	0.019	−0.007
	瑞普生物	0.036 1	0.314 1***	−0.064 9
	中牧股份	−0.065 7	−0.013 4	−0.340 4***
	生物股份	−0.112 6**	−0.023 1	−0.047 2
	海正药业	−0.080 1*	0.093 5	−0.056 2
	鲁抗医药	0.032 2	0.105 5	−0.025 4
	普莱柯	−0.002 8	−0.010 6	−0.019 5

注：CAR-1、CAR-2、CAR-3分别表示首例非洲猪瘟暴发事件、《稳产保供意见》发布事件和《加强防控意见》发布事件窗口期内样本公司的累计异常收益。***、**、*分别表示在1%、5%、10%的显著性水平通过检验。

从产业链不同部门平均累计异常收益数据可以深入研究部门间的异质性特征。表7分别从首例非洲猪瘟暴发事件、《稳产保供意见》发布事件和《加强防控意见》发布事件三个阶段比较分析生猪养殖、屠宰及肉制品加工、饲料加工、兽药生产和其他肉类部门事件窗口期的平均累计异常收益。

由表7的结果可知，首例非洲猪瘟暴发事件对生猪养殖和饲料加工部门股价产生显著负向冲击，生猪养殖部门受到的负向影响约是饲料加工部门的3倍。国务院发布《稳产保供意见》事件后，生猪养殖、饲料加工和兽药生产部门股价呈现显著正向影响，其中生猪养殖和兽药生产部门正向收益较高，饲料生产部门正向收益最低。随着非洲猪瘟疫病防控的成熟，《加强防控意见》发布事件给生猪养殖和饲料加工带来显著正向收益，而对兽药生产带来显著负向影响，其中生猪养殖部门正向收益高于饲料加工部门。

整体上来讲，非洲猪瘟暴发初期和后期产业链上市公司股价冲击小于暴发中期，表明《稳产保供意见》发布事件引起的股价效应更加强烈；具体在部门之间，非洲猪瘟暴发的各个阶段，生猪养殖和饲料加工部门受非洲猪瘟疫情影响股价效应体现为齐涨共跌，说明生猪养殖和饲料加工部门之间股价波动存在一定的传染效应；而兽药部门股价受非洲猪瘟疫情严重程度变化呈现显著的异质性特点。此外，三则非洲猪瘟事件也证实了生猪养殖和其他肉类部门之间未存在显著的股价替代效应。

表 7　生猪产业链各部门及其他肉类部门事件窗口平均累计异常收益

部门名称	CAAR-1	CAAR-2	CAAR-3
生猪养殖	−0.115 3***	0.093 2***	0.087 4**
屠宰及肉制品加工	−0.049 0	0.014 3	−0.027 1
饲料加工	−0.038 8**	0.072 8***	0.074 2***
兽药生产	−0.018 3	0.095 4***	−0.065 1***
其他肉类	−0.019 8	−0.069 5	0.013 1

注：CAAR-1、CAAR-2、CAAR-3 分别表示首例非洲猪瘟暴发事件、《稳产保供意见》发布事件和《加强防控意见》发布事件窗口期内生猪产业链各部门及其他肉类部门的平均累计异常收益。***、**、*分别表示在1%、5%、10%的显著性水平通过检验。

（二）非洲猪瘟事件股价效应回归分析

为了进一步探明三则非洲猪瘟事件对生猪产业链上市公司股价波动与哪些影响因素有关，分别对三则事件进行了如表 8 所示回归分析。表 8 结果显示，首例非洲猪瘟暴发事件中非洲猪瘟指数对累计异常收益存在显著的负向影响，而《稳产保供意见》发布事件中非洲猪瘟指数对累计异常收益存在显著的正向影响。这表明非洲猪瘟指数能一定程度代表关于非洲猪瘟信息的投资者关注程度，首例非洲猪瘟暴发这一负面事件造成对非洲猪瘟疫情严重程度的关注度骤然升高，引发市场对于生猪产业链上市公司股票的抛售情绪，进而导致股票市场行情呈现显著负面效应；而《稳产保供意见》发布事件表明国家千方百计促进生猪稳产保供，市场对生猪产业链上市公司效益关注度上升，预期生猪产能不断恢复，收益迎来较大增长，因而出现股票市场显著正向股价效应。

表 8　非洲猪瘟事件股价效应影响因素分析

变量	OLS-1	OLS-2	OLS-3
非洲猪瘟指数（*INDEX*）	−0.008** (0.003)	0.131*** (0.037)	0.037 (0.029)
换手率（*TR*）	−0.007*** (0.001)	−0.003** (0.001)	0.012*** (0.001)
市净率（*PB*）	0.001 (0.001)	−0.002 (0.002)	0.002 (0.001)
公司规模（*SIZE*）	−0.004 (0.003)	0.004 (0.005)	0.019*** (0.003)

注：OLS-1、OLS-2、OLS-3 分别表示首例非洲猪瘟暴发事件、《稳产保供意见》发布事件和《加强防控意见》发布事件窗口期内生猪产业链各部门及其他肉类部门的平均累计异常收益。括号内为标准误，***、**、*分别表示在1%、5%、10%的显著性水平通过检验。

在公司特征方面，首例非洲猪瘟暴发事件和《稳产保供意见》发布事件中换手率对累计异常收益均存在显著负向影响，且后者负向影响小于前者；《加强防控意见》发布事件中换手率对累计异常收益呈现显著正向影响，这表明市场对于生猪产业链上市公司股票购买情绪由抛售逐渐转为买入并长期持有。此外，《加强防控意见》发布事件结果表明公司规模对累计异常收益存在显著正向影响，说明生猪产业链上市公司股票市场存在明显的规模效益，即公司规模相对较大的公司能获得较高的累计异常收益，这也证实了生猪养殖全产业链发展能整合各个部门的优势资源，实现利润最大化。

五、研究结论与政策启示

本文研究结果表明：第一，生猪养殖和饲料加工部门受非洲猪瘟疫情影响股价效应体现为齐涨共跌，且部门之间股价波动存在一定的传染效应，其中首例非洲猪瘟暴发事件对生猪养殖部门股价的负向影响最为显著，其造成的异常收益约为饲料加工部门的3倍。第二，相较于首例非洲猪瘟暴发事件和加强非洲猪瘟防控信息事件，国家出台的《关于稳定生猪生产保障市场供给的意见》发布事件股价波幅更大，引起的股价效应更为强烈，对于提振生猪产业链复苏发展具有显著影响。第三，在三则非洲猪瘟事件中，生猪养殖和其他肉类部门平均累计异常收益结果证实了A股市场生猪养殖和其他肉类部门之间未存在显著的股价替代效应。第四，回归分析结果得出，在主要解释变量方面，本文构建的非洲猪瘟指数能有效衡量非洲猪瘟疫情的变化情况，为以后关于重大动物疫病变化情况度量提供支撑；在公司特征方面，换手率方向显著变化说明市场对于生猪产业链上市公司股票购买情绪由抛售逐渐转为买入持有。

基于上述结论，本文提出以下政策启示：第一，生猪产业链上市公司应及时、准确回应突发事件关联信息，在短时间内稳定投资者情绪，减少投资者对负面事件的过度反应。第二，主管部门要积极运用政策手段提振市场信心，通过股票市场增加的超额回报激励生猪产业链上市公司创新和转型升级，进而提高中国生猪产业链活力和竞争力。第三，监管部门要加强肉类市场突发事件信息指数的动态监测和预警，为市场投资主体合理配置其持有的资产组合、增强抵御风险能力提供支撑。第四，生猪产业链上市公司应加大投资建立深层次的供应链体系，垂直整合上下游产业，减轻非洲猪瘟等疫病造成的严重供给短缺问题。

参 考 文 献

李鹏程，王明利，2020. 环保和非洲猪瘟疫情双重夹击下生猪生产如何恢复：基于八省的

调研 [J]. 农业经济问题 (6): 109-118.

李文瑛，李崇光，肖小勇，2018. 基于刺激—反应理论的有机食品购买行为研究：以有机猪肉消费为例 [J]. 华东经济管理，32 (6): 171-178.

李文瑛，宋长鸣，2017. 价格波动背景下生猪产业链利益分配格局：基于两种养殖模式产业链的调研 [J]. 华中农业大学学报（社会科学版）(2): 8-14，130.

刘婷婷，应瑞瑶，周力，2020. 非洲猪瘟对中国生猪产业链的经济影响研究：基于市场分割视角 [J]. 农村经济 (9): 19-26.

刘行，陈澈，2021. 消费税征收环节后移对企业的影响：来自股票市场的初步证据 [J]. 经济研究，56 (3): 100-115.

孟庆斌，张永冀，汪昌云，2020. 中国股市是宏观经济的晴雨表吗?：基于马氏域变模型的研究 [J]. 中国管理科学，28 (2): 13-24.

聂赟彬，乔娟，2019. 非洲猪瘟发生对我国生猪产业发展的影响 [J]. 中国农业科技导报，21 (1): 11-17.

王永钦，刘思远，杜巨澜，2014. 信任品市场的竞争效应与传染效应：理论和基于中国食品行业的事件研究 [J]. 经济研究，49 (2): 141-154.

熊涛，2021. 我国猪肉价格的影响因素是时变的吗?：基于动态模型平均的分析与预测 [J]. 华中农业大学学报（社会科学版）(3): 63-73，186.

张硕，邓思星，王林洁，等，2022. 疫病如何影响猪肉产销价格波动关联?：基于滚动协整的分析 [J]. 世界农业 (2): 90-99.

张喜才，汤金金，2019. 非洲猪瘟背景下生猪供应链重塑及其对策研究 [J]. 中国畜牧杂志，55 (9): 143-146.

周锦，许月艳，李崇光，2019. 食品安全事件发生对畜禽产品价格波动的影响机理与实证 [J]. 农业现代化研究，40 (2): 282-289.

朱宁，曹博，秦富，2020. 非洲猪瘟疫情影响下城镇居民家庭畜产品消费替代研究：基于北京市与河北省的调研 [J]. 农村经济 (4): 76-82.

朱宁，秦富，2020. 城镇居民家庭鸡蛋价格承受能力及购买倾向研究：基于主产区与主销区的调研 [J]. 农业技术经济 (11): 110-121.

朱增勇，李梦希，张学彪，2019. 非洲猪瘟对中国生猪市场和产业发展影响分析 [J]. 农业工程学报，35 (18): 205-210.

朱增勇，浦华，杨春，2020. 新冠肺炎对生猪产业影响及应对策略 [J]. 农业经济问题 (3): 24-30.

DRANEV Y, FROLOVA K, OCHIROVA E, 2019. The impact of fintech M&A on stock returns [J]. Research in International Business and Finance, 48: 353-364.

HENSON S, MAZZOCCHI M, 2002. Impact of Bovine Spongiform Encephalopathy on agribusiness in the United Kingdom: results of an event study of equity prices [J]. American Journal of Agricultural Economics, 84 (2): 370-386.

KONG D, SHI L, YANG Z, 2019. Product recalls, corporate social responsibility, and firm value: evidence from the Chinese food industry [J]. Food Policy, 83: 60-69.

LIU C，LIU L，ZHANG D，FU J，2021. How does the capital market respond to policy shocks? Evidence from listed solar photovoltaic companies in China [J]. Energy Policy，151：1-10.

TURNER J D，YE Q，WALKER C B，2018. Media coverage and stock returns on the London stock exchange，1825-1870 [J]. Review of Finance，22 (4)：1605-1629.

XIAO X，GAO Y，2017. An event study of the effects of regulatory changes on the food industry [J]. China Agricultural Economic Review，9 (1)：81-92.

XIONG T，ZHANG W，CHEN C T，2021. A Fortune from misfortune：evidence from hog firms' stock price responses to China's African Swine Fever outbreaks [J]. Food Policy，105：29-42.

（作者单位：1. 华中农业大学；2. 蚌埠学院）

农业保险与防灾措施

农业保险高质量发展基础与目标的驱动协调性评价

李　丹[1]　魏　帅[2]　李心仪[3]　马　彪[4]

一、引言

2019 年财政部、农业农村部、中国银行保险监督管理委员会、国家林草局联合印发《关于加快农业保险高质量发展的指导意见》，分别以定量和定性视角对农业保险高质量发展的两阶段目标提出展望①。2021 年中国农业保险保费规模达 976 亿元，同比增长近 19.8%，为 1.8 亿户次农户提供风险保障超 4.7 万亿元，中央财政安排农业保险保费补贴 333.45 亿元，同比增长 16.8%，有力防范和化解“三农”领域各类风险。2022 年中央 1 号文件多次提及农业保险，并将其作为保障“菜篮子”产品供给和农民种粮收益的重要手段。

中国农业保险困境、经验、制度改革与趋势展望始终是学界的研究焦点（Tian，2009；吕晓英等，2016；徐婷婷、荣幸，2018；易福金等，2022），由于对标农业保险高质量发展要求还有一定距离（许梦博、陈楠楠，2021），应通过发展效果与水平评估等研究提供数据佐证（李婵娟、程欣炜，2021；李琴英、陈芮格，2021）。在农业保险发展效果评价研究中，较高保障水平的农业保险被证实具有脱贫效果，可显著提高遭受自然灾害冲击后贫困地区农户的可支配收入（张伟等，2020），风险冲击和保险保障的动态随机一般均衡模型的研究结果同样说明了农业保险可以有效地平抑风险冲击带来的经济波动（江生忠、李立达，2021），有学者利用固定效应模型和系统 GMM 模型分析 2008—2018 年中国省级面板数据，亦证实了农业保险对于农户经营性净收入起着显著的中介作用（刘

① 到 2022 年，基本建成功能完善、运行规范、基础完备，与农业农村现代化发展阶段相适应、与农户风险保障需求相契合、中央与地方分工负责的多层次农业保险体系。稻谷、小麦、玉米三大主粮作物农业保险覆盖率达到 70%以上，收入保险成为我国农业保险的重要险种，农业保险深度（保费/第一产业增加值）达到 1%，农业保险密度（保费/农业从业人口）达到 500 元/人。到 2030 年，农业保险持续提质增效、转型升级，总体发展基本达到国际先进水平，实现补贴有效率、产业有保障、农民得实惠、机构可持续的多赢格局。

玮等，2022），但其他学者以熵权-正态云模型分析 2017 年农业大省黑龙江省的 916 户农户，发现政策性农业保险总体的实施效果“较好偏一般”（侯代易等，2020）。在农业保险发展水平评价研究中，有学者通过主成分分析法和熵值法分析 2008—2013 年中国省级面板数据，得到各地区农业保险发展水平的综合得分、优势地区及影响因素（吕开宇等，2016），亦可进行逆向视角的发展水平评价，构建农业保险渗透度、使用度和效用度三维度指标体系后，利用信息熵表征各地区农户面对的农业保险排斥程度（粟芳、方蕾，2016）。

本文首先确定农业保险高质量发展整体为一级系统，其次基于农业保险常见的供给与需求主体，分别确定基础与目标为二级系统，再次按照政府及农业保险经营机构为高质量发展提供的财政、市场、服务基础确定三级系统，最后建立 2007—2020 年农业保险高质量发展基础与目标之间的驱动协调性评价模型。其中，利用基础与目标系统的演化速度确定驱动指数，表征农业保险的供给基础对农业风险管理目标效果的驱动影响作用，依托不同系统间综合发展指数与驱动指数共同确定协调指数，表征驱动影响作用下的协同发展水平。相较于已有研究，本文可能的边际贡献体现在：为评估中国农业保险进入高质量发展阶段前后的发展效果和水平提供驱动协调性视角的数据佐证，为高质量发展未来路径提供理论参考。

二、评价指标体系与权重确定

（一）子系统及评价指标体系构建

中国农业保险目前以政策性农业保险为主，学者们通常以政府及其职能部门、农业保险经营机构、农户概括农业保险市场主体，并视前两者为制度或产品的供给者，视后者为需求者（叶朝晖，2018；郭沛、王晓丽，2021）。财政部门主要提供农业保险保费补贴，监管部门和农业保险经营机构一起建立并维护农业保险市场结构，农业保险经营机构设计开发新的农业保险产品，提供农业保险服务。遵循“政府引导、市场运作、自主自愿、协同推进”的原则，只有供给者协同发力才能高质量地满足“三农”领域日益增长的风险保障需求，实现农业保险高质量发展目标（李丹、魏帅，2021）。因此本文将供给者视为农业保险高质量发展的基础，将需求者视为目标，构建子系统和评价指标体系如下。

步骤 1：将农业保险高质量发展整体视为一级复合系统，并按照政策性农业保险这一主要险种，将系统内部主体简化为财政部门、监管部门、农业保险经营机构及农户，此时一级复合系统内部为不同主体所对应的子系统。

步骤 2：在一级系统内按照供需双方划分二级系统，分别是提供农业保险制度或产品的供给者所对应的基础系统（Basement，B），以及享受农业风险管理效果的农户所对应的目标系统（Aim，A）。

步骤 3：2004 年以来中国农业保险政策与制度为高质量发展构建了保障、经营、服务三方面基础，基于此，在二级系统内划分三级系统，分别是财政基础子系统（B_1）、市场基础子系统（B_2）、服务基础子系统（B_3）。此时农业保险高质量发展基础与目标的驱动协调性评价指标体系包括 1 个目标系统（A）与 1 个基础系统（B）。详见表 1。

表 1　农业保险高质量发展基础与目标的驱动协调性评价指标体系

系统分类		指标及单位	计算公式	指标含义
目标系统（A）		农作物灾害防治情况（亿公顷$^{-1}$）	1/农作物受灾面积	农业自然灾害的防治能力
目标系统（A）		农村居民经营性收入占比（%）	人均可支配经营净收入/人均可支配净收入	农业生产经营的盈利情况
目标系统（A）		人均粮食产量（千克/人）	人均粮食产量	粮食的丰产情况
目标系统（A）		填补经营资金缺口融通能力（亿元）	农林牧渔业贷款余额	资金融通能力
目标系统（A）		市场化分散农业风险的能力（%）	农业保险的保险金额/农林牧渔业总产值	购买农业保险给农户带来的保障
基础系统（B）	财政基础子系统（B_1）	政策性农业保险制度供给（亿元）	农业保险保费补贴	政府负担的农业保险保费规模
基础系统（B）	财政基础子系统（B_1）	农业保险补贴政策倾斜度（%）	农业保险保费补贴/农林水事务支出	政府对农业保险的侧重
基础系统（B）	财政基础子系统（B_1）	农业保险央地财政补贴比（%）	中央财政/地方财政农业保险保费补贴	中央财政对地方财政压力的纾解
基础系统（B）	市场基础子系统（B_2）	农业保险赔付率（%）	农业保险总赔付支出/总保费收入	农业保险经营机构对保费的放大效果
基础系统（B）	市场基础子系统（B_2）	财险市场中农业保险占有率（%）	农业保险保费收入/财产保险总保费收入	农业保险占财产保险的市场份额
基础系统（B）	市场基础子系统（B_2）	非龙头机构的市场占有率（%）	龙头机构保费收入/总农业保险保费收入	非垄断、多元的市场结构
基础系统（B）	服务基础子系统（B_3）	农业保险密度（元/人）	农业保险保费收入/第一产业就业人员数量	每位农业从业者获得的农业保险服务
基础系统（B）	服务基础子系统（B_3）	农业保险深度（%）	农业保险保费收入/第一产业增加值	单位农业 GDP 所获得的农业保险服务
基础系统（B）	服务基础子系统（B_3）	政策性农业保险产品供给（个）	政策性农业保险标的品种	民生重要农产品所获得的农业保险服务

如表 1 所示，考虑到农业保险是重要的支农政策之一（张跃华、顾海英，2004），政策目标应与损失补偿的核心功能相符（马彪等，2020），因此根据农户农业生产经营的相关产出和风险防控化解情况，选取目标系统（A）的 5 个

指标如下：①以 1/农作物受灾面积为“农作物灾害防治情况”指标，指标越大越能反映农业自然灾害得到防治；②以农村居民的人均可支配经营净收入与人均可支配净收入的比例作为“农村居民经营性收入占比”指标，指标越大意味着农业生产经营的收入稳定乃至盈利；③以人均粮食产量指标的增加表示粮食的丰产；④以农林牧渔业贷款余额作为“填补经营资金缺口的融通能力”指标，指标越大意味着当农户遭受自然风险或市场风险时的资金融通能力越强；⑤以农业保险的保障金额与农林牧渔业总产值的比例作为“市场化分散农业风险的能力”指标，指标越大意味着农业保险购买后为广大农户带来的保障水平越高。

财政基础子系统（B_1）主要供给农业保险保费补贴，选取 3 个指标如下：①将各级财政的农业保险保费补贴数额作为“政策性农业保险制度供给”指标，指标越大通常意味着政府负担的农业保险保费规模越大；②2007 年后我国将农业保险保费补贴等一系列农业支出明确为农林水事务支出，以农业保险保费补贴占农林水事务支出的比例作为“农业保险补贴政策倾斜度”指标，比例越高意味着政府对农业保险更加重视；③国内外大多形成了各级财政的保费分摊体系，以中央财政与地方财政农业保险保费补贴的比例作为“农业保险央地财政补贴比”指标，比例越高代表中央财政对地方财政压力的纾解，这对于财政弱省尤为重要。

市场基础子系统（B_2）主要供给农业保险市场结构，选取 3 个指标如下：①以农业保险总赔付支出与总保费收入之比确定“农业保险赔付率”指标，指标比例越高意味着农业保险经营机构越能放大保费；②农业保险已成为财产保险“蓝海”险种之一，因此以农业保险占财产保险保费收入的比例代表“财险市场中农业保险占有率”指标，比例越高意味着其在财产保险市场中的份额越大，市场经营更加繁荣；③过度竞争会导致无效率成本投入的增多，因此将保费收入第一的农业保险经营机构视为龙头企业，以 1/（龙头机构保费收入与总保费收入之比）作为“非龙头机构的市场占有率”指标，指标越大意味着市场结构越多元，竞争越充分。

服务基础子系统（B_3）主要供给面向“三农”的产品和服务，选取 3 个指标如下：①以农业保险保费收入与第一产业就业人员数量的比例确定“农业保险密度”指标，指标越大则体现每位农业从业者所获得的农业保险服务越多；②以农业保险保费收入与第一产业增加值的比例为“农业保险深度”指标，指标越大代表单位农业 GDP 所获得的农业保险服务越多；③以政策性农业保险标的品种表示“政策性农业保险产品供给”指标，品种越多说明关系国计民生的、重要的大宗农产品所获得的农业保险服务越多。

（二）信息熵权重测算模型

初始数据矩阵 $\{\boldsymbol{x}_{ij}^{*} \mid i=1, 2, \cdots, n; j=1, 2, \cdots, p\}$，$x_{ij}^{*}$ 为第 i 个

指标在第 j 年的值，$n=14$，$p=13$。如式（1）所示，采用离差变换法标准化处理 $\boldsymbol{x}_{ij}^{*}$ 得到无量纲的数据矩阵 $\boldsymbol{x}'_{ij}$，由于其中含有 0 值不便于取对数后计算信息熵，对 $\boldsymbol{x}'_{ij}$ 进行 Laplace 平滑得到 x_{ij}。

$$\begin{aligned} \boldsymbol{x}'_{ij} &= \frac{\boldsymbol{x}_{ij}^{*} - \min\limits_{1\leqslant j\leqslant p}\boldsymbol{x}_{ij}^{*}}{\max\limits_{1\leqslant j\leqslant p}\boldsymbol{x}_{ij}^{*} - \min\limits_{1\leqslant j\leqslant p}\boldsymbol{x}_{ij}^{*}} \\ x_{ij} &= \frac{1+\boldsymbol{x}'_{ij}}{\sum\limits_{j=1}^{p}(1+\boldsymbol{x}'_{ij})} \end{aligned} \tag{1}$$

在进行驱动协调性评价前，需对各指标进行权重测算。权重测算的相关方法较多，由于专家打分权重法较为主观，指标变异系数的客观权重适用于不同地区间截面数据的比较（王韧等，2021），因此本文采用信息熵权重测算模型。该模型起源于物理学科中的热力学（Shannon，1948），可简称为熵值法或熵权法，客观反映各指标在综合指标中的重要性，被广泛应用于系统的综合评价研究（郭军等，2021）。

按照信息熵理论，确定第 i 个指标的熵值 E_i。

$$E_i = -\frac{1}{\ln p}\sum_{j=1}^{p} x_{ij}\ln x_{ij} \tag{2}$$

指标 i 的信息熵越小，信息的有序度越高，效用值越大，故而权重 d_i 越大。

$$d_i = \frac{1-E_i}{n-\sum\limits_{i=1}^{n}E_i} \tag{3}$$

将指标 x_{ij} 与相应权重 d_i 结合得到 2007—2020 年目标系统（A）、基础系统（B）及各基础子系统（B_I）的离散函数 $F(A)$、$F(B)$、$F(B_I)$。式中，$I=1$，2，3 分别为 3 个基础子系统。

$$\begin{aligned} F(A) &= \sum_{i=1}^{5} d_i x_{ij} \\ F(B) &= \sum_{I=1}^{3} F(B_I) \\ F(B_1) &= \sum_{i=6}^{8} d_i x_{ij}\ ,\ F(B_2) = \sum_{i=9}^{11} d_i x_{ij}\ ,\ F(B_3) = \sum_{i=12}^{14} d_i x_{ij} \end{aligned} \tag{4}$$

三、驱动协调性评价模型

（一）驱动协调指数测算模型

将目标系统及各基础子系统的离散函数 $F(A)$、$F(B_I)$ 的一阶差分 V_A、

V_{BI} 视作演化速度，在经济学意义上相当于 2008—2020 年各系统的年变化率，利用不同系统演化速度矢量夹角的弧度值确定驱动指数［图 1（a）］。为保障驱动指数非负，还进行了单位 π 的平移。

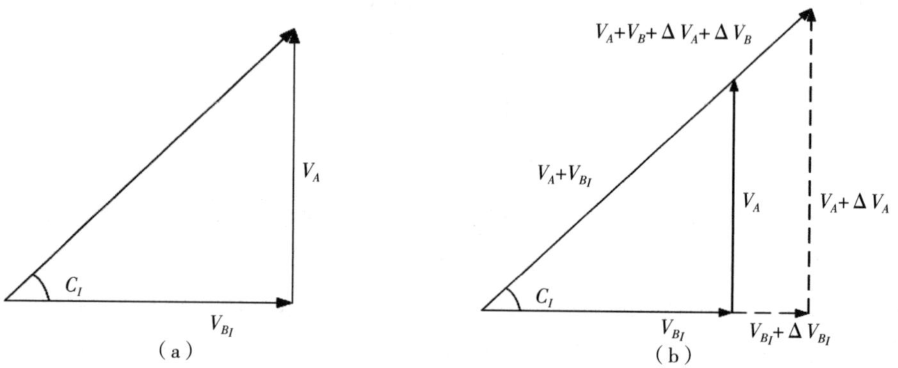

图 1　驱动指数示意图

式（5）中，C_1、C_2、C_3 分别为 2008—2020 年，财政基础子系统（B_1）、市场基础子系统（B_2）、服务基础子系统（B_3）与目标系统（A）之间的驱动指数，$C_I \in (-\pi/2+k\pi,\ \pi/2+k\pi)$，$k=1$。$C_I$ 越大说明基础子系统对目标系统的驱动程度越高，即农业保险供给对农业风险管理效果的影响越强，反之越弱。

$$C_I = \arctan(V_A/V_{BI}) + \pi \tag{5}$$

然而式（5）只能反映农业保险供给的变化对农业风险管理效果的影响，无法反映在此过程中两个系统是否实际达到高等级的发展水平，如图 1（b）中不同的系统演化速度组合可能对应相同的 C_I，出现“表面驱动、伪协调”的结果。计算驱动指数 C_I 与系统间的综合发展指数 T_I 二者的几何平均值可解决该问题（张玉萍等，2014），并将其视为协调指数 D_I。为消除量纲差异，本文将 C_I 与 T_I 分别进行［0.1，0.9］区间的标准化得到 C'_I，$T'_I \in [0.1,\ 0.9]$。式（6）中 D_I 分别为 2008—2020 年，财政基础子系统（B_1）、市场基础子系统（B_2）、服务基础子系统（B_3）与目标系统（A）的协调指数，$D_I \in [0.1,\ 0.9]$。

$$\begin{aligned} D_I &= \sqrt{T'_I \cdot C'_I} \\ T_I &= F(A) + F(B_I) \end{aligned} \tag{6}$$

由于综合发展指数 T_I 反映了某个基础子系统（B_I）与目标系统（A）的综合发展水平，是一种静态指数。T_I 值越大，说明二者综合发展水平越高，整体效益越好。驱动指数 C_I 反映了某个基础子系统（B_I）与目标系统（A）间的动态联系，因此协调指数 D_I 同时体现了系统的动静态特征，有效反映在某个基础子系统（B_I）对目标系统（A）的驱动下两个系统的协调状态。D_I 越接近 0.1，说明二者并未共同发展，整体效益最差，农业保险的供给和农业风险管理效果均处在最低水平；D_I 越接近0.9，二者实现共同发展，整体效益最佳，农业保险的供给和农业风险管理效果均处在最高水平。

同理，对照 C_I 与 D_I 的计算方法，利用式（7）可得到2008—2020年基础系统（B）与目标系统（A）间的驱动指数 C 与协调指数 D 。式中的 V_B 为基础系统（B）离散函数 $F(B)$ 的一阶差分，C' 、T' 分别是标准化至［0.1，0.9］区间的驱动指数 C 与综合发展指数 T 。

$$
\begin{aligned}
C &= \arctan(V_A/V_B)+\pi \\
T &= F(A)+F(B) \\
D &= \sqrt{T'\cdot C'}
\end{aligned}
\qquad (7)
$$

（二）驱动协调性评价等级划分

经由式（1）～式（7）处理2007—2020年研究区域的原始数据，获得2008—2020年各组系统间的驱动指数和协调指数，体现农业保险高质量发展基础与目标的驱动协调性。采用4分位分割方法（Cheng等，2022）划分驱动协调性评价等级（表2、表3）。

表2　驱动性评价等级划分

等级	指数区间	等级含义
Ⅰ	(π/2，3π/4]	低驱动阶段，基础对高质量发展目标的驱动影响作用较弱
Ⅱ	(3π/4，π]	弱驱动阶段，基础对高质量发展目标的驱动影响作用逐渐增强
Ⅲ	(π，5π/4]	有效驱动阶段，基础对高质量发展目标的驱动影响作用较多
Ⅳ	(5π/4，3π/2)	高驱动阶段，基础对高质量发展目标的驱动影响作用最强

表3　协调性评价等级划分

等级	指数区间	等级含义
Ⅰ	[0.1，0.3]	基础对目标的驱动影响作用几乎没有促进发展，二者处于失调衰退阶段
Ⅱ	(0.3，0.5]	基础对目标的驱动影响作用开始促进发展，二者处于勉强协调阶段
Ⅲ	(0.5，0.7]	基础对目标的驱动影响作用平稳促进发展，二者处于中度协调阶段
Ⅳ	(0.7，0.9]	基础对目标的驱动影响作用有力促进发展，二者处于良好协调阶段

四、模型求解及结果分析

（一）数据收集及处理

根据表1的指标体系收集整理2007—2020年的初始数据如表4所示，其中，由第13个指标可知，我国农业保险深度已经在2020年超过1%，提前达到了农业保险高质量发展的2022年目标；由第12个指标可知，2020年农业保险密度约为460元/人，虽然没有提前完成500元/人的预期目标，但按照往年的增速估计可于2022年按时达标。将表4数据代入式（1），计算得到 x_{ij} 如表5所示。

表 4 初始数据

指标	2007 年	2008 年	2009 年	2010 年	2011 年	2012 年	2013 年	2014 年	2015 年	2016 年	2017 年	2018 年	2019 年	2020 年
1	2.04	2.50	2.13	2.70	3.13	4.00	3.23	4.00	4.55	3.85	5.56	4.76	5.26	5.00
2	51%	49%	46%	45%	44%	42%	42%	40%	39%	38%	37%	37%	36%	35%
3	382.54	403.38	405.19	417.96	437.53	452.10	462.49	466.26	478.75	475.89	473.86	469.00	471 57	474.45
4	15 429.31	17 628.82	21 623	23 025	24 427	27 261	30 437	33 394.3	35 137	36 627.28	38 712.91	39 400	39 700	42 700
5	2.31%	4.17%	6.43%	5.82%	8.27%	10.43%	14.89%	16.68%	19.28%	20.27%	25.51%	30.46%	29.04%	29.97%
6	40.6	86.3	106.8	115.4	138	184.9	229.6	250.7	287.8	317.8	362.7	428	505	603.5
7	1.19%	1.90%	1.59%	1.42%	1.39%	1.54%	1.72%	1.77%	1.66%	1.71%	1.90%	2.03%	2.21%	2.52%
8	110.36%	131.37%	126.75%	141.93%	93.55%	109.88%	123.56%	136.06%	104.84%	99.25%	97.44%	87.14%	120.45%	89.66%
9	55.78%	57.95%	71.07%	70.63%	46.99%	54.59%	63.58%	63.17%	63.24%	71.64%	69.62%	68.85%	78.50%	72.71%
10	2.56%	4.52%	4.47%	3.37%	3.64%	4.35%	4.73%	4.32%	4.45%	4.51%	4.54%	4.87%	5.17%	6.00%
11	50.17%	46.11%	47.74%	48.05%	45.82%	44.75%	45.97%	47.38%	49.67%	53.65%	54.34%	53.80%	54.71%	56.07%
12	17.35	36.99	46.36	48.64	65.74	94.22	128.61	145.63	175.04	199.78	235.97	293.49	360.54	460.02
13	0.19%	0.34%	0.40%	0.35%	0.39%	0.49%	0.58%	0.59%	0.65%	0.69%	0.77%	0.88%	0.95%	1.04%
14	6	7	8	13	14	15	15	15	15	15	15	16	16	16

注：数据来源于 EPS 数据库、中国人民银行、银保监会等公开渠道，作者根据指标的计算公式加以整理，由于统计口径的差异，可能与其他学者有所出入。

表 5　初始数据处理结果

指标	2007 年	2008 年	2009 年	2010 年	2011 年	2012 年	2013 年	2014 年	2015 年	2016 年	2017 年	2018 年	2019 年	2020 年
1	0.047 937	0.054 201	0.049 162	0.056 925	0.062 781	0.074 629	0.064 143	0.074 629	0.082 119	0.072 586	0.095 874	0.084 979	0.091 788	0.088 247
2	0.101 587	0.095 238	0.085 714	0.082 540	0.079 365	0.073 016	0.073 016	0.066 667	0.063 492	0.060 317	0.057 143	0.057 143	0.053 968	0.050 794
3	0.042 527	0.051 738	0.052 538	0.058 183	0.066 833	0.073 273	0.077 866	0.079 532	0.085 053	0.083 789	0.082 892	0.080 743	0.081 379	0.083 152
4	0.046 121	0.049 841	0.056 596	0.058 967	0.061 339	0.066 132	0.071 503	0.076 504	0.079 452	0.081 972	0.085 499	0.086 661	0.087 169	0.092 243
5	0.048 096	0.051 274	0.055 135	0.054 093	0.058 279	0.061 969	0.069 589	0.072 643	0.077 090	0.078 781	0.087 734	0.096 192	0.093 765	0.095 354
6	0.051 316	0.055 482	0.057 351	0.058 135	0.060 195	0.064 471	0.068 546	0.070 469	0.073 852	0.076 586	0.080 680	0.086 633	0.093 652	0.102 632
7	0.050 170	0.076 952	0.065 258	0.058 846	0.057 714	0.063 372	0.070 162	0.072 048	0.067 899	0.069 785	0.076 952	0.081 856	0.088 646	0.100 339
8	0.069 693	0.088 463	0.084 335	0.097 897	0.054 675	0.069 264	0.081 486	0.092 653	0.064 761	0.059 767	0.058 150	0.048 948	0.078 707	0.051 200
9	0.058 271	0.061 408	0.080 379	0.079 743	0.045 561	0.056 550	0.069 549	0.068 956	0.069 057	0.081 203	0.078 282	0.077 169	0.091 122	0.082 750
10	0.046 600	0.073 151	0.072 474	0.057 572	0.061 230	0.070 848	0.075 996	0.070 442	0.072 203	0.073 015	0.073 422	0.077 892	0.081 956	0.093 200
11	0.072 716	0.055 080	0.062 161	0.063 507	0.053 820	0.049 172	0.054 472	0.060 597	0.070 544	0.087 833	0.090 830	0.088 484	0.092 437	0.093 345
12	0.053 573	0.055 950	0.057 084	0.057 360	0.059 430	0.062 877	0.067 039	0.069 098	0.072 658	0.075 652	0.080 032	0.086 993	0.095 108	0.107 147
13	0.048 433	0.056 980	0.060 399	0.057 550	0.059 829	0.065 527	0.070 655	0.071 225	0.074 644	0.076 923	0.081 481	0.087 749	0.091 738	0.096 866
14	0.041 322	0.045 455	0.049 587	0.070 248	0.074 380	0.078 512	0.078 512	0.078 512	0.078 512	0.078 512	0.078 512	0.082 645	0.082 645	0.082 645

（二）指标权重结果分析

将表5数据代入式（2）与式（3），计算得到各指标的熵值 E_i 及权重 d_i（表6）。目标系统（A）中，“市场化分散农业风险的能力”权重最大（0.085 853 050），即农业保险提供的风险保障是农户进行农业风险管理的重要手段；财政基础子系统（B_1）中，“农业保险央地财政补贴比”权重最大（0.071 385 532），意味着中央财政补贴数额在农业保险财政补贴中的重要作用；市场基础子系统（B_2）中，“非龙头机构的市场占有率”权重最大（0.094 560 699），可见“非垄断、多元的适度竞争格局”是农业保险市场的应有形态；服务基础子系统（B_3）中，“农业保险密度”权重最大（0.078 504 608），说明最应该关注为每位农业从业者提供的农业保险服务。

表6　指标熵值与权重

系统		指标	熵值	权重
A		农作物灾害防治情况	0.990 399 617	0.083 813 794
		农村居民经营性收入占比	0.990 869 058	0.079 715 452
		人均粮食产量	0.992 068 962	0.069 239 982
		填补经营资金缺口融通能力	0.990 924 269	0.079 233 442
		市场化分散农业风险的能力	0.990 166 032	0.085 853 050
B	B_1	政策性农业保险制度供给	0.991 875 918	0.070 925 310
		农业保险补贴政策倾斜度	0.993 948 694	0.052 829 444
		农业保险央地财政补贴比	0.991 823 202	0.071 385 532
	B_2	农业保险赔付率	0.994 131 976	0.051 229 347
		财险市场中农业保险占有率	0.994 953 840	0.044 054 260
		非龙头机构的市场占有率	0.989 168 621	0.094 560 699
	B_3	农业保险密度	0.991 007 753	0.078 504 608
		农业保险深度	0.992 780 401	0.063 028 936
		政策性农业保险产品供给	0.991 337 464	0.075 626 145

（三）农业保险高质量发展基础与目标的驱动协调性

1. 各基础子系统与目标系统间的驱动协调性评价分析

经由式（5）和式（6）计算得到各基础子系统与目标系统的驱动指数 C_I、协调指数 D_I。

（1）财政基础子系统（B_1）与目标系统（A）间处于由Ⅰ～Ⅳ四种驱动等级的比例为0、23.08%、46.15%、30.77%，主要集中在Ⅲ级有效驱动阶段，说明财政基础对高质量发展目标的驱动影响作用较多。该主体中“农业保险央地财政补贴比”权重最大，起到了决定驱动指数走势起伏的关键作用，如2010年“农业保险央地财政补贴比”高达141.93%，而2011年骤降至93.55%，导致驱动指数 C_1（2.75）不再处于Ⅳ级高驱动阶段，说明这一组基础与目标系统间的驱动作用较为依赖中央财政对地方财政的纾解。

（2）市场基础子系统（B_2）与目标系统（A）间处于由Ⅰ～Ⅳ四种驱动等级的比例为15.38%、23.08%、23.08%、38.46%，相对集中在Ⅳ级高驱动阶段，说明监管部门与农业保险经营机构一起提供农业保险时，对高质量发展目标的驱动影响作用最强。其中“非龙头机构的市场占有率”权重最大，带动了驱动指数走势，如2016年修订《农业保险条例》降低了市场准入门槛后，2017年“非龙头机构的市场占有率”增加至54.34%，驱动指数 C_2（4.66）重返Ⅳ级高驱动阶段，说明非垄断、多元的市场结构更有利于发挥这一组基础与目标系统间的驱动作用。

（3）服务基础子系统（B_3）与目标系统（A）间处于由Ⅰ～Ⅳ四种驱动等级的比例为7.69%、15.38%、30.77%、46.15%，倾向于Ⅲ级有效驱动阶段和Ⅳ级高驱动阶段，说明农业保险经营机构对高质量发展目标的驱动影响作用通常处在较高水平。该系统中“农业保险密度”权重最大，说明农业保险经营机构的确提供给每个农业从业者高水平的农业保险服务。

（4）2019年进入农业保险高质量发展阶段后，同一年的三组驱动指数 C_1、C_2、C_3 差异缩小，说明各基础子系统对目标系统的影响作用的强度几乎相同，财政、市场和服务三方面的农业保险供给在农业风险管理效果上有着一致的驱动作用（图2）。

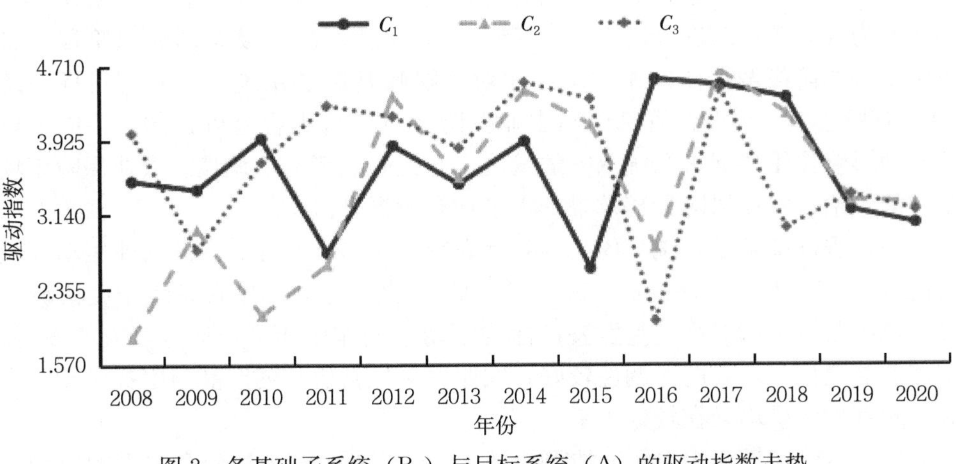

图2　各基础子系统（B_I）与目标系统（A）的驱动指数走势

协调指数不仅保留了驱动指数的大致走势，还剥离出了系统间的“表面驱动、伪协调”问题，因此如图3所示，高水平的协调等级较少出现。结合我国农业保险重要政策的时间节点可知，尽管《农业保险条例》颁布（2012 年）与修订（2016 年）后三组协调指数 D_1、D_2、D_3 均提升，但仅在 2017 年均达到Ⅳ级良好协调阶段（0.78、0.85、0.81）。

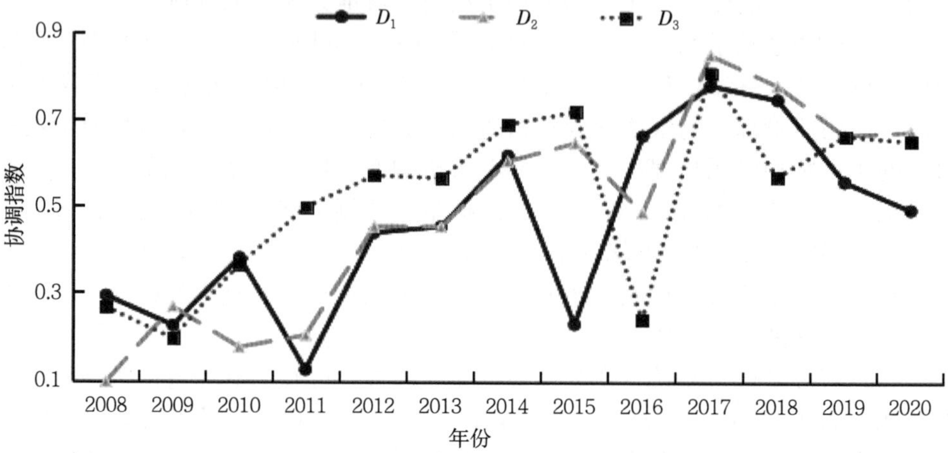

图 3　各基础子系统（B_I）与目标系统（A）的协调指数走势

（1）财政基础子系统（B_1）与目标系统（A）处于由Ⅰ～Ⅳ四种协调等级的比例为 30.77%、30.77%、23.08%、15.38%，主要集中在Ⅰ级失调衰退阶段和Ⅱ级勉强协调阶段，说明尽管财政基础对高质量发展目标的驱动影响作用较多，但较少促进发展，这组系统存在协调性较差、发展不平衡的问题，农业保险保费补贴的供给、农业风险管理效果均处在较低水平。

（2）市场基础子系统（B_2）与目标系统（A）处于由Ⅰ～Ⅳ四种协调等级的比例为 30.77%、23.08%、30.77%、15.38%，在Ⅰ级失调衰退阶段、Ⅲ级中度协调阶段两个阶段中波动，相对于财政基础子系统（B_1）与目标系统（A）有所改善，说明监管部门与农业保险经营机构组合是可行的，共同形成的驱动影响作用能促进系统双方的发展，并提高二者的协调性，农业保险市场结构的供给、农业风险管理效果的水平均有所提升。

（3）服务基础子系统（B_3）与目标系统（A）处于由Ⅰ～Ⅳ四种驱动等级的比例为 23.08%、7.69%、53.85%、15.38%，主要集中在Ⅲ级中度协调阶段，说明服务基础对高质量发展目标的驱动影响作用能平稳促进双方的发展，整体效益最佳，二者的协调性较好，农业保险经营机构的产品与服务供给、农业风险管理效果均处在较好水平。

（4）尽管初期三组系统间协调指数 D_1、D_2、D_3 较少达到高水平的协调等级，但仅在 2011 年、2015 年、2016 年时 D_1 和 D_3 差距较大，意味着财政基础和服务基础与高质量发展目标未能达成一致的协调等级，而 D_2 居于二者之中，说明监管部门和农业保险经营机构组合而成的市场基础，起到了与高质量发展目标协调发展的作用。2016 年后走势更加趋于一致，年内差异缩短，说明随着农业保险重要政策的优化与调整、高保额农业保险的开展，各方面农业保险供给基础更加符合农业风险管理需求，以更高的水平实现农业风险管理效果。

2. 基础系统与目标系统间的驱动协调性评价分析

经由式（7）计算得到 2008—2020 年基础与目标两个二级系统间的驱动指数 C 、协调指数 D 。按照表 2 和表 3 对耦合协调性评价等级的划分，分别以第三行、第五行表示耦合、协调等级变化（表 7）。

基础系统（B）与目标系统（A）间呈现由Ⅰ～Ⅳ四种驱动等级的年份比例为 1∶4∶7∶1，说明驱动等级通常较高（≥Ⅲ级有效驱动阶段），农业保险供给基础总体上对高质量发展目标的驱动影响作用较多。其中，2015 年的驱动指数 C 最低（2.08），系统双方处于Ⅰ级低驱动阶段，农业保险的整体供给对于农业风险管理效果的驱动影响作用最小。由前文可知，尽管当年市场和服务基础子系统（B_2、B_3）分别对目标系统（A）的驱动指数 C_2、C_3 均达到了Ⅳ级高驱动阶段，驱动影响作用均最强，但受“央地财政补贴比”降低的影响，财政基础子系统（B_1）对目标系统（A）的驱动指数 C_1 较低，因此彼时 3 个基础子系统（B_1、B_2、B_3）并未形成合力。2016 年发布《关于加大对产粮大县三大粮食作物农业保险支持力度的通知》《农业保险承保理赔管理暂行办法》，修订《农业保险条例》，出台新版《中央财政农业保险保险费补贴管理办法》（财金〔2016〕123 号）后，各基础子系统均适应了现实的农业风险管理挑战，优化了农业保险供给水平，因此 2017 年各系统间的驱动指数 C_I 均达成Ⅳ级高驱动阶段，基础系统（B）对目标系统（A）的驱动影响作用亦达到最强，同年驱动指数 C 最高（4.25），对农业风险管理效果产生了明显影响作用。

表 7　2008—2020 年农业保险高质量发展基础与目标间的驱动协调指数与等级

年份	2008	2009	2010	2011	2012	2013	2014	2015	2016	2017	2018	2019	2020
C	3.447 801	2.975 034	3.616 375	2.881 556	3.603 646	3.296 381	3.746 663	2.075 745	2.842 557	4.254 868	2.992 659	3.179 119	3.230 274
耦合等级	Ⅲ	Ⅱ	Ⅲ	Ⅱ	Ⅲ	Ⅲ	Ⅲ	Ⅰ	Ⅱ	Ⅳ	Ⅱ	Ⅲ	Ⅲ
D	0.252 595	0.246 593	0.382 983	0.198 955	0.408 114	0.458 332	0.578 865	0.221 115	0.454 901	0.774 755	0.551 393	0.663 145	0.686 634
协调等级	Ⅰ	Ⅰ	Ⅱ	Ⅰ	Ⅱ	Ⅱ	Ⅲ	Ⅰ	Ⅱ	Ⅳ	Ⅲ	Ⅲ	Ⅲ

然而基础系统（B）与目标系统（A）间呈现由Ⅰ～Ⅳ四种协调等级的年份比例为 4∶4∶4∶1，说明协调等级通常较弱（≤Ⅲ级中度协调阶段），农业保险供给基础总体上对高质量发展目标的驱动影响作用难以有力促进双方发展，二者实际上均较少处于较高水平，因此在驱动指数的基础上进一步绘制协调指数的走势图（图 4），探究改变协调等级的因素。由式（7）可知，基础系统（B）与目标系统（A）间的协调指数 D 取决于两个二级系统的综合发展指

数的标准化取值 T' 与驱动指数的标准化取值 C' 。尽管 T' 在 2010—2011 年有所下降，但总体发展呈上升趋势，故而重点关注驱动指数的变化给协调指数 D 造成的影响。

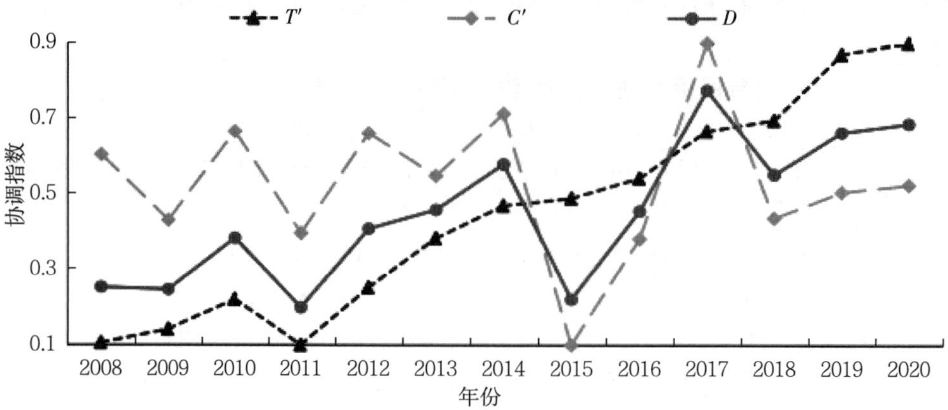

图 4　基础系统（B）与目标系统（A）的协调指数走势

依旧以 2016 年农业保险政策调整为分界点：

（1）2015 年不仅基础系统（B）对目标系统（A）的驱动影响作用最弱，而且几乎没有促进二者发展，故而协调指数 D 受驱动指数 C' 位于波谷的影响而仅有 0.22，处于Ⅰ级失调衰退阶段。但由前文可知当年服务基础子系统（B_3）与目标系统（A）的 D_3 高达 0.72，说明彼时只有农业保险经营机构可以单独和农户达成Ⅳ级良好协调阶段，其他两个基础子系统存在供给短板，导致基础系统整体的供给合力不足。

（2）2017 年协调指数 D 受驱动指数 C' 位于波峰的影响达到最高（0.77），处于Ⅳ级良好协调阶段，说明彼时基础系统（B）对目标系统（A）的驱动影响作用有力促进了二者发展，整体效益最佳，农业保险的供给和农业风险管理效果均处在最高水平。而且由前文可知 2017 年各基础子系统（B_I）与目标系统（A）的协调指数 D_I 均达到峰值，说明彼时政府和农业保险经营机构已经形成了基础部门的供给合力。

（3）然而 2017 年的Ⅳ级良好协调阶段并未能一直保持下去，此后我国开展多项高保障水平的农业保险试点，如农业大灾保险试点（2017—2021 年）、三大粮食作物完全成本保险和收入保险试点（始于 2018 年）、中央财政对地方优势特色农产品保险奖补试点（始于 2019 年），各基础子系统所对应的供给者在试点过程中均要调整决策，较难形成基础部门的供给合力，使得基础系统（B）对目标系统（A）的驱动指数 C' 较最高等级有所下降，因此 2018—2020 年协调指数 D（0.55、0.66、0.69）均低于 2017 年的峰值，但 2019 年进入农业保险高质量发展阶段后呈现逐渐回升趋势。

综上所述，不同时期农业保险基础系统（B）同目标系统（A）间的驱动指数和协调指数存在差异。而且在农业保险重要政策调整前后，各基础部门的供给合力有所提高但持续性不强，在创新型农业保险试行前后，虽然农业保险供给对农业风险管理目标存在一定驱动影响作用，但未能促进二者整体的协调发展，故而基础系统（B）与目标系统（A）间的驱动等级通常较高（≥Ⅲ级有效驱动阶段），协调等级通常较低（≤Ⅲ级中度协调阶段）。

五、结语

本文首先划分农业保险高质量发展的三级系统，将信息熵权重-驱动协调指数测算模型与现实经济意义结合，可用于评价不同时期农业保险供给基础对农业风险管理目标效果的动静态影响，从而反映出农业保险高质量发展基础系统与目标系统间的驱动指数与协调指数，根据实证结果还判断了农业保险基础部门在特定时期的供给合力，实现了对农业保险供给者角色效果的检验。具体结果及启示如下：

根据评价指标权重结果可知，利用农业保险来市场化分散农业风险是实现农业风险管理目标效果的重要一环，而农业保险的供给集中体现在中央财政的大力支持和地方财政的压力释放、监管机构对农业保险经营机构的市场监督考核、落实到每位农业从业者的农业保险服务。

由基础系统与目标系统间的驱动协调性评价结果可知，中国农业保险高质量发展基础与目标系统主要处于Ⅲ级有效驱动阶段以上的驱动等级，但协调等级通常低于Ⅲ级中度协调阶段。2007—2020 年的中国农业保险制度下，关键政策的实施与修订对驱动协调等级的促进作用较强，各基础系统所对应的农业保险供给主体逐渐适应现实的农业风险，缩小了驱动协调等级差距。其中，2017 年驱动等级和协调指数均最高，彼时各基础部门可以形成供给合力，也预示着未来基础与目标系统间的驱动协调等级仍有上升空间。但也暴露出各基础子系统对目标系统的驱动协调性差距较大的问题，制约了基础部门的供给合力，进而影响基础与目标两个二级系统间的驱动协调指数。为了缩短各基础子系统对目标系统的驱动协调等级差距，并保证各基础部门可以形成供给合力，最终实现农业保险高质量发展基础与目标的驱动协调等级的稳定增长，根据本文所设计的驱动协调性评价指标体系，除了改善技术条件来解决客观的农业风险，还应适应性调整农业保险财政补贴、市场监管、产品服务相关政策。

参 考 文 献

丁少群，谭莉，张玉凤，2021. 我国政策性农业保险高质量发展的水平评估与实现路径［J］. 贵州大学学报（社会科学版），39（4）：98-108，124.

郭军，张琛，马彪，2021. 贫困地区脱贫质量及其影响因素研究［J］. 宏观质量研究，9（3）：24-35.

郭沛，王晓丽，2021. 新型农业经营主体愿意购买气象指数保险与收入保险吗?：基于 9 省 1016 个样本的考察［J］. 东岳论丛，42（11）：101-111.

侯代男，江鸿，周慧秋，2020. 基于熵权-正态云模型的政策性农业保险实施效果评价：以黑龙江省为例［J］. 干旱区资源与环境，34（4）：33-38.

江生忠，李立达，2021. 完全成本保险对农业经济以及社会福利的影响分析［J］. 保险研究，399（7）：76-88.

李婵娟，程欣炜，2021. 我国省域农业保险发展水平测度与空间收敛性分析［J］. 统计与决策，37（17）：145-149.

李丹，魏帅，2021. 农业保险高质量发展探究：基于财政补贴、市场竞争、产品管理视角［J］. 理论探讨（1）：105-111.

李琴英，陈芮格，2021. 农业保险高质量发展水平评价指标体系构建与测度：以 13 个粮食生产核心区为例［J］. 金融理论与实践（5）：12-19.

刘玮，孙丽兵，庹国柱，2022. 农业保险对农户收入的影响机制研究：基于有调节的中介效应［J］. 农业技术经济（6）：4-18.

吕开宇，李春肖，张崇尚，2016. 基于主成分分析法和熵值法的地区农业保险发展水平分析：来自 2008—2013 年中国省级层面的数据［J］. 农业技术经济，251（3）：4-15.

吕晓英，蒲应龑，李先德，2016. 中国农业保险“政府兜底”和“融资预案”大灾风险分散方式的模拟和比较［J］. 中国软科学（4）：22-33.

马彪，张琛，彭超，2020. 农户分化背景下农业保险的功能实现研究［J］. 保险研究（9）：77-91.

粟芳，方蕾，2016. 中国农村金融排斥的区域差异：供给不足还是需求不足?：银行、保险和互联网金融的比较分析［J］. 管理世界，276（9）：70-83.

王韧，匡祎琦，农通理，等，2021. 我国农业保险空间格局动态演变及收敛研究［J］. 经济地理，41（7）：164-172.

徐婷婷，荣幸，2018. 改革开放四十年：中国农业保险制度的变迁与创新：历史进程、成就及经验［J］. 农业经济问题（12）：38-50.

许梦博，陈楠楠，2021. 我国农业保险发展的深层矛盾、转型契机与改革取向［J］. 求是学刊，48（2）：80-89.

叶朝晖，2018. 关于完善我国农业保险制度的思考［J］. 金融研究，462（12）：174-188.

易福金，陆宇，王克，2022. 大灾小赔，小灾大赔：保费补贴“包干制”模式下的农业生产风险与赔付水平悖论：以政策性玉米保险为例［J］. 中国农村经济（3）：128-144.

张伟，黄颖，何小伟，等，2020. 贫困地区农户因灾致贫与政策性农业保险精准扶贫［J］.

农业经济问题，492（12）：28-40.
张玉萍，瓦哈甫·哈力克，党建华，等，2014. 吐鲁番旅游—经济—生态环境耦合协调发展分析［J］. 人文地理，29（4）：140-145.
张跃华，顾海英，2004. 准公共品、外部性与农业保险的性质：对农业保险政策性补贴理论的探讨［J］. 中国软科学（9）：10-15.
CHENG K，HE K X，FU Q，et al.，2022. Assessing the coordination of regional water and soil resources and ecological-environment system based on speed characteristics［J］. Journal of Cleaner Production（339）：130718.
SHANNON C E，1948. A mathematical theory of communication［J］. Bell System Technical Journal，27（3）：3-55.
TIAN A J，2009. Predicament and development of agricultural insurance in China［J］. Asian Agricultural Research，1（1）：29-33.

（作者单位：1. 滁州学院；2. 浙江大学长三角智慧绿洲创新中心；
3. 东北农业大学；4. 首都经济贸易大学）

再保险对农业保险承保风险的影响研究

——兼议竞争优势的调节效应①

朱 铭 杨汭华

随着农业保险市场规模的扩大，我国农业保险市场主体不断增加，参与经营农业保险的机构数量从2002年的2家增加至2021年的35家，市场竞争日益激烈。为促进市场发挥功能和增强市场竞争的有效性，考虑到农业保险的准公共品性质，我国农业保险坚持适度竞争原则，在政府管制下开展有限范围内的竞争（庹国柱，2017）。在有限竞争市场的背景下，偿付能力监管框架的变化显得尤为重要，2016年1月1日，我国以风险为导向的第二代偿付能力监管体系（以下简称“偿二代”）正式实施，相较以规模为导向的第一代偿付能力监管体系（以下简称“偿一代”）更为全面地度量了巨灾风险（李晓翾翾、陈森，2015），再保险在农业风险管理中的作用日益凸显，与农业保险承保风险的关联也更加密切。因此，在“偿二代”实施和农业保险市场适度竞争的背景下，考察再保险对农业保险承保风险的影响以及竞争优势在此过程中所起的作用，对于农业保险的稳健经营和再保险风险管理职能的不断强化均有重要的现实意义。

本文拟以农业保险综合成本率的波动程度来衡量农业保险承保风险的高低，使用2011—2020年经营农业保险业务的33家保险公司数据探讨再保险对农业保险承保风险的影响；根据公司规模和集团属性进行分类，分析再保险对不同类型公司农业保险承保风险影响的差异；进一步引入农业保险竞争优势因素，检验其在再保险对农业保险承保风险影响中的调节效应。本文可能的贡献在于：第一，相较于大部分以寿险和财险公司为研究对象的文献，本文从经营农业保险的原保险公司视角出发，提供了再保险降低农业保险承保风险的实证证据；第二，考虑我国农业保险市场竞争特点，检验了竞争优势对再保险与农业保险承保风险关联的调节效应，丰富了竞争与风险相关性的理论研究。本文其余部分结构安排如下：第一部分在文献综述的基础上提出理论假说；第二部

---

① 本文原载于《农村经济》2022年第3期。

分说明数据来源、变量选取与模型设定；第三部分进行实证分析；第四部分检验调节效应并开展讨论；第五部分是结论与启示。

一、文献综述与理论假说

通过再保险分保手段，原保险公司能够将特定风险责任控制在合理范围之内，减少其损失波动性（Garven 等，2003）。当损失发生时，进行再保险分保的原保险公司取得的摊回赔付支出可以为其赔付提供更高保障，提高应对巨灾风险的能力，减少偿付无力情况发生的概率（粟芳，2001；田玲等，2016），降低保险公司的破产风险。

关于再保险与承保风险关系的研究起步较晚，国内外学者尚未对此得出一致的结论。部分学者认为再保险对承保风险起到积极作用，运用再保险转移风险能够放松资本限制（Shiu，2011），提升扩充承保业务的能力，提高保险公司对于承保风险的承担意愿，从而形成更高的承保风险（Mankai 等，2016）。以 Fields 等（2012）、牛雪舫（2019）为代表的部分学者对此持相反态度，他们分别以国际或国内保险公司为研究对象，指出再保险运用与承保风险的负相关关系。

具体到农业保险经营领域，农业系统性风险的发生会为经营农业保险的保险公司带来巨大承保风险，再保险分保作用主要体现在通过赔付保障分散承保风险上，同时再保险的共享技术优势还能够帮助保险公司运用先进的风险管理技术减少损失概率并降低损失程度。因此，保险公司运用再保险能够有效提高农业保险整体的承保安全系数，平滑农业保险承保业务损失波动，提升农业保险承保业务稳定性。在偿付能力监管体系方面，“偿二代”根据不同地区的巨灾风险因子更为全面地度量了巨灾风险，并对巨灾风险再保险做出了资金安排（李晓翾翾、陈森，2015），由此彰显了再保险的风险管理功能，增强了保险公司风险承担与再保险的关联，保费风险、准备金风险和巨灾风险的风险暴露均可以通过再保险方式得以减轻（刘玮、何青华，2021）。基于以上分析，本文提出如下假设。

H1：保险公司运用再保险方式会降低农业保险承保风险，且在第二代偿付能力监管体系下相关性更强。

根据传统“结构-行为-绩效”（SCP）模型，市场的高集中度与企业拥有的高竞争优势和面临的低竞争程度相一致，反之亦然。自 2011 年以来，我国农业保险经营主体陆续增加，农业保险的市场集中度（HHI 指数）呈现先上升后下降的趋势，由 2012 年 0.346 的峰值逐年下降至 2020 年的 0.231，激烈的农业保险市场竞争表现也引发了诸多关于保险公司竞争程度与风险承担相关性的研究，但研究结论并不统一。尽管部分学者的研究结论支持“竞争度—稳定性”假说，即保险公司面临的竞争程度与其风险承担之间呈现反向关联（Mishkin，1999；Cummins 等，2017；李艺华、郝臣，2018），但大多数以财险公司为研究对象的既有文献支持“竞争度—脆弱性”假说，即较高的竞争程度会引发更高风险（Allen 等，2004；Yeyati 等，2007；Kasman，2020）。

具体地，考虑到农业保险具有双重正外部性和准公共品性质，在政府管制下价格竞争空间受限，因此激烈的市场竞争可能会造成面临高竞争程度、具有低竞争优势的保险公司在扩大业务、争取保费、做大规模等动机的驱使下，放松对承保标的的筛选标准，更倾向于实施赌博策略经营业务（De Feo 等，2014），如采取寻租等违法违规行为进行恶性竞争（庹国柱，2017），从而加剧信息不对称中的逆向选择和道德风险问题，提高保险公司的风险偏好和激励（张诗豪、赵桂芹，2021），导致保险公司承担过高风险。与此对应，具有较高竞争优势的保险公司在经营农业保险时所承担的承保风险较低，同时因其可通过充足资本等其他方式抵御非预期损失，对运用再保险分散风险责任的依赖程度也会降低（王丽珍等，2021），从而削弱了再保险对承保风险的影响。根据上述“竞争度-脆弱性”假说，并结合我国农业保险市场有限竞争的实际情况，本文提出如下假设。

H2：农业保险竞争优势对再保险与农业保险承保风险的负向关联起到削弱作用。

二、研究设计

（一）数据来源和处理

本文选取 2011—2020 年在我国经营农业保险业务的全部保险公司作为研究对象，数据主要来源于 2012—2021 年《中国保险年鉴》《中国统计年鉴》、各保险公司的年度信息披露报告以及世界银行数据库。数据处理包括：①为保证数据可靠性，剔除了部分缺失数据。基于农业保险市场不断吸引经营主体纷纷进驻的现实情况，最终形成了包含 33 家财险公司 277 个年度观测值的非平衡面板数据，其中包括国元农业保险股份有限公司、阳光农业相互保险公司、安华农业保险股份有限公司、中原农业保险股份有限公司和太平洋安信农业保险股份有限公司等 5 家专业性农业保险公司和 28 家综合性保险公司，10 家具有集团属性的保险公司和 23 家非集团公司，取得三年滚动标准差后的观测值为 225 个。②为检验保险公司在特定历史时期监管要求下农业风险承受能力的不同表现，以“偿二代”的实施时间 2016 年 1 月 1 日为分界点，将 2011—2015 年和 2016—2020 年视为“偿一代”和“偿二代”期间。③基于原始数据，构建了调整综合成本率和农业保险竞争优势等指标。④为解决异常值对实证结果带来的偏差，对数据中存在的异常值进行缩尾处理。

（二）变量选取

1. 被解释变量

根据研究目的，本文以农业保险承保风险作为被解释变量，该指标指保险公司在经营农业保险时因承担的保险风险与预期不一致而产生的风险，其大小对于农业保险业务的平稳发展甚至整个保险公司的稳健经营均具有十分关键的意义。从既有研究来看，该指标的替代变量有两种：综合赔付率的三年或五年滚动标准差（Ho 等，2013；李炎杰等，2019），或综合成本率的三年或五年滚动标准差（Shim，2017；彭雪梅、曾紫芬，2018）。鉴于综合成本率是考核保险公司承保业务盈利能力与稳定性的核心指标，能够在一定程度上反映保险公司的保险风险识别能力和费用管理能力，因此本文选择综合成本率的三年滚动标准差作为农业保险承保风险的替代变量，尽量减少受到单独年份综合成本率波动的影响，以更为全面地反映保险公司较为复杂的承保风险状况。一般而言，保险公司的综合成本率越低，表明该公司的保险风险识别能力和费用管理能力越强。此外，由于大部分保险公司中农业保险收入占比较低，本文在参考彭雪梅和曾紫芬（2018）对财产保险公司承保业务财务稳定性衡量标准的基础上，按照农业保险保费收入在总保费收入中所占比重对保险公司的综合成本率进行适当调整，得到农业保险所对应的综合成本率。具体计算方法如下：

调整综合成本率＝[农业保险赔付支出＋（提取保险责任准备金－摊回保险责任准备金＋分保费用＋营业税金及附加＋手续费及佣金支出＋业务及管理费－摊回分保费用－摊回赔付支出）×（农业保险保费收入/总保费收入）]/已赚保费　　(1)

本文对调整后的综合成本率取三年滚动标准差，测度综合成本率在三年时间范围内的波动程度，以此作为农业保险承保风险的衡量指标。显然，农业保险综合成本率波动程度越小，农业保险承保业务稳定性越强，承保风险也就越低。

2. 核心解释变量

在此选择分保比例作为再保险的替代变量。分保比例能够反映经营农业保险的保险公司通过再保险等形式将承保风险转移给再保险公司的程度，本文通过分出保费与保险业务收入（即原保费与分入保费加总）之比衡量保险公司运用再保险分散风险的程度（Cole 等，2006；Mankai 等，2015）。

3. 控制变量

本文将公司内外部因素设定为模型的控制变量。

（1）代表公司内部因素的变量。这里选择了三类指标：其一，农业保险赔付率和提存准备金比例，两者用以衡量公司的风险程度。农业保险赔付率能够反映赔付风险程度，从而影响公司对于承担承保风险的决策，而准备金则可表示公司应对风险损失的能力。其二，农业保险保费收入和综合费用率，作为公司运营能力的衡量指标。农业保险保费收入在一定程度上代表了公司在经营农业保险时的风险承受能力和偿付能力，而业务及管理费用等则可以反映保险公司运营过程的投入情况（刘玮、何青华，2021）。其三，净资产收益率（roe），即净利润与所有者权益的比值，以此作为盈利能力的替代变量。根据啄食顺序理论，公司将优先通过成本较低、效率较高的内部资金进行融资，其次才会转而使用外部资金，因而盈利能力揭示了公司通过留存收益来应对损失的能力。

（2）代表公司外部因素的变量。为控制我国宏观经济发展和国民经济增长状况对保险公司农业保险承保风险的影响，这里将国内生产总值（GDP）、消费者价格指数（CPI）和银行存款利息率纳入考量，选取 GDP 年度增长率、一年期实际利率作为代表公司外部因素的控制变量，同时采用 CPI 的增长率来较为充分全面地反映通货膨胀率。

4. 调节变量

构建农业保险竞争优势作为调节变量，目的在于考察竞争优势是否能够影响再保险与农业保险承保风险的关联。本文基于张诗豪和赵桂芹（2021）的相关研究，将公司综合产品竞争压力指标调整为单一险种竞争优势计算方法，通过农业保险市场集中度与各公司农业保险市场份额的乘积测度保险公司经营农业保险所拥有的竞争优势。

模型解释变量与赋值见表 1。

表 1　模型解释变量与赋值

变量	分类	指标名称（含维度）		指标计算
被解释变量		农业保险承保风险（*risk*）		综合成本率按照农业保险收入占比调整后取三年滚动标准差
核心解释变量		分保比例（*reratio*）		分出保费/保险业务收入
控制变量	公司内部因素	风险程度	农业保险赔付率（*pay*） 提存准备金比例（*reserve*）	净赔付支出/净保费收入 提取保险责任准备金/利润总额

（续）

变量	分类		指标名称（含维度）	指标计算
控制变量	公司内部因素	营运能力	农业保险保费收入（*premium*）	ln（农险保费收入）
			综合费用率（*cost*）	（手续费及佣金＋业务及管理费＋税金及附加）/保费收入
		盈利能力	净资产收益率（*roe*）	净利润/所有者权益
	公司外部因素		通货膨胀率（*inflation*）	以上年为基期计算
			GDP 增长率（*GDP*）	以上年为基期计算
			实际利率（*interest*）	每月的年名义利率的平均值－通货膨胀率
调节变量			农业保险竞争优势（*edge*）	农业保险市场集中度（HHI）×公司市场份额

（三）模型设定

1. 再保险对农业保险承保风险的影响模型

本文构建面板数据回归模型考察再保险对农业保险承保风险的影响，具体模型形式如下：

$$risk_{it}=\beta_0+\beta_1\cdot reraio_{it}+\beta_i\cdot Control_{it}+\varepsilon_{it} \tag{2}$$

式（2）中，i 表示公司，t 表示年份，$risk_{it}$、$reraio_{it}$分别代表t 年度i 公司的农业保险承保风险和分保比例，$Control_{it}$代表控制变量，包括 t 年度 i 公司的农业保险赔付率、提存准备金比例、农业保险保费收入和净资产收益率，以及 t 年度我国的通货膨胀率、GDP 增长率和实际利率，β_0、β_1、β_i 为待估系数，ε_{it}为残差项。

2. 农业保险竞争优势的调节效应模型

为探究农业保险竞争优势在再保险影响农业保险承保风险过程中的调节效应，本文在模型中加入农业保险竞争优势、分保比例与农业保险竞争优势交互项，具体模型形式如下：

$$\begin{aligned}risk_{it}=&\gamma_0+\gamma_1\cdot reraio_{it}+\gamma_2\cdot edge_{it}+\gamma_3\cdot reraio_{it}\times\\&edge_{it}+\gamma_i\cdot Control_{it}+\mu_{it}\end{aligned} \tag{3}$$

式（3）中，$edge_{it}$代表t 年度i 公司农业保险竞争优势，$reraio_{it}\times edge_{it}$代表$t$ 年度i 公司分保比例与其农业保险竞争优势交互项，γ_0、γ_1、γ_2、γ_3、γ_i 为待估系数，μ_{it}为残差项。

三、实证结果分析

（一）描述性统计

变量描述性统计结果见表2。从农业保险承保风险来看，全样本期平均水平为0.43，“偿一代”时期承保风险较大，均值达0.88，“偿二代”实施后均值出现了明显下降，为0.06。从分保比例来看，全样本期平均水平为9%，“偿二代”时期较“偿一代”时期的分保比例均值仅有略微提升，由8%提升至9%。从农业保险竞争优势来看，全样本期平均水平为0.05，“偿二代”时期略有下降，均值由0.05降至0.04。其他变量中，在公司内部因素方面，“偿二代”实施期间，农业保险赔付率、提存准备金比例和农业保险保费收入的平均值都有所提升，且标准差均明显高于均值，表明上述指标在各保险公司之间存在显著差异。与此同时，综合费用率和净资产收益率的平均值则出现下降，综合费用率由57%下降到42%，净资产收益率由8%下降到1%。在公司外部环境方面，我国全样本期间的通货膨胀率和GDP增长率均无明显变化，仅实际利率在“偿二代”时期出现由4%到2%的下降幅度，说明我国宏观经济发展较为稳定。

表2　变量描述性统计

变量	全样本期		“偿一代”时期		“偿二代”时期	
	均值	标准差	均值	标准差	均值	标准差
农业保险承保风险（*risk*）	0.43	3.04	0.88	4.51	0.06	0.13
分保比例（*reratio*）	0.09	0.10	0.08	0.08	0.09	0.11
农业保险赔付率（*pay*）	0.68	0.73	0.65	0.80	0.72	0.66
提存准备金比例（*reserve*）	0.50	1.31	0.36	1.08	0.60	1.47
农业保险保费收入（*premium*）	2.17	1.13	2.04	1.14	2.27	1.12
综合费用率（*cost*）	0.49	0.58	0.57	0.86	0.42	0.11
净资产收益率（*roe*）	0.04	0.12	0.08	0.11	0.01	0.13
通货膨胀率（*inflation*）	0.02	0.00	0.02	0.01	0.02	0.00
GDP增长率（*GDP*）	0.07	0.01	0.07	0.00	0.07	0.00
实际利率（*interest*）	0.03	0.02	0.04	0.00	0.02	0.01
农业保险竞争优势（*edge*）	0.05	0.08	0.05	0.09	0.04	0.06

（二）基准回归结果

在进行基准回归前，方差膨胀因子VIF检验结果表明，VIF值处于1.027～1.247，均值为1.123，故解释变量之间不具有显著相关性。由于Hausman检验与F检验的*P*值均为0，本文选择固定效应模型对农业保险承保风险进行分析，结果见表3。

表 3　基准模型估计结果

解释变量	被解释变量：农业保险承保风险					
	(1)	(2)	(3)	(4)	(5)	(6)
分保比例	−6.844 5***	−7.267 3***	−7.273 2***	−7.109 4***	−6.485 0***	−0.025 0
	(2.531)	(2.483)	(2.495)	(2.423)	(2.393)	(3.335)
"偿二代"	—	—	—	—	—	1.104 8
						(1.007)
分保比例×"偿二代"	—	—	—	—	—	−10.893 6***
						(4.005)
农业保险赔付率	—	0.764 2***	0.769 1***	0.787 3***	0.993 6***	0.965 2***
		(0.260)	(0.265)	(0.259)	(0.265)	(0.264)
提存准备金比例	—	−0.304 0**	−0.300 6**	−0.368 9**	−0.338 5**	−0.375 8***
		(0.142)	(0.144)	(0.142)	(0.140)	(0.139)
农险保费收入	—	—	0.005 1	0.147 0	0.984 4**	0.892 7*
			(0.413)	(0.403)	(0.493)	(0.489)
综合费用率	—	—	0.103 3	0.149 3	0.019 8	0.061 5
			(0.308)	(0.299)	(0.298)	(0.295)
净资产收益率	—	—	—	6.882 0***	5.854 2***	5.743 2***
				(1.942)	(1.975)	(1.966)
通货膨胀率	—	—	—	—	28.813 1	36.378 6
					(34.069)	(35.890)
GDP 增长率	—	—	—	—	94.792 9***	102.317 5*
					(35.482)	(58.341)
实际利率	—	—	—	—	10.867 5	12.551 3
					(12.339)	(22.367)
常数项	1.036 6***	0.701 7**	0.636 0	−0.713 2	−9.424 7***	−10.559 1**
	(0.282)	(0.347)	(0.994)	(1.195)	(3.296)	(5.309)
时间趋势	已控制	已控制	已控制	已控制	已控制	已控制
观测值	225	225	225	225	225	225
公司数量	33	33	33	33	33	33
R^2	0.037	0.101	0.101	0.163	0.200	0.232

注：***、**、*分别表示1%、5%、10%的显著性水平，括号内为标准误。

模型（2）～模型（5）分别在模型（1）的基础上逐步加入代表公司内部

风险程度、营运能力、盈利能力以及公司外部因素的控制变量。结果显示，分保比例均在1%的统计水平上显著负向影响农业保险承保风险，即再保险能够显著降低农业保险承保风险，故H1得以初步验证。模型（5）结果表明，农业保险赔付率、农业保险保费收入、净资产收益率和GDP增长率均对农业保险承保风险有显著正向影响，提存准备金比例则表现为显著负向影响，而综合费用率、通货膨胀率和实际利率的影响效应不显著。

为分析我国偿付能力监管体系在保险公司风险承担与再保险运用关联中所起到的作用，在模型（5）的基础上加入了分保比例与实施“偿二代”虚拟变量的交互项。就模型（6）而言，交互项系数为在1%统计水平上显著为负，说明实施“偿二代”使得再保险降低农业保险承保风险的影响效应得以增强，即在“偿二代”下两者的负相关性更强，H1得以验证。

（三）基准模型的稳健性检验

为确保基准回归结果的稳健性，本文采用替换被解释变量方法进行检验，并对替换后的被解释变量分别运用不同的估计方法。首先，为避免滚动标准差时间跨度选取的特殊性，将被解释变量由基准模型中调整综合成本率的三年滚动标准差替换为五年滚动标准差，得到模型（1）～模型（4）。其次，使用其他承保风险度量方法，将被解释变量替换为当期调整综合成本率，以衡量当年的农业保险承保风险，得到模型（5）～模型（8）。考虑到农业保险承保业务发展和承保风险变化有其自身的惯性，存在滞后被解释变量的内生性问题，为增加结果的可靠性，本文在固定效应模型的基础上，运用更具效率的GMM方法进行估计，GMM方法的估计结果展示在模型（3）～模型（4）、模型（7）～模型（8）中。模型（1）～模型（8）的估计结果如表4所示。

表4显示，无论是否控制特征变量，在以调整综合成本率的五年滚动标准差或当期值分别作为被解释变量的情况下，再保险对农业保险承保风险同样具有显著的负向影响，与前文结论保持一致，而在替换被解释变量并运用固定效应模型和GMM方法进行估计后，核心解释变量对不同方式衡量的农业保险承保风险的作用水平相近，表明基准回归结果较为稳健。

表4　稳健性检验结果

解释变量	五年滚动标准差				当期调整综合成本率			
	FE		GMM		FE		GMM	
	(1)	(2)	(3)	(4)	(5)	(6)	(7)	(8)
滞后项	—	—	−0.592 5***	−0.548 9***	—	—	−0.244 5**	−0.275 2***
			(0.081)	(0.084)			(0.101)	(0.101)

（续）

解释变量	五年滚动标准差				当期调整综合成本率			
	FE		GMM		FE		GMM	
	(1)	(2)	(3)	(4)	(5)	(6)	(7)	(8)
分保比例	−5.494 0***	−5.771 2***	−5.970 1*	−6.139 3*	−0.821 8***	−0.840 1***	−0.828 4*	−0.873 0*
	(1.977)	(1.964)	(3.056)	(3.170)	(0.240)	(0.250)	(0.461)	(0.524)
其他控制变量	未控制	已控制	未控制	已控制	未控制	已控制	未控制	已控制
观测值	171	171	136	136	277	277	241	241
公司数量	33	33	31	31	33	33	33	33
R^2	0.226	0.282	—	—	0.172	0.187	—	—

注：***、**、* 分别表示 1%、5%、10%的显著性水平；FE 括号内为标准误，GMM 括号内为稳健标准误。

（四）保险公司规模及其集团属性的异质性分析

再保险对农业保险承保风险的影响效应可能与保险公司规模及其集团属性具有的多元经营、资源整合等优势差异有关。规模较大的保险公司可以通过多元化经营实现更佳的风险分散，实现风险管理上的规模经济和范围经济（Mankai 等，2015；何青华、刘玮，2021）。集团公司旗下的保险公司经营理念成熟、管理水平先进，能够通过资源整合进行更具成本效益的再保险交易（卓宇，2009；彭雪梅、曾紫芬，2018），以获得更高的应对承保风险能力。本文将 2020 年各财险公司的总资产进行排序，按照 15%、15%～40%（不含 15%）、40%～100%（不含 40%）的排名划分大、中、小保险公司规模，同时设定集团属性虚拟变量，若保险公司属于集团公司旗下，则集团属性变量取值 1，否则为 0。以此为依据对上述指标进行分组回归，结果见表 5。

表 5　保险公司规模及其集团属性异质性分析结果

解释变量	保险公司规模			保险公司集团属性	
	大规模	中规模	小规模	集团公司	非集团公司
分保比例	0.033 2	0.027 3	−7.144 5*	0.491 8***	−8.627 7**
	(0.042)	(0.028)	(4.198)	(0.161)	(3.786)
其他控制变量	已控制	已控制	已控制	已控制	已控制
时间趋势	已控制	已控制	已控制	已控制	已控制
观测值	79	34	112	79	146
公司数量	10	6	17	10	23
R^2	0.377	0.436	0.350	0.248	0.244

注：***、**、* 分别表示 1%、5%、10%的显著性水平，括号内为标准误。

由表5可知，再保险对农业保险承保风险的影响因保险公司规模与集团属性不同而存在差异。对于不同规模的保险公司来说，再保险与农业保险承保风险仅在小规模保险公司中呈现显著的负向关联，在大、中规模保险公司中呈现正向关联且不显著。而对于不同集团属性的保险公司而言，再保险对于农业保险承保风险在不具有集团属性的保险公司中呈现显著负相关，而在具有集团属性的保险公司中表现为显著正相关，即选择再保险方式反而增加了农业保险承保风险。可能的原因在于，再保险作为资本替代品，能够降低保险公司的资本要求（何青华、刘玮，2021），因而资本实力较弱的小规模和非集团属性的保险公司为了在市场竞争中处于相对有利地位，会具有更高的再保险需求，这在客观上提升了风险抵御能力，再保险降低承保风险的作用更为显著。而资本实力较强的大、中规模和集团公司对于再保险期望发挥的作用已经越过分散承保风险阶段，更为体现在对承保能力的影响上。再保险能够通过实现正净现值项目提升保险公司的市场价值，在资本一定的情况下提升其扩充承保业务的能力，进而增加了保险公司的承保风险。因此，出于承保能力在农业保险经营中的重要性，对于不同规模和集团属性的保险公司而言，再保险对农业保险承保风险的影响存在差异。

四、关于农业保险竞争优势的讨论

根据“竞争度-脆弱性”假说，高竞争程度对应的低竞争优势会引发更高风险。面临较高竞争程度、具有较低竞争优势的保险公司可能会出于扩大业务的需要，更倾向于从事高风险经营活动，造成实际承保风险高于最优风险水平。相应地，具有较高竞争优势的保险公司在经营农业保险时所承担的承保风险较低，同时因具有充足资本抵御非预期损失等优势，对运用再保险分散风险责任的依赖程度也较低，因而理论上农业保险竞争优势削弱了再保险对承保风险的负向影响。

为检验竞争优势在再保险影响农业保险承保风险过程中的调节效应，本文在模型中引入各保险公司的农业保险竞争优势与其分保比例的交互项，使用GMM方法进行考察。为保证回归结果在时间跨度选取方面的可靠性，本文将被解释变量按照三年滚动标准差、五年滚动标准差两种衡量标准分别进行检验，此外在控制变量中剔除了竞争优势指标构建所使用的农业保险保费收入，结果见表6。可以发现，分保比例始终负向影响农业保险承保风险，而模型（2）和模型（4）中，对于使用两种不同标准衡量的被解释变量，交互项系数在5%的统计水平下都达到了正向显著，说明农业保险竞争优势显著削弱了再保险对农业保险承保风险的负向影响，H2得以验证。进一步分析，农业保险竞争优势的估计系数为负，说明在经营农业保险时具有更低竞争优势、面临竞争程度更高的保险公司农业保险承保风险更高，一定程度上证实了“竞争度-脆弱性”假说，与大多数既有文献中财险公司的表现相符。

表 6　调节效应估计结果

解释变量	三年滚动标准差		五年滚动标准差	
	(1)	(2)	(3)	(4)
承保风险滞后项	0.553 3***	0.548 2***	0.564 6***	0.563 0***
	(0.028)	(0.030)	(0.022)	(0.019)
分保比例	−5.978 8*	−3.140 7	−6.344 4**	−3.359 9
	(3.426)	(3.180)	(3.095)	(3.386)
农业保险竞争优势	−3.750 1	−6.304 1	−3.346 0	−5.290 6**
	(5.662)	(7.112)	(3.771)	(2.673)
分保比例×农业保险竞争优势	—	41.447 5**	—	48.444 1**
		(20.873)	—	(23.418)
其他控制变量	已控制	已控制	已控制	已控制
观测值	190	190	136	136
公司数量	33	33	31	31

注：***、**、* 分别表示 1%、5%、10%的显著性水平，括号内为稳健标准误。

需要说明的是，关于农业保险竞争优势的调节效应是在现行保监制度的限制条件下，依据保险机构经营活动的结果得到的，必然存在一些局限性：其一，我国农业保险市场为有限竞争市场。尽管在政府调整审批方式、制定招投标办法等渠道下市场竞争不断增强，但因农业保险具有双重正外部性和准公共品性质，政府对承保利润加以限制，价格竞争空间较为有限。在基层竞争中，保险公司并非主要通过产品差异化和服务专业化等方式开展良性竞争，而更着眼于采取寻租、虚假承保等违法违规行为进行无序竞争、恶性竞争（庹国柱，2017）。因此，为促进农业保险健康高效发展和增强农险市场竞争的有效性，出于对农业保险市场自身的特殊性考虑，政府运用完善准入制度、规范承保理赔等举措引导农业保险经营主体在政府管制下开展有序、适度竞争。基于此背景限制，在不同条件下、基于不同的角度分析本文的研究问题，可能会得到不同的结果。其二，本文的研究结果受到数据和方法的约束。由于仅能通过《中国保险年鉴》和公司年报等有限的途径获取公开的数据，本文收集的样本量较少，难以详细地反映农业保险市场和各经营主体的实际情况，所使用的数据和方法仅能支撑趋势性的结果，具体估计系数准确性等可能存在的细节问题将在后续研究中进一步探索解决。

五、结论与启示

本文基于2011—2020年经营农业保险业务的33家财险公司数据，通过固定效应模型和GMM方法实证检验了再保险对农业保险承保风险的影响，考察了因公司规模和集团属性差异而引发的异质性问题，基于“竞争度-脆弱性”假说，检验了农业保险竞争优势的调节效应。研究发现：①再保险能够显著降低保险公司的农业保险承保风险，在“偿二代”实施情况下负相关性更强，进一步替换被解释变量并对此运用不同的估计方法后，相关结论依然稳健；②再保险对农业保险承保风险的影响因保险公司规模及其集团属性的差异存在异质性，对小规模保险公司有显著负向影响，对大、中规模和集团公司起到正向影响；③在承保风险经过两种标准衡量的情况下，农业保险竞争优势显著削弱了再保险对农业保险承保风险的负向影响。

基于以上研究结论本文得出如下政策启示：①鉴于再保险对农业保险承保风险的负向影响效应，我国政府应持续推动再保险市场发展，充分发挥农业保险经营中再保险分散风险的基本功能；②监管部门在制定和完善偿付能力监管体系时，应将不同规模和集团属性保险公司的差异化表现纳入分类监管考量，以实现科学合理有效监管；③保险机构要在监管规则的框架内，从服务能力方面着手提升自身的竞争优势，不断实现农业保险产品差异化和服务专业化；④政府在介入农业保险市场竞争时，应充分关注保险公司面临的竞争程度，坚持适度竞争原则。

参考文献

何青华，刘玮，2021. 偿付能力监管下资本、风险与再保险的调整机制研究：基于中国产险市场的经验证据［J］. 保险研究（11）：14-35.

李晓翾翾，陈森，2015. 偿二代下之再保险解析［J］. 当代金融家（8）：32-34.

李炎杰，牛雪舫，王选鹤，2019. 行业集中度下降提升财产保险公司财务稳定性吗？［J］. 财经问题研究（7）：89-95.

李艺华，郝臣，2019. 外部治理对保险公司风险承担的影响研究：基于外部监管和产品市场竞争视角［J］. 保险研究（12）：65-80.

刘玮，何青华，2021. 再保险安排对财险公司成本效率的影响研究：基于中国偿付能力监管制度改革的视角［J］. 财经论丛（6）：45-55.

牛雪舫，2019. 再保险能降低财产保险公司的风险承担吗?：基于大中小型财险公司的比较［J］. 保险职业学院学报，33（3）：55-58.

彭雪梅，曾紫芬，2018. 保险市场集中度与公司财务稳定性：基于中国财产保险数据［J］. 保险研究（3）：40-56.

粟芳，2001. 中国非寿险保险公司的偿付能力研究 [D]. 上海：上海财经大学.
田玲，陈金燕，王含冰，2016. “偿二代”监管体系下中国财产保险公司应对巨灾风险的能力测算与分析 [J]. 保险研究 (2)：26-34.
庹国柱，2017. 论农业保险市场的有限竞争 [J]. 保险研究 (2)：11-16.
王丹，刘瀛弢，王克，2020. 中国农业保险市场的主要驱动力研究：市场起作用了吗？[J]. 农业展望，16 (10)：30-37，48.
王丽珍，李湘，周意，2021. 资本调整、风险承担与再保险水平的互动关系研究：基于财险公司面板数据的实证检验 [J]. 管理评论，33 (10)：34-47.
张诗豪，赵桂芹，2021. 产品竞争压力与财务不稳定性：来自我国寿险公司的经验证据 [J]. 保险研究 (3)：14-31.
赵桂芹，吴洪，2013. 我国财产保险公司资本与风险关系研究：兼论偿付能力监管制度的影响 [J]. 保险研究 (11)：32-42.
ALLEN F，GALE D，2004. Competition and financial stability [J]. Journal of Money，Credit and Banking (6)：453-480.
COLE C R，MCCULLOUGH K A，2006. A reexamination of the corporate demand for reinsurance [J]. Journal of Risk and Insurance，73 (1)：169-192.
CUMMINS J，RUBIO-MISAS D M，VENCAPPA，2017. Competition，efficiency and soundness in European life insurance markets [J]. Journal of Financial Stability，28：66-78.
DE FEO GIUSEPPE，JEAN HINDRIKS，2014. Harmful competition in insurance markets [J]. Journal of Economic Behavior & Organization，106：213-226.
FIELDS L P，GUPTA M，PRAKASH P，2012. Risk taking and performance of public insurers：an international comparison [J]. Journal of Risk and Insurance，79 (4)：931-962.
GARVEN J R，LAMM-TENNANT J，2003. The demand for reinsurance：theory and empirical tests [J]. Insurance and Risk Management，7 (3)：217-237.
HO C L，LAI G C，LEE J P，2013. Organizational structure，board composition，and risk taking in the US property casualty insurance industry [J]. Journal of Risk and Insurance，80 (1)：169-203.
KASMAN S G G，2020. Stability，competition，and concentration in the Turkish insurance sector [J]. International Journal of the Economics of Business，27 (2)：269-289.
MANKAI S，BELGACEM A，2016. Interactions between risk taking，capital，and reinsurance for property-liability insurance firms [J]. Journal of Risk and Insurance，83 (4)：1007-1043.
RIEGEL R，MILLER J S，WILLIAMS C A，1977. Insurance principles and practices：property and liability [J]. Journal of Risk and Insurance，44 (4)：688-690.
SHIM J，2017. An investigation of market concentration and financial stability in property-liability insurance industry [J]. Journal of Risk and Insurance，84 (2)：567-597.

SHIU Y M，2011. Reinsurance and capital structure：evidence from the United Kingdom non-life insurance industry [J]. Journal of Risk and Insurance，78 (2)：475-494.

YEYATI E L，MICCO A，2007. Concentration and foreign penetration in Latin American banking sectors：impact on competition and risk [J]. Journal of Banking & Finance，31 (6)：1633-1647.

（作者单位：中国农业大学经济管理学院）

“保险+期货”模式研究：基于中美比较分析的视角①

何小伟[1]　陈星足[1]　张　伟[2]

一、引言

“保险+期货”是近年来我国金融市场探索推出的服务于农业风险管理的创新模式。自2016年中央1号文件首次提出“稳步扩大‘保险+期货’试点”以来，此后每年的中央1号文件都提到了“保险+期货”，2020—2022年的中央1号文件还提出了“继续推进农产品期货期权品种上市”“发挥‘保险+期货’在服务乡村产业发展中的作用”“优化完善‘保险+期货’模式”等，明确将“保险+期货”定位于激发农业农村内生发展动力的重要金融创新，反映出党和国家对“保险+期货”模式的认可以及对其未来发展的更高期待。

与此前我国的成本类农业保险产品相比，“保险+期货”模式的突出优势在于能够提供价格风险保障功能，有助于进一步稳定农户收入和农业生产。从实践来看，2015年以来，“保险+期货”模式自产生之后得到了多方关注，并很快被很多地方政府视作有效的金融支农工具加以推广利用。统计数据表明，2016—2020年，我国大连商品交易所（以下简称大商所）、郑州商品交易所、上海期货交易所三大交易所在26个省份开展了584个“保险+期货”试点项目，涉及天然橡胶、棉花、白糖、苹果、红枣、大豆、玉米、鸡蛋、豆粕等多个品种，累计保障现货规模约1 200万吨，承保土地面积约3 000万亩，惠及贫困户近70万户，在保障农民收入、助力乡村振兴等方面发挥了积极作用。不仅如此，为满足各类农业主体多样的风险管理需求，一些地方还探索出“保险+期货+订单收购”“保险+期货+银行”等新型模式，进一步丰富了“保险+期货”的内容与形式，成为我国新时期农业风险管理创新的新注脚。

---

① 本文原载于《农村金融研究》2022年第2期。

需要指出的是，尽管“保险＋期货”模式是近年来我国农业风险管理领域的重要创新，并有着鲜明的中国特色，然而，从世界范围来看，同时利用保险和期货这两种金融工具来管理农业风险并非我国独创。事实上，美国很早就将期货市场的价格发现功能融入其农业保险产品中，并在将保险与期货有机结合方面积累了丰富的经验，成为很多发达国家和发展中国家学习和借鉴的对象。在这种背景下，对中美两国的“保险＋期货”模式进行系统的比较研究，深入分析两国“保险＋期货”模式的异同，有助于借鉴“他山之石”，为我国“保险＋期货”模式的进一步发展提供参考。

从国内已有的文献来看，近年来许多研究者已对中美两国“保险＋期货”模式的发展问题给予了较多关注。比如，董婉璐等（2014）、张秀青（2015）、安毅和方蕊（2016）、孙乐和陈盛伟（2017）、汪必旺和王克（2019）、李正强（2020）等对美国农业保险与期货市场发展的经验进行了分析与评价，张峭（2016）、叶明华和庹国柱（2016）、李亚茹等（2018）、余方平等（2020）对农产品期货价格保险的理论机制及产品设计等问题进行了讨论，朱俊生等（2017）、龙文军等（2019）、鞠荣华等（2019）、徐媛媛等（2022）则对近年来我国“保险＋期货”试点的经验得失进行了总结。这些研究丰富了“保险＋期货”的相关研究，也拓展了我们对“保险＋期货”的认识。

然而，遗憾的是，现有文献却很少对中美两国的“保险＋期货”模式进行深入的比较研究。这是因为，虽然美国的农业保险产品已经充分利用了期货市场的功能，但是在美国农业保险市场上却没有专门的类似于我国的“保险＋期货”模式，保险公司也没有与期货公司合作提供农业保险产品，进而让很多人形成了美国没有“保险＋期货”的错误认识，而这种情形显然不利于我们吸收国外的宝贵经验。不仅如此，随着近年来“保险＋期货”模式在各地试点的扩大，“保险＋期货”模式所产生的讨论与争议也在增加，比如“保险＋期货”的角色到底是什么？“保险＋期货”和现行保险产品到底是什么关系？中央是否应该对“保险＋期货”提供保费补贴？“保险＋期货”应该如何监管？如何妥善回答这些焦点问题，直接关系着我国“保险＋期货”今后的发展方向。

基于上述背景，本文将从比较的视角对中美两国“保险＋期货”模式进行系统探究，以期为我国提供镜鉴。特别地，本文将集中回答如下三个问题：我国“保险＋期货”模式的产生动因与主要特征有哪些？中美两国的“保险＋期货”模式有何差异？美国的经验对我国“保险＋期货”模式的进一步发展有哪些借鉴与启示？

二、“保险＋期货”模式的产生背景与主要特征

（一）“保险＋期货”模式的产生背景

1. 农产品价格形成机制改革加大了农户的市场风险

2004 年，我国取消了农产品保护价收购政策，开始推行最低收购价和临时收储政策，在一段时期内起到了积极作用。然而，由于政策性收储价格刚性上升，不仅影响市场机制的发挥，导致市场信号扭曲、农产品结构性过剩，而且导致库存压力增高、进口压力增加、政府补贴压力增大，政策性收储制度难以为继（卢凌霄等，2015；徐田华，2018）。在这种背景下，我国开始了新一轮的农产品价格形成机制改革。2014 年，中央 1 号文件明确提出“探索推进农产品价格形成机制与政府补贴脱钩的改革，逐步建立农产品目标价格制度”，并于当年启动东北和内蒙古大豆、新疆棉花目标价格补贴试点。

新一轮农产品价格形成机制改革的思路是实现农产品的“价补分离”，也即把过去隐含在价格中保收入的功能分离出来，由补贴制度去分担，让农产品价格由供求来决定并发挥对供求的调节作用，从而消除政策性收储制度对市场价格形成的扭曲（杜鹰，2016）。然而，随着这一改革的深入，农产品价格定价权还给了市场，价格波动成为市场运行的常态，进而加大了农户所面临的市场风险，但农户可以利用的市场风险管理手段却十分有限，这是农产品价格形成机制改革后所出现的新挑战。

2. 传统农业保险产品不能提供农产品市场风险保障

自 2007 年中央财政实施农业保险保费补贴政策之后，我国的农业保险市场快速发展，在保费规模、产品结构、覆盖范围、服务体系、监管制度等方面均实现了不断突破。然而，从保险责任来看，我国的保险产品主要以“保成本”为主要目标，也即以补偿农户在农业生产中因自然风险所出现的生产成本损失，比如种子、农药、化肥、机耕、薄膜等物化成本损失以及土地、劳动力所产生的损失。然而，对于农户因农产品市场波动所出现的价格或收入损失，成本类农业保险产品却不能提供保障。这种情形下，农户对扩大农业保险产品保障责任的呼声也越来越高。

值得一提的是，在“保险＋期货”产生之前，一些保险公司也曾探索推出农产品价格保险，为农户提供市场风险保障。比如，安信农业保险公司曾于 2011 年在上海试点冬淡蔬菜价格保险，开启了保险公司承保市场风险的先河，安华农业保险公司也于 2013 年在北京开展生猪价格指数保险试点。然而，由于保险机制在管理价格风险方面缺乏优势，这些试点也未能在全国大范围推广。

3. 农产品“保险+期货”试点的成功

随着我国农产品价格形成机制改革的推进，市场机制在农产品价格形成中发挥着越来越重要的作用，这为我国期货市场服务于农业市场风险管理创造了良好的外部环境。三大商品交易所以及各期货公司也积极利用自身优势，加快探索步伐，创新服务模式，努力发挥期货市场的价格发现和风险规避功能。比如，2013年，在大商所的支持下，上海新湖瑞丰金融服务有限公司联合辽宁省锦州市义县的当地收储企业与合作社、种粮大户共同开展了玉米的“二次点价+复制期权”的试点①。这一场外期权试点为金融机构提供个性化的风险管理服务创造了有利条件。2015年，大商所对“场外期权”项目模式进一步升级，与国内长期开展农业保险业务的中国人民保险集团股份有限公司合作，创造性地探索出“保险+期货”模式，并针对玉米、鸡蛋等品种开展了三个试点②。值得一提的是，在试点的当年，恰逢国家调低了当年的玉米临时收储价格，但参与试点的农户却在玉米销售价格大跌的情况下获得了充足赔付，“保险+期货”模式也因此取得了良好的社会效果和行业示范效应（李华，2022）。此后，各类“保险+期货”项目也如雨后春笋般不断涌现，成为我国农业风险管理的创新模式。

（二）“保险+期货”模式的主要特征

在“保险+期货”模式获得成功之后，三大商品交易所、期货公司与各地政府在此基础上进一步探索出“保险+期货+订单收购”“保险+期货+银行”“保险+期货+基差收购”“保险+期货+互联网”等新型模式（俞勇，2022）。这些新型模式引入了农业产业链上的更多主体，拓展了对“三农”的服务能力和服务边界，进一步整合了农业生产资源，但需要指出的是，这些新型模式的核心还是“保险+期货”。因此，接下来本文将重点分析“保险+期货”模式的主要特征。

1. “保险+期货”由保险公司和期货公司以“保险+再保险”的方式共同提供

在“保险+期货”模式中，保险公司凭借从地方政府那里获得的经营许可权、广泛的网络渠道、大规模的服务人员、多年积累的社会认同等优势开

---

① “二次点价”就是农民在玉米上市初期，将粮食销售给上海新湖瑞丰金融服务有限公司，后者先按保底价核算的货款支付给农民。同时在未来一段时期，如果粮食价格出现上涨，农民有权利在某一天要求二次点价，新湖瑞丰将此阶段粮食价格上涨的一部分市场收益再返给农民，如果粮食价格下跌，则农民仍然享有保底价。而利用玉米期货复制的场外期权，期货公司风险管理子公司将粮食价格涨跌风险进行了对冲。

② 玉米价格保险由大商所组织新湖期货股份有限公司和人保财险在辽宁省义县开展，鸡蛋价格保险由大商所组织美尔雅期货有限公司和人保财险在辽宁省大连普兰店和湖北省浠水县开展。

展农业保险的营销与推广，而农户在完成投保之后可以将市场风险转移给保险公司，实现农业风险的“第一次转移”。之后，保险公司进一步向期货公司购买场外期权，将其所承担的市场风险转移给期货公司，而期货公司在期货市场复制相应的场外期权进行对冲操作，实现农业风险的“第二次转移”（图 1）。通过上述两次风险转移，保险公司克服了市场风险难以化解和转移的问题，拓展了业务边界，而期货公司获得了与大量小规模农业生产者的对接机会，进而得以打开业务空间，并更好地服务“三农”事业。

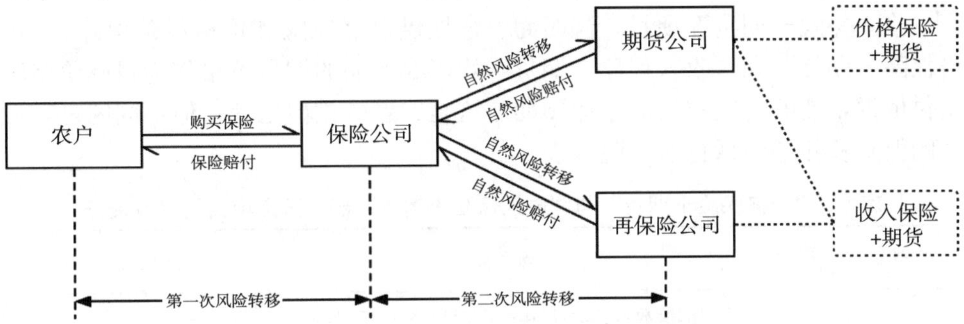

图 1　“保险＋期货”模式的运作机制及分类

可以看出，“第二次风险转移”的过程类似于保险公司向期货公司购买“再保险”，实现了对市场风险的进一步分散。然而，与传统意义上以自然风险为载体的农业再保险相比，在“保险＋期货”（特别是“价格保险＋期货”）模式中，保险公司所分出的是市场风险，并且没有任何自留，分出对象是期货公司而非再保险公司，这是这两类再保险的重要差异。

相比而言，在“收入保险＋期货”中，保险公司同时承保了市场风险和自然风险，同样，对于市场风险部分，保险公司全部分出给期货公司，但是对于自然风险部分，保险公司则可能会自留部分业务，然后将剩余部分分出给再保险公司。从这个意义上说，在“价格保险＋期货”模式中，保险公司虽然扮演着“市场风险承保人”，但却更像是“承保通道”，而在“收入保险＋期货”中，保险公司除了扮演“市场风险保险人＋市场风险承保通道”，还扮演着“自然风险保险人”的角色。

2. “保险＋期货”可以提供自然和市场双重风险保障

传统上，保险公司主要依据大数法则承保自然灾害、意外事故等“纯粹风险”，而价格波动风险具有系统性和投机性，属于“投机风险”之列，因此，保险公司通常不会承保农产品价格波动的风险。然而，期货市场具备价格发现和风险规避两大基本功能，在价格风险管理上具有得天独厚的优势，能够成为农产品价格风险管理的重要工具①。在此前很长的时间里，我国的保险公司以农业生产中的自然风险为保险责任，而期货市场则关注农产品市场波动风险，二者泾渭分明，“井水不犯河水”。然而，“保险＋期货”模式的产生，则为保险公司同时提供自然风险和市场风险双重保障创造了可能。

在我国“保险＋期货”模式发展之初，各地开展的是“价格保险＋期货”或者说“期货价格保险”试点，保险责任主要为农户所面临的市场风险，也即，保险公司承保农户所面临的价格损失，但不包括农产品的成本或产量损失。这也是“保险＋期货”最为核心的功能。随着试点的深入，一些地方推出了“收入保险＋期货”项目，同时为农户提供自然风险和价格风险保障。“价格保险＋期货”和“收入保险＋期货”均以农产品的期货价格作为目标价格和赔付依据，能够稳定农户的收益预期，这是二者的相似之处，但不同的是，后者的保险责任还包括自然风险（表1）。

表1　“价格保险＋期货”与“收入保险＋期货”部分试点项目的保险责任

类别	标的	承保条件	保险责任
“价格保险＋期货”	某县玉米	承保数量：24 万吨；目标价格 1 878 元/吨（4 月 C1901 合约的日均结算价），费率为 3.37％。理赔价格为 11 月 C1901 合约的日均结算价	当理赔结算价格低于目标价格，按（价格差额×承保数量）进行赔付
	某县鸡蛋	承保数量：1 500 吨；目标价格为 3 880 元/半吨；保险费率：1.955％；理赔结算价格：根据鸡蛋 1901 期货合约在理赔统计期间各交易日收盘价格的算术平均值确定	当理赔结算价格低于目标价格，按（价格差额×承保数量）进行赔付
	某县生猪	育肥猪数量 25 200 头；养殖户向保险公司购买生猪收益指数保险，保险公司购买场外期权。保险期限：1 个月。生猪收益指数根据生猪平均重量、料肉比、饲料消耗量合成编制	若生猪收益指数执行价格低于目标价格时，参保养殖户获得（价格差额×承保数量）的赔付
“收入保险＋期货”	某县玉米	目标收入为 910 元/亩、保障水平为 95％，保险公司根据 0.5 吨/亩的单产测算产量保险成本，承保自然风险，同时将价格风险转移至期货公司，期权目标价格 1 820 元/吨（C1901 合约 5 月的月均价），以玉米 C1901 的 10 月均价为结算依据	在场外期权到期日，如果（实际单产×结算价格×95％）低于 910 元，则按（每亩收入差额×亩数）进行赔偿

① 以期货价格作为价格风险承保和理赔的依据，可以有效解决现货价格信息滞后、现货价格数据采集难、信息不透明所引发的被保险人道德风险等问题。

3. “保险＋期货”是以农产品市场定价机制为基础的新型支农工具

如前所述，“保险＋期货”模式是我国政策性收储制度改革的产物，其产生推动了农产品市场的“价补分离”，也促进了目标价格政策向市场价格驱动过渡。然而，在农产品价格市场化程度提高之后，农产品的价格波动也变得更为频繁，农户对市场风险管理的需求也变得更为迫切，这种局面要求政府为农户提供有效的价格风险管理手段。事实上，很多发达国家都为本国农户提供了多种价格风险管理工具。比如，美国的价格损失补偿（PLC）和农业收入风险补助（ARC）等商品计划均涵盖了对农户的价格损失补偿（韩一军和徐锐钊，2015），加拿大的农业稳定计划（Agristability）也提供了对市场风险的管理功能（王克，2019）。

就我国而言，由于“三农”工作具有关乎全局的基础性地位，各级政府一直对农业风险管理给予了高度关注。在“保险＋期货”模式诞生之后，很多地方政府与三大商品交易所、期货公司、保险公司保持积极的合作态度，选择具有代表性的地方农产品，设立财政补贴型“保险＋期货”试点项目，并形成了富有地方特色的模式，比如甘肃省的“静宁模式（苹果）”、黑龙江省的“桦川模式（玉米）”、海南省的“白沙模式（天然橡胶）”等。从各地政府所发挥的作用来看，除了为“保险＋期货”提供财政保费补贴之外，地方政府还积极充当农户与金融保险机构之间的桥梁，加强项目的推广宣传，提高项目的运作效率，此外，还引入银行信贷、订单农业、基差交易等环节，增强“保险＋期货”项目的协同保障效果。

三、“保险＋期货”模式的几个核心问题：基于中美比较的分析

虽然我国农业保险的保费规模在2020年超过了美国，但是美国在农业保险的产品体系、体制机制、与其他农业支持工具的协调配合等方面积累了成熟的经验，因此多年来一直是很多国家学习和借鉴的对象。值得一提的是，美国的期货市场在其农业保险产品中得到了比较充分的运用，这使得美国的农业保险能够同时应对自然风险和市场风险，成为农业风险管理体系的重要工具①。本部分将围绕农业保险与期货市场相结合的这一主线，从产品形态、运作机制、风险分散机制、政府财政支持、监督与管理五个方面对中美两国的做法进行比较分析。

（一）产品形态比较

从产品形态看，成本类保险一直是我国农业保险的主流产品。自“保险＋期货”模式产生之后，通常被归于“价格保险”之列，有时也被归于“收入保

① 美国农业风险管理政策体系经过多年的调整与发展，现已形成由农作物保险计划、农业商品计划和农业灾害救助计划三大部分为主，同时也包括紧急贷款和自主决定救助项目的较完备体系。

险”之列。然而，在很多场合，我们更习惯于将“保险＋期货”作为一种有别于成本类保险的新型保险产品，并着重强调其对市场风险的管理功能。

与此形成对照的是，美国的农业保险产品通常被分为产量保险、收入保险、区域保险、牲畜保险、附加保险等①，各类产品又可进一步细分。如果以保障水平的设定依据来划分，美国的产品也可大致分为产量类保险、收入类保险、价格类保险三大类②，其中，收入类保险占据主导，在保费规模上占比八成左右，其次是产量类保险和价格类保险。

虽然美国在产品名称上并没有类似于我国“保险＋期货”模式的农业保险产品，然而，美国的很多农业保险产品却都运用了期货市场的价格发现功能，农业保险产品与期货市场形成了事实上的融合。早在 1996 年美国推出农作物收入保险时，就引入期货价格作为确定保障价格和实际价格的基础。如今，美国占比最高的产量类保险产品——产量保障计划（Yield Protection，YP），占比最高的收入类保险产品——收入保障计划（Revenue Protection，RP），以及牲畜类保险产品等均采用相应农产品的期货价格作为预测价格（也即保障价格），这种做法有助于充分利用期货市场的定价机制，增强定价的透明度和公信力，进而稳定农户的收益预期。不仅如此，收入保障计划（RP）还赋予了农户在预测价格与收获价格③二者中选择较大者的权利（表 2），这种做法也进一步提高了农户的保障水平。

总之，“保险＋期货”在我国属于相对独立的创新保险产品，然而，美国虽然没有类似名称的产品，但是美国的主流产品都运用了期货市场的价格发现功能，农业保险与期货之间有着事实上的融合。

表 2 美国典型产量保险和收入保险的赔付条件

产品类别	产量保障计划	收入保障计划	剔除收获价格的收入保障计划
赔付触发产量	实际历史产量×保障水平（如 75%）	—	—
赔付触发收入	—	实际历史产量×（预测价格与收获价格的较高者）×保障水平	实际历史产量×预测价格×保障水平

① 详见 https：//www.rma.usda.gov/Policy-and-Procedure/Insurance-Plans。这也是美国官方的分类方法。

② 牲畜风险保障计划（LRP）和牲畜毛利润保障计划（LGM）是典型的价格保险产品。

③ 收获价格也可能是根据期货价格确定的。比如美国某收入保险保单约定，玉米的预测价格由芝加哥商业交易所（CME）12 月玉米期货合同在 2 月的平均期货结算价格决定，而收获价格由 12 月玉米期货合同在 10 月的平均期货结算价格决定。

（续）

产品类别	产量保障计划	收入保障计划	剔除收获价格的收入保障计划
实际收入	—	实际单产×收获价格	实际单产×收获价格
赔付额	（赔付触发产量－实际产量）×预测价格×投保面积	（赔付触发收入－实际收入）×投保面积	（赔付触发收入－实际收入）×投保面积

（二）运作机制比较

从具体运作机制来看，美国的各类保险产品是由获得农业保险经营许可的保险公司提供的，期货公司自始至终都不直接参与上述过程。对于农业保险产品的费率厘定工作（包括农产品保障价格的确定等），都是由美国农业部风险管理局（RMA）完成的。为此，风险管理局（RMA）制定了《商品交易所价格条款》（CEPP）。CEPP 主要适用于提供收入保障（包括区域收入保障）和产量保障（包括区域产量保障）的农作物保险计划，其目的是为收入保障计划确定预测价格和收获价格提供依据，以及为产量保护计划确定预测价格提供依据。值得注意的是，CEPP 规定农作物的收获价格不得超过预测价格的 2 倍。

另外，从定价方式来看，CEPP 根据产品类别的不同分为直接定价和间接定价两种方式。其中，直接定价方式主要适用于期货产品交易活跃的农作物，如谷物、玉米、大豆、长粒米、棉花和小麦，而间接定价方式则适用于无对应期货、期货交易不活跃或期货的计量单位和货币不统一的农作物，如油菜籽、硬质小麦、有机农作物等。

与美国不同的是，在我国的“保险＋期货”模式中，费率厘定工作主要是由期货公司完成的，在保险公司完成承保之后，通过购买场外期权产品获得了期货公司对市场风险的“再保险”，二者存在紧密的合作关系，缺一不可。从期货市场功能发挥的角度来看，在我国的“保险＋期货”模式中，期货市场既发挥了价格发现功能，也发挥了风险规避功能，而美国只运用了价格发现功能。

（三）风险分散机制比较

由于农业风险一般具有风险单位较大、发生频率较高、损失规模较大、区域效应明显等特征，农业保险业务的风险也就比较高，而农业风险分散机制自然就成为一国农业保险制度的重要组成部分，发挥着“压舱石”的作用。特别是当保险公司同时提供农业自然风险和市场风险的双重保障时，其所面临的风险分散压力无疑会更大，对风险分散机制的要求也就更高。

由于收入类保险产品在美国农业保险市场上占据主导，美国保险公司就必须将其所面临的自然风险和市场风险进行有效分散。从目前来看，美国农业保险的分散机制包括农业再保险、大灾基金和紧急预案等层级（李琼等，2018）。其中，农业再保险居于核心地位。联邦农作物保险公司（FCIC）是美国农业再保险的主要提供者，此外，保险公司还可以寻求商业再保险等其他途径。大灾基金由美国财政部委托联邦农作物保险公司（FCIC）管理，主要用于补偿大灾发生时超过再保险体系赔付能力部分的损失。当专项基金发生赔付能力不足时，启动紧急预案募集资金，具体方式包括申请贷款或财政部发行票价等。为了形成稳定的经营预期和方便再保险业务的开展，风险管理局（RMA）分别制定了《标准再保险协议》和《牲畜价格再保险协议》，明确了联邦农作物保险公司（FCIC）和各保险公司的权利与义务关系，并于每个年度对保障内容进行微调。

从我国来看，自2020年中国农业再保险股份有限公司（以下简称中国农再）成立之后，中国农再承担了我国农业再保险的主体供给责任，成为我国财政支持的农业大灾风险分散机制的基础和核心。然而，目前中国农再的业务范围排除了“保险＋期货”业务，也即中国农再不对此类业务提供再保险支持，各家保险公司需要自己寻求风险分散途径。对于开展“价格保险＋期货”业务的保险公司而言，其市场风险主要转移给期货公司承担，而对于开展“收入保险＋期货”，则需要考虑将其自然风险和市场风险分别转移给再保险公司和期货公司，这增加了保险公司风险转移的难度。

（四）政府财政支持比较

对农业保险给予保费补贴等财政支持，充分发挥政府和市场的各自优势，这是世界各国的普遍做法。美国是世界上农业保险实施时间最长的国家，其对农业保险的财政支持政策非常健全。目前，美国政府对农业保险的财政支持主要体现在三方面（袁祥州等，2016）：一是为农户购买农业保险提供保费补贴，以鼓励农户积极投保；二是为保险公司提供管理与运营费用补贴，从而调动保险公司经营农险的积极性；三是为保险公司提供再保险补贴，也即政府与保险公司之间建立起“分担损失、共享收益”的机制。其中政府对农户的保费补贴是每年财政支持的主要部分。另外需要指出的是，美国根据农业保险的险种和保障水平的不同实施了差异化的保费补贴比例，比如对产量保险产品的保费补贴水平高于收入保险产品，对团体保险产品的保费补贴水平高于个体保险产品，对低保障水平保险产品的补贴比例低于高保障水平的保险产品。

目前我国对农业保险的财政支持主要体现在保费补贴政策上。其中，中央财政重点对大宗农产品提供保费补贴，地方财政在响应中央财政进行配套补贴的同时，对本地特色农产品自主提供保费补贴。然而，从“保险＋期货”的开展情况来看，由于其业务风险较高，并且保险标的多为地方特色农产品，中央政府目前并没有提供保费补贴，一些地方政府虽然提供了部分保费补贴，但是支持力度有限。值得一提的是，三大商品交易所以及期货公司对很多“保险＋期货”项目提供了保费补贴，特别是在这些项目启动之初。

（五）监督与管理比较

从制度设计上看，美国的农业保险主要是由美国农业部的风险管理局（RMA）来实施监督与管理的，风险管理局成立于1996年，其宗旨是提高美国农业保险的可获得性和有效性，从而增强美国农业部门的稳定性。风险管理局（RMA）与联邦农作物保险公司（FCIC）是管理者与被管理者的关系。风险管理局（RMA）的职责主要包括如下三方面[①]：一是为农户及相关利益者提供有效而稳健的保险服务，包括风险管理教育；二是产品管理监督，包括对新产品的开发和对现有产品的维护；三是合规管理，包括对联邦农作物保险项目的脆弱性、欺诈、浪费、滥用等进行评估，以及优化相关经营环节。

2007年以来，我国农业保险业务的监督与管理职责一直是由财政部和银保监会共同承担的。其中，前者侧重于对农业保险补贴资金的拨付与使用等环节进行监管，而后者侧重于对农业保险公司的竞争和运作环节进行监管。然而，对于“保险＋期货”模式，相关监管规则尚在建立和完善之中，但可以预见的是，其参与主体的差异决定了其监管规则必然有别于目前对成本类保险的监管。这不仅是因为中央财政目前尚未对“保险＋期货”提供保费补贴，还因为商品交易所和期货公司等属于中国证券监督管理委员会的监管范畴。

（六）小结

综上所述，虽然美国并没有专门的“保险＋期货”模式，但是美国的保险市场充分利用了期货市场的价格发现功能，二者在传统保险业的经营模式下实现了有机融合。美国的期货公司并不主动参与农业保险的经营过程，联邦农作物保险公司（FCIC）负责提供再保险。另外，风险管理局（RMA）为美国保险公司利用期货市场提供了强大的技术支持，同时承担了对农业保险的监管职责。

相比而言，我国的“保险＋期货”模式是在主流农业保险产品之外的创新，其发展的主要驱动力来自期货市场而非保险市场，但是其运作离不开保险公司的承保参与。另外，“保险＋期货”模式不仅利用了期货市场的价格发现功能，同时还利用了风险规避功能，期货市场有着很大的话语权，这一点与美国差异明显。我国的“保险＋期货”模式在一定程度上可被视作为保险与期货这两种金融工具及各自主管部委之间竞争与合作的产物。

---

① 详见RMA官网介绍：https：//www. rma. usda. gov/Fact-Sheets/National-Fact-Sheets/About-the-Risk-Management-Agency。

四、美国经验对我国"保险+期货"模式的借鉴与启示

通过前面的比较分析我们可以看到，中美两国在"保险＋期货"上形成了不同的发展模式，二者在产品形态、运作机制等方面存在诸多差异，这些差异深化了我们对"保险＋期货"模式的认识，也为我国"保险＋期货"模式的进一步发展提供了借鉴与启示。接下来，本文将针对我国"保险＋期货"模式发展中的热点问题进行讨论，希望能够为决策机构提供一些参考。

（一）如何看待"保险＋期货"在农业风险管理体系中的角色？

"保险＋期货"模式兴起于我国农产品价格形成机制改革，在产生之后，其独特的优势使得它很快就发展为农户管理农产品价格风险的有效工具，促进了农业资源的整合，并在实践检验中得到了政府部门的认可，成为我国农业风险管理体系的重要组成部分。换句话说，"保险＋期货"模式的成绩是自己"闯出来"的，有其必然性与合理性。

但与此同时，我们也应该注意到，"保险＋期货"模式的作用发挥是有边界的，同时也会受到一些因素的制约。具体而言，由于期货公司不擅长管理自然风险，"保险＋期货"模式最擅长的领域还是对农产品的价格风险管理，也即利用期货市场来分散农产品的市场风险（也即"价格保险＋期货"模式），而对于价格风险管理之外的领域，比如农产品自然风险管理、农产品收入风险管理等，"保险＋期货"模式并不是最佳的管理手段。另一方面，"保险＋期货"模式并非"即插即用"的，其作用发挥也会受到农产品是否为期货交易品种、现货价格与期货价格的基差风险、政府是否提供保费补贴等因素的影响。总之，"保险＋期货"模式发展的立足点是开展农产品价格风险管理，这也是它区别于其他农业风险管理工具的比较优势。

（二）如何促进农业保险市场与期货市场的融合？

"保险＋期货"是在我国成本类农业保险产品之外的增量创新，同时也启发了我们进一步推动我国现有农业保险产品与期货市场的融合，促进产量保险和收入保险的发展。

成本类保险产品是当前我国的主流农业保险产品。这类产品以农户在农业生产中所发生的各类成本作为保险金额的参考依据，无需考虑农产品的价格变动情况，具有容易理解、操作简单等优势，但是其保障水平却相对较低，不能为农户提供更加充分的保障。然而，借助期货市场的价格发现功能，我们可以开展农产品的产量保险①和收入保险，进而帮助农户提前锁定农业产量和农业

① 产量保险不仅需要确定农作物的亩均产量，还需要确定这些产量所对应的价格。

收入，更好地稳定农业生产。

其中，收入保险不仅可以提供自然风险保障，而且可以提供市场风险保障，因此被视作农业保险产品的高级形式和发展方向[①]。近年来，我国各地开展了形式多样的农业收入保险试点，财政部等三部委也于 2021 年 6 月发布了《关于扩大三大粮食作物完全成本保险和种植收入保险实施范围的通知》（财金〔2021〕49 号），明确 2022 年将三大粮食作物完全成本保险和种植收入保险扩大到 13 个粮食主产省份的所有产粮大县。这些都反映了我国政府发展收入保险的决心和意志。

需要补充说明的是，在发展收入保险的过程中，除了继续开展“收入保险＋期货”模式的探索，我国还可以借鉴美国的经验，重点利用期货市场的价格发现功能，也即由各保险公司依据农产品的期货价格来确定农户的目标收入（不限于主粮作物），然后，依靠中国农再所确立的再保险体系来实现农业收入保险产品的风险分散。虽然这种做法对中国农再而言存在着较大挑战，但是其风险管理效率优势是确定的[②]。

（三）中央财政是否应该对“保险＋期货”模式提供保费补贴？

对农业保险提供一定的保费补贴，是各国农业保险发展的共识，也是我国农业保险发展的重要经验。2007 年以来，我国的农业保险保费补贴制度日趋完善，但目前中央财政尚未对“保险＋期货”模式提供保费补贴，其中的原因可能包括：第一，很多“保险＋期货”项目是以地方特色农产品作为保险标的的，比如红枣、苹果、豆粕、花生、鸡蛋等；第二，“保险＋期货”模式的保险责任主要为市场风险，其保障水平相对较高，对中央政府财政补贴的压力也更大；第三，“保险＋期货”模式仍然处于试点状态，其最终效果还有待时间的检验。

然而，从近年来各地“保险＋期货”的试点总结来看，保费补贴情况直接关系着“保险＋期货”的推广力度。特别是随着三大商品交易所和期货公司补贴意愿和补贴能力的趋弱，一些“保险＋期货”项目已经难以为继，因此，不少地方政府以及商品交易所、期货机构对中央财政补贴提出了呼声。

我们认为，由于不同农产品的外部性存在差异，中央财政对农业保险保费补贴的关注对象仍然应该聚焦在大宗农产品上，同时在保障责任上也应该追求稳步提升。事实上，2021 年财政部等发布的《关于扩大三大粮食作物完全成本保险和种植收入保险实施范围的通知》在一定程度上也反映出这种态度。与

---

① 除了美国，日本也于 2019 年推出了大范围的农业收入保险。

② 诸多研究表明，农产品的产量和价格之间存在着“对冲”关系，也即，虽然某种农产品的产量下降了，但是其价格可能会上升，而收入未必会明显下降。这也意味着开展收入保险的风险可能会低于价格保险的风险。

此同时，对于具备一定外部性的农产品或者有着很强政策效果的农产品，中央财政可以将国家农产品收储资金或价格调节基金的一定比例转为保费补贴资金，还可以通过对地方政府实施保费补贴奖补激励等方式进行支持。

（四）如何加强对“保险＋期货”模式的监管？

金融创新与金融风险相伴而生。“保险＋期货”模式将市场风险从保险公司转移至期货市场，然而，由于期货市场存在着价格波动风险、杠杆放大风险、操作失误风险等，“保险＋期货”的潜在风险是显而易见的。一旦出现严重风险，不仅不会为农业生产起到保驾护航的作用，相反会破坏农业生产的稳定，得不偿失。目前“保险＋期货”模式处于试点和探索阶段，各方为其发展创造了比较宽松的环境，监管机构对其创新试错的容忍度也比较高。但随着试点的进一步推广和深入，相关风险势必日渐积累和加大，因此，监管机构有必要增强风险防范意识，持续完善监管规则，防范和化解风险。

在当前我国的金融监管体系下，中国证券监督管理委员会对期货市场实行集中统一的监督管理。这也意味着，未来我国对“保险＋期货”模式的监管需要统筹和整合财政部、国家金融监督管理总局、中国证券监督管理委员会等不同部委的监管力量和监管资源。在这种背景下，如何克服多头监管所产生的规则不一、监管套利、监管真空等问题，进而实现监管效能集约化，将是未来我国农业保险监管面临的重要挑战。

参 考 文 献

安毅，方蕊，2016. 我国农业价格保险与农产品期货的结合模式和政策建议［J］. 经济纵横（7）：64-69.

董婉璐，杨军，程申，李明，2014. 美国农业保险和农产品期货对农民收入的保障作用：以2012年美国玉米遭受旱灾为例［J］. 中国农村经济（9）：82-86，96.

杜鹰，2016. 完善农产品价格形成机制［J］. 中国经济报告（12）：23-26.

韩一军，徐锐钊，2015. 2014美国农业法改革及启示［J］. 农业经济问题，36（4）：101-109.

鞠荣华，常清，陈晨，杨智玲，2019.“保险＋期货”：农业风险管理的策略与战略：基于试点案例分析的对策建议［J］. 中国证券期货（5）：4-12.

李琼，单言，王铭，等，2018. 美国农业再保险体系运行模式及启示［J］. 保险理论与实践（9）：85-105.

李亚茹，孙蓉，刘震，2018. 农产品期货价格险种设计与定价：基于随机波动率模型的欧亚期权［J］. 财经科学（3）：14-28.

李正强，2020.“保险＋期货”服务农民收入保障：美国的经验与中国的探索［J］. 清华金融评论（7）：37-40.

龙文军，李至臻，2019. 农产品“保险＋期货”试点的成效、问题和建议［J］. 农村金融研究（4）：19-24.
卢凌宵，刘慧，秦富，等，2015. 我国农产品目标价格补贴试点研究［J］. 农业经济问题，36（7）：46-51，111.
孙乐，陈盛伟，2017. 我国农产品“价格保险＋期货”供给分析：基于美国实践的借鉴［J］. 金融理论探索（6）：67-73.
汪必旺，王克，2019. 美国牲畜价格指数保险的经验及局限性［J］. 保险研究（5）：117-127.
王克，2019. 加拿大农业支持政策和农业保险：发展和启示［J］. 世界农业（3）：56-62，116.
徐田华，2018. 农产品价格形成机制改革的难点与对策［J］. 农业经济问题（7）：70-77.
徐媛媛，李剑，王林洁，2022.“保险＋期货”服务地方优势特色农产品价格风险管理：运行机制、突出问题与政策融合空间［J］. 农业经济问题（1）：114-127.
叶明华，庹国柱，2016. 农业保险与农产品期货［J］. 中国金融（8）：64-66.
余方平，刘宇，王玉刚，等，2020.“保险＋期货”模式价格保险定价研究：以玉米为例［J］. 管理评论，32（4）：35-47.
俞勇，2022.“保险＋期货”与乡村全面振兴［J］. 中国金融（5）：28-30.
袁祥州，程国强，黄琦，2016. 美国农业保险财政补贴机制及对我国的借鉴［J］. 保险研究（1）：76-86.
张峭，2016. 基于期货市场的农产品价格保险产品设计与风险分散［J］. 农业展望，12（4）：64-66，80.
张秀青，2015. 美国农业保险与期货市场［J］. 中国金融（13）：74-76.
朱俊生，叶明华，2017.“保险＋期货”试点效果评估及建议［J］. 重庆理工大学学报（社会科学），31（8）：1-5.

（作者单位：1. 对外经济贸易大学；2. 广东金融学院）

中国农业巨灾风险评估理论和方法研究进展和展望[①]

孔　峰

一、引言

农业生产是对气候变化最敏感的领域之一（庹国柱等，2013，2014），强烈依赖于气候条件（Reid 等，2007；Mertz 等，2009；Roudier 等，2011），受自然灾害的影响尤为重大。其中的农作物生产过程由于暴露在大气环境下，因而最容易受到农业巨灾的威胁，并最终反映在产量的变化上（Conradt 等，2012）。农业系统是人们参与控制的自然与生物间物质和能量交换的主要载体，它在农业生产中具有生物、工程等科学技术间的相互非线性作用，从而形成以自然再生产和经济再生产有机结合及其与自然条件相互联系、相互协调的巨大有机整体（朱晓莉等，2008）。农业生产过程面临着自然灾害、病虫害、市场、政策、技术等多重风险的挑战，无论是其中单一风险还是各类风险组合，都有可能导致农业巨灾风险的发生，从而引发重大农业损失（范丽萍等，2014）。研究表明，未来农业气象灾害发生频率和强度呈现明显上升态势，各种极端事件导致各种灾害（洪水、干旱、热浪、台风）发生的频率和强度在未来会呈增加趋势（FAO，2006；IPCC AR5，2013；Yu 等，2010；Ahsan 等，2011），说明农业生产的不稳定性加大，农业在气候变化下将变得更加脆弱，进而导致全球巨灾发生次数呈现出明显的上升趋势，给全球经济的发展以及保险行业的健康发展造成了巨大的负面影响，同时也将影响到各个国家的粮食安全以及人民的基本需求（赵俊晔等，2013；张峭，2006；赵思健等，2013）。

在农业巨灾研究方面，首先，定量化的农业巨灾划分能够确定农业巨灾的分级，从而为农业巨灾风险评估提供基础。但是缺陷在于这些定量化划分当中指标和标准存在很大差异，农业巨灾阈值的不统一将会给农业巨灾风险评估带来相当的困难。目前的农业巨灾划分标准通常多包含于巨灾划分标准中，且多

---

① 本文原载于《保险研究》2016 年第 9 期。

从致灾因子强度和财产损失或受灾范围两方面单独或综合划分。从致灾因子角度考虑的划分（以旱灾为例）：薛昌颖等（2014）选择土壤相对湿度和作物水分亏缺指数分别建立夏玉米不同生育阶段的干旱等级指标；杨方（2014）尝试从农业灾情角度，采用受灾率、成灾率、因旱粮食损失率作为农业旱灾等级划分指标。《气象干旱标准》国家标准中，采用降水距平百分率，相对湿润度指数，标准化降水指数，土壤相对湿润干旱指数，帕尔默干旱指数以及综合气象干旱指数对干旱等级进行划分（国家标准化管理委员会，2006）。水利部（2008）则颁布了《旱情等级标准》，采用降水距平百分率、连续无雨日数、作物缺水率、断水天数等指标对干旱进行划分。从损失指标方面进行的划分：邓国取（2007）认为巨灾的确认采取双因子标定：一是人口直接死亡超过万人；二是直接经济损失亿元以上。马宗晋（1994）把死亡 10 000 人以上，直接经济损失（按照 1990 年价格计算）100 亿（含 100 亿）元人民币以上视为特大灾害，即巨灾。汤爱平等（1999）认为可以从灾害损失占 GDP 比例，重伤和死亡人数百分比以及灾后经济恢复与发展能力三个角度，按国家、省、县三级进行巨灾的界定。袁林（2014）从农户、政府和保险公司三个角度进行了农业巨灾的划分，认为对于农户而言，按照美国的划分方法，巨灾造成的损失超过家庭年预期纯收入的 50%，给农业生产和生活造成严重损失的情况可界定为农业巨灾风险。对政府而言，国际上较为流行的划分方法是一次灾害经济损失发生额大于当期 GDP 的 0.01%可界定为农业巨灾风险。对于保险公司而言，保险公司为一次受灾的赔款相当于当年保险公司保费收入的 150%～200%，即可界定为巨灾风险（邓国取，2007）。其次，目前的灾害系统评估框架当中，农业巨灾与一般农业自然灾害没有进行很好的区分。人们往往将一般自然灾害和巨灾混为一谈。但实际上，从两者的灾害机制、概率特征以及造成的损失看，两者都存在显著差别。从灾害机制看，一般自然灾害致灾因子单一，成害过程简单；而巨灾不论是致灾还是承灾过程都相对比较复杂，而且可能以灾害链的形式出现；从概率特征看，一般自然灾害服以一般的概率分布，而巨灾的概率属于“低频高损”的尾部分布（邵腾伟等，2011）；从造成的影响看，一般自然灾害导致的损失较小，保险公司从风险的可保性角度是完全可以按照普通商业风险进行承保的。“巨灾”则由于造成损失大的原因需要借助政府的力量动用社会资源共同分担（石兴，2011）。而做好该项工作是农业保险准确进行保费厘定，政府进行合理救助的客观要求。再次，目前全球对于农业巨灾风险的定义和划分标准还未形成统一的认识。不同领域研究人员基于不同的学科背景和研究视角提出了各种农业巨灾的定义和标准，主要原因在于不同类型的巨灾灾种不同，灾害影响范围不同，灾区受灾体的脆弱性不同，受灾情况和损失情况均不同。这是必须解决但尚不确定的问题，这项工作不仅仅是灾害调查和评估的依据，而且是划分与确定巨灾事件的关键（高庆华，2012）。最后，在农业巨灾风险评估研究方面，缺乏相对应的理论体系支持农业巨灾风险的研究工作，同时也缺乏系统的农业巨灾评估框架保障农业巨灾风险评估的完整性和准确性。虽然国内外一些学者在如何对农业巨灾风险进行评估方面做了一些有益探索，但是缺乏相互之间的比较和验证。而且在众多方法当中，从农作物模型角度研究农业巨灾的机理过程并进行风险评估的研究较少。

对中国而言，近年来中国的农业巨灾风险呈现以下基本特点：一是农业旱灾巨灾风险日趋凸显（张峭等，2006，2007，2011）。二是低温冻害巨灾风险逐渐显露（赵俊晔等，2013；赵思健等，2013）。三是洪涝巨灾风险不容忽视（徐磊等，2011）。根据2004—2010年灾害损失统计，中国农作物年均受灾面积高达6.18亿亩，所造成的粮食损失年均高达444亿千克，约占全国粮食总产量的10%。其中，2004—2010年，中国农作物因旱年均受灾面积达到2.96亿亩，占总受灾面积的48%，所造成的粮食损失年均达到204.50亿千克，占粮食总损失的46%。2004—2010年，低温冻害给我国农作物造成的年均受灾面积达到0.85亿亩，占总受灾面积的14%，并且比1997—2003年年均增加2 000多万亩，所造成的粮食损失年均达到36亿千克，占粮食总损失的8%。2004—2010年，洪涝给我国农作物造成的年均受灾面积达到1.47亿亩，占总受灾面积的24%，所造成的粮食损失年均达到113.51亿千克，占粮食总损失的26%（徐磊等，2012）。另外随着人类社会经济活动使得各个生态系统得以紧密联系，从而使得灾害链的发生更加凸显（史培军，2002）。对于政府而言，农业巨灾风险已经严重威胁我国农业的可持续发展和社会经济稳定。面对未来气候变化条件下极端事件的增加，农业巨灾也将呈现出发生频率高、破坏程度大、影响范围广的特点（段胜，2012a），警示着学界必须加快对农业巨灾风险评估的研究。

可是当前，农业巨灾研究领域存在定义不统一（赵思健等，2012），缺乏系统的评估框架及有针对性的评估方法（张峭，2007；赵俊晔等，2012）。而加强对农业巨灾的研究，尤其是农业巨灾风险评估研究，对于有效应对农业巨灾风险挑战，进而确保和巩固我国农业基础地位具有不可或缺的重要意义（赵思健等，2014；张峭等，2011）。与此同时，农业巨灾风险评估是在全球气候变化大背景下中国农业稳定发展急需解决的现实问题，同时也是保险和再保险行业亟待解决的理论和技术问题。基于以上问题的认识和思考，本文从农业干旱巨灾入手，明确农业巨灾的定义和划分标准，在此基础上提出农业巨灾风险评估的理论体系和评估框架。该研究一方面符合我国经济社会可持续发展和保障粮食安全的要求，对国家和地区防范、减轻和转移农业巨灾风险具有重要的现实意义；另一方面紧扣当前灾害领域研究的热点问题和难点问题，探索农业巨灾风险评估的可行道路，为保障农业的持续健康发展，农业巨灾保险费率的厘定工作以及政府在农业巨灾风险防范工作方面提供支持，因而具有理论意义。

二、农业巨灾的科学内涵

（一）巨灾复杂性

1. 巨灾定义的重要性和特征

巨灾定义是进行巨灾理论研究的基础，将为保险公司开展巨灾保险业务提供支持，同时也是国际进行灾害管理的重要依据（邓国取，2008，2009）。各国根据本国的实际情况在不同历史时期对巨灾有着不同的解释和描述，直至今日学术界和实践部门尚未对巨灾形成统一的定义（周荣义等，2004）。但其具有一般性的特征：发生频率低、影响范围广、损失很大但不确定、规模特别巨大、风险相关性高、传递扩散性强，还表现出风险累积和尖峰厚尾的数理统计特征。巨灾对救援的需求较高，一般需要社会各界甚至是国际力量的合作才能进行很好的应对。此外，巨灾最明显的特征之一就是连锁性，乃至产生灾害链。最后，巨灾具有主题相对性，在表征巨灾时需要合理反映不同主题承受巨灾风险的能力。

2. 巨灾的因果理解

从巨灾形成原因角度看，巨灾是外部力量相互作用的结果，受到影响的人们只不过是被动的环境变化的牺牲品（Zeuli，1999）。因此，可以认为巨灾是特定孕灾环境背景下由某些致灾因子引发的对承灾体产生重大破坏力或影响的灾难性事件。从巨灾造成结果的角度看，巨灾是在时间和空间上相互作用，对不同地区造成影响从而导致巨大损失的事件（Ermoliev 等，2000）。往往巨灾表现出时空同步性、串发性和并发性特征，其主要的表现范式是灾害链、多灾种和灾害遭遇。综合原因和影响的研究表明，巨灾是自然环境、人口、社会、经济相互作用的负面产物，能够对个人的满意度、社会物质的存在、社会秩序等造成破坏（Doughty，2003）。

3. 巨灾的跨学科理解

不同学科背景的研究人员从不同的角度也给出了巨灾的定义：从经济学角度看，巨灾是一个低概率的大损失事件，对受灾地区资源和社会经济发展产生制约作用（Murlidharan，2003）。从保险学角度看，如果一个投保人是厌恶风险的，面对两个具有相同期望损失事件时，小概率事件就是巨灾（Eeckhoudt 等，1999）。从灾害学角度看，巨灾是对区域或国家经济社会产生严重影响的自然灾害事件，包括地震、洪水、干旱、飓风等具有广泛系统性的自然灾害（张业成等，2006）。从概率论角度看，巨灾就是指在一定时期内（通常为一年）小概率且一次损失大于预期、累计损失超过承受主体（主要有投保人、保险人和政府）承受能力的事件（邓国取，2009）。综上可知，巨灾界定为具有“低频高损”特征、可以通过条件期望值来度量的灾害性事件，而风险则是与某种不利事件有关的一种未来情景。从分析角度和学科背景等因素考虑，要获得关于巨灾的统一定义十分困难。

（二）农业巨灾的定义和内涵

1. 农业巨灾的特征和内涵

农业巨灾作为一种极为特殊而具体的类别，对农业遭受的灾害或损失到达何种程度才成为巨灾，缺乏统一的界定标准（陈利，2014）。农业巨灾相对于其他巨灾更容易发生，具有影响概率大、损失大和可测性差的特点。一方面，农业巨灾需要体现巨灾的一般特征和内涵，另一方面又必须展现农业这一承灾体的复杂性和特殊性。专门针对农业巨灾的研究较少，因而无法从定量上给出满意的解释。而从定性角度，一些学者给出了一些尝试性的定义。农业巨灾是指由于自然灾害或人为因素引起的大面积的农业财产损失或农业设施损失远远超过主体承受能力的事件，可以将其简单定义为具有损失发生概率小，但农业损失金额特别巨大的灾害（冯学峰，2011）。农业巨灾是指发生概率虽然很小，但单次损失超过预期累计损失、大于承受主体承受能力的农业自然灾害事件（袁林，2014；刘小康等，2011）。农业巨灾是对一定地区农业造成不可避免的重大经济损失的小概率事件（黄英君等，2011）。一般认为，农业巨灾是指在农业领域因自然灾害或人为因素等引起的灾难性事件，造成了农业或农村大面积财产损失、人员失踪伤亡等危害（陈利，2014）。农业巨灾是指造成一定地域范围内农作物重大损失的极小概率事件，农作物巨灾风险则为某个百年一遇的极端灾害事件导致农作物生产遭受巨大损失的可能程度（张峭，2013）。农业灾害的转移和分散过程中“渐变－累积－突变”所造成的农业巨灾也是其中农业灾害风险的关键因素之一，具有很强的相关性和系统性（图 1），即往往呈现出大范围成片受损的现象。受灾个体不相互独立，存在高度的正相关损失风险。综上可以看出，目前针对农业巨灾的定义从本质上还是从致灾因子强度、灾害发生频率以及造成损失程度三个方面进行描述（图 2），而且是以定性研究为主，定量研究较为缺乏。

2. 农业巨灾风险的多角度理解

农业巨灾风险指的是由于巨灾导致的农业重大损失的未来情景，这与自然灾害的易发时段以及农作物的分布范围密切相关，因此，风险发生具有地域性和高度集中性的特点，很容易形成巨灾风险。农业巨灾风险可以从三个方面进

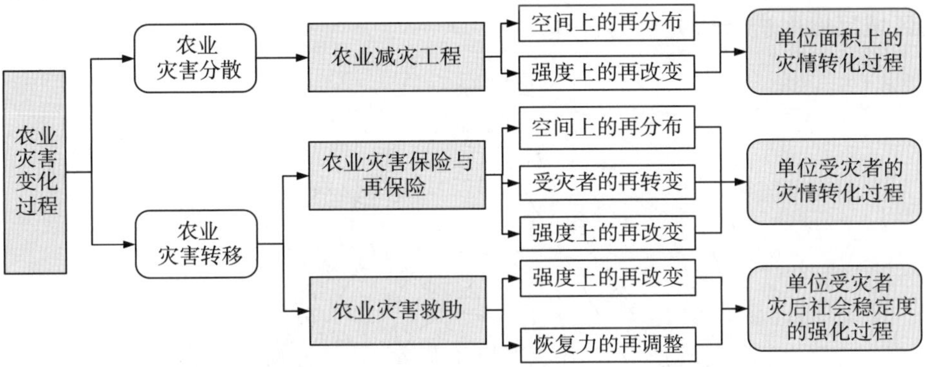

图 1　农业灾害分散与转移构成的综合灾害过程

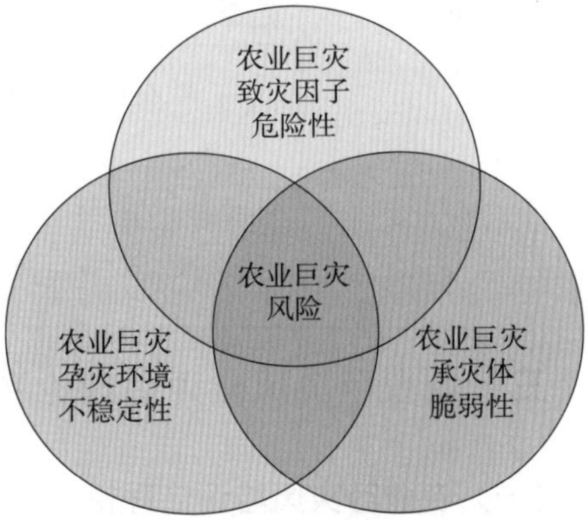

图 2　农业巨灾的功能体系

行理解：从灾害系统理论来看，农业巨灾风险的形成主要与四方面的要素有关，首先，巨灾风险的形成与形成巨灾的致灾因子有密切联系（图 2）。其次，巨灾风险的形成与巨灾因子发生地区的环境有密切的关系。再次，巨灾风险的形成与巨灾致灾因子所影响的承灾体脆弱性有密切关系（图 3）。最后，巨灾风险的形成与地区整体灾害的恢复力相关。巨灾风险的形成是巨灾致灾因子超越了受灾地区的设防水平，使相对脆弱的承灾体受到毁灭性破坏所导致的，其中巨灾致灾因子是巨灾风险形成的必要条件，受灾地区的高脆弱性是巨灾风险形成的充分条件，而灾区不稳定性的自然与人文环境则是巨灾风险形成的催化剂，即诱发条件（史培军，2009）。从损失角度看，农业巨灾风险的形成主要与农作物从种植到收获的整个生长过程中遭受各种因素影响而引起的实际产量低于预期产量的偏离程度有关（张峭，2013）。从农业巨灾形成机制看，农业巨灾风险的形成主要是由于农业生产过程中某一个或几个关键因子的不确定性所引起。从福利经济学角度看，农业巨灾损失风险既不能完全视为私人风险，也不能将其完全视为公共风险，而应界定为一种处于私人风险和公共风险之间的类似于“准公共物品”的风险（庹国柱，2013）。从生产生活经验看，人们认识到农业最易遭受巨灾风险，其脆弱性非常高。因为农业生产的对象尤其是农作物往往直接暴露在外界环境当中，受自然条件的影响非常大。农业巨灾的特点还体现在其具有明显的区域性和季节性。综上可以看出，对于农业巨灾风险而言，考虑到其影响的广泛性，可能在大区域尺度上进行研究更为合理。

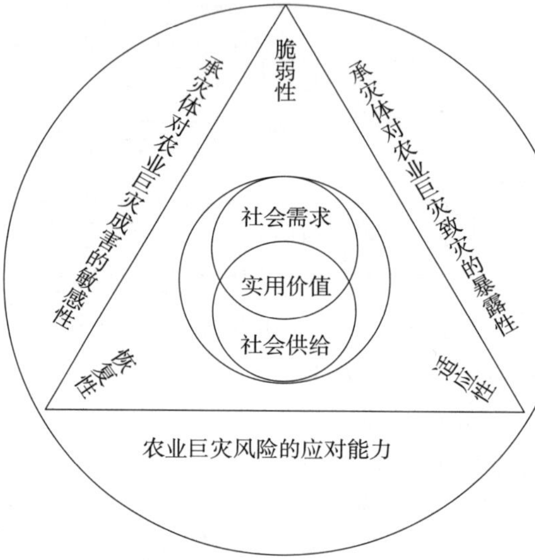

图 3　农业巨灾风险的内涵与外延

三、农业巨灾风险评估理论和方法评述

（一）农业巨灾风险评估理论

史培军教授于 1991 年提出灾害系统理论，认为灾害系统是由致灾因子、承灾体及孕灾环境三要素组成（史培军，1991）。在此基础上，提出致灾因子论、孕灾环境论、承灾体论和区域灾害系统论，并阐述了致灾因子与承灾体的分类和区域灾害形成机制（史培军，1996）。2002 年又进一步提出了灾害脆弱性评估、灾害风险评估、灾害系统动力学及区域灾害过程的研究（史培军，2002）；2005 年在“四论灾害系统研究的理论与实践”研究中，明确了区域灾害系统的结构与功能体系，区域灾害系统的理论框架，灾害分类体系、灾害链、灾害评估、灾害形成过程、灾害系统动力学及区域综合减灾模式（史培军，2005）。2009 年，史培军教授对“区域灾害系统”的本质进行了进一步探讨，认为“区域灾害系统”是地球表层系统中的“社会—生态系统”，也是地球表层系统中的“人地关系地域系统”，还是可以在时空两个方面进行类型划分与区划的多级体系。针对“区域灾害系统”的结构与功能体系，提出了从“多灾种叠加损失”和“灾害链损失”的角度开展综合风险评估的新途径（史培军，2009）。2014 年，史培军教授将研究目光转向灾害系统复杂性，认为灾

害系统的复杂性是由致灾因子、孕灾环境与承灾体的复杂性所决定，并将其特征总结为灾害群，灾害链和灾害遭遇问题，同时关注国家防范巨灾风险的能力（史培军，2014）。综上所述，当前区域灾害系统理论研究与发展的重点在于引入巨灾系统的理解与巨灾防范的内容。区域灾害系统理论的一般结构体系和功能体系如图 4 所示，认为灾害（D_s）是地球表层孕灾环境（E）、致灾因子（H）、承灾体（S）综合作用的产物，即 $D_s = E \cup H \cup S$。

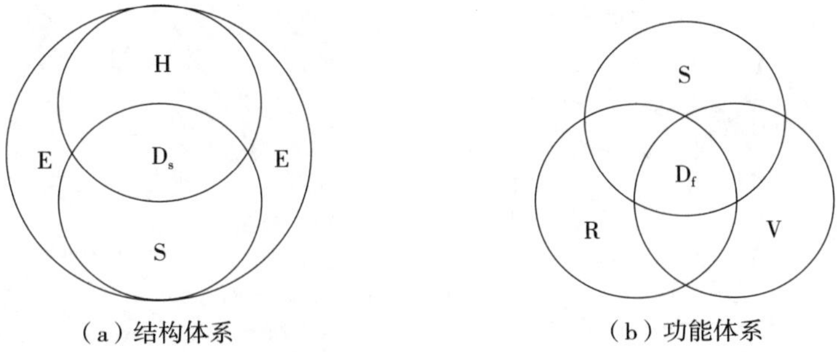

图 4　灾害系统的结构体系和功能体系

任何一个特定地区的灾害，都是 H、E、S 综合作用的结果。由孕灾环境稳定性（S）、致灾因子危险性（R）和承灾体脆弱性（V）共同构成了区域灾害系统的功能体系（D_f）。孕灾环境稳定性是指地球表面各个圈层之间相互联系、相互影响过程中的平衡状态。这种平衡状态越差，则发生灾害的可能性越大。致灾因子危险性是指造成某种灾害的自然变异的程度，主要是由灾变活动强度和活动频次决定的。一般灾变强度越大，频次越高，灾害所造成的破坏损失越严重，灾害的风险也越大（张继权等，2006）。承灾体脆弱性是指承受灾害的对象易受或者没有能力对付灾害影响的程度，也可以表达为承灾体敏感性和适应能力的函数。这一功能体系强调系统各要素所具有的相互间不可替代的功能，视致灾因子、承灾体与孕灾环境在灾害系统中的作用具有同等的重要性，即在一个特定的孕灾环境条件下，致灾因子与承灾体之间的相互作用功能集中体现在区域灾害系统中致灾因子危险性（R）与承灾体脆弱性（V）和恢复性（R_i）之间的相互转换机制（D_{ft}）方面（图 5）。

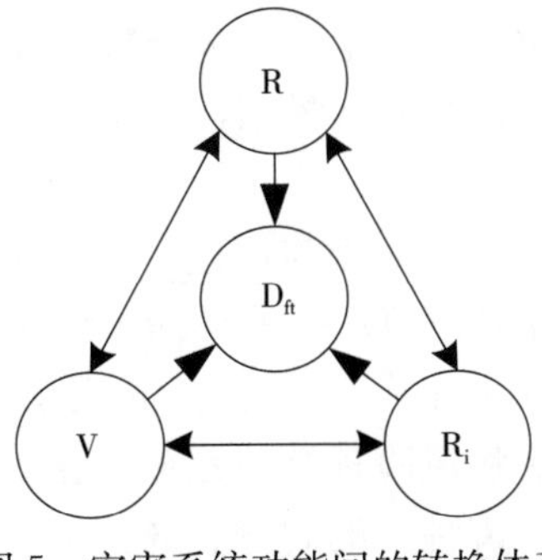

图 5　灾害系统功能间的转换体系

本研究认为，对于农业巨灾而言，还必须考虑区域的防灾减灾能力。这主要是由于巨灾的概念往往基于承灾体损失决定，而承灾体损失与自身抗打击能力有密切关系，这一方面与承灾体自身的脆弱性相关，另一方面则由防灾减灾能力决定（图 6）。防灾减灾能力表现为受灾区在长期和短期内能够从灾害中恢复的程度，包括应急管理能力、减灾投入、资源准备等。防灾减灾能力越高，可能遭受潜在损失就越小，灾害风险越小。与此对应的结构体系如图 7 所示。

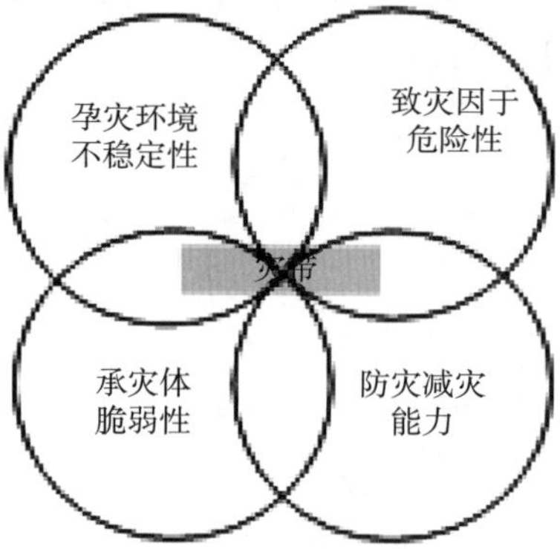

图 6　区域农业巨灾系统功能体系

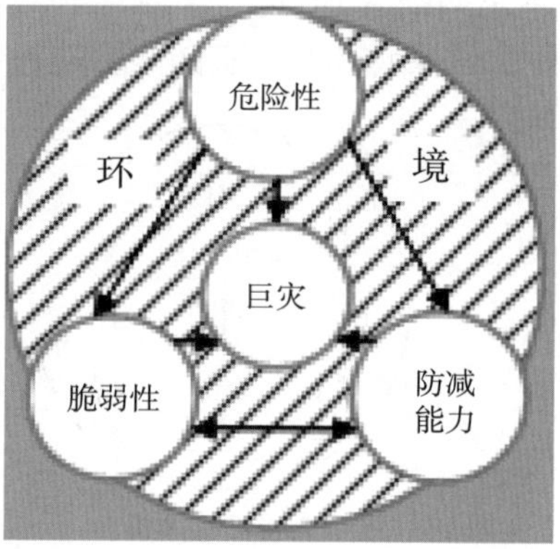

图 7　区域农业巨灾系统功能转化体系

（二）农业巨灾风险评估方法

在农业巨灾风险评估方法方面，主要可以通过基于指数的综合指标评估法、基于损失的数理统计评估法以及基于过程机理的作物模型评估法三类。

1. 基于灾害系统理论的综合指标评估法

（1）科学内涵。基于灾害系统理论的综合指标评估法是基于区域自然灾害系统理论（史培军，1991），构建灾害系统三要素即致孕灾环境、致灾因子和承灾体的指标体系，运用系统综合评价方法对农业巨灾进行综合评价。运用该方法的核心问题是如何构建客观、公正、系统、完整的评估指标体系。

（2）评估流程。首先选择风险指标，包括农业巨灾系统构成指标和评价方面。巨灾系统构成包括孕灾环境、致灾因子、承灾体、成灾能力和灾害损失。评价方面包括危险性、暴露性、脆弱性、减灾能力等。然后采用数学方法进行量化和归一化，再选择数学模型确定权重，最终进行整合计算，得到最终的风险评估结果（张峭，2013）（图 8），其中评估的核心是农业巨灾的动力学过程（图 9）。

（3）应用与评述。联合国开发计划署（UNDP）在全球范围内采用灾害风险指数（Disaster Risk Index，DRI）进行了自然灾害暴露和脆弱性的评估（Peduzzi 等，2009）。高庆华首次提出构建巨灾损失评估的指标体系观点，并考虑将风险预警体系放入指数当中（高庆华，1991）。周寅康进一步认为可以从灾害种类的划分、风险区划的识别、风险特征的量化、承灾能力的评估以及风险损失等级的细分五个方面出发，建立综合性的自然灾害评估指标（周寅

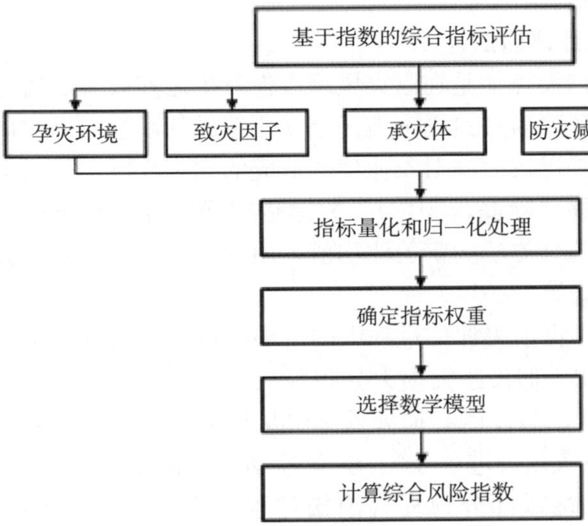

图 8　基于灾害系统理论的综合指标评估流程

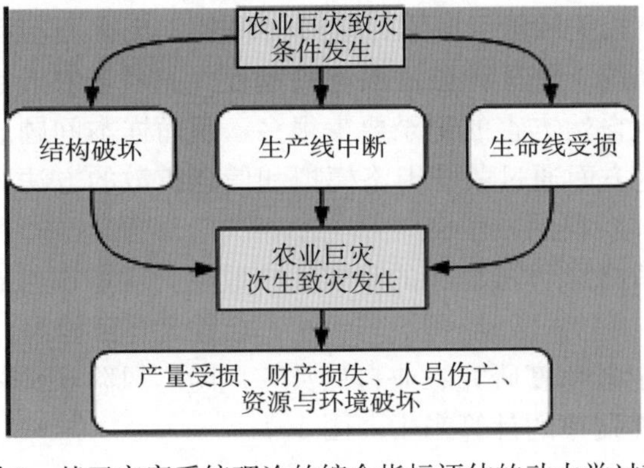

图 9　基于灾害系统理论的综合指标评估的动力学过程

康，1995）。孙绍骋认为指数指标分解方法在所有巨灾风险评估体系中最为合理（孙绍骋，2001）。段胜（2012b）提出中国巨灾指数指标构建。其指数公式为：总环境指数＝自然环境指数×人文环境指数×经济条件指数。运用基于指数的评估理论进行风险评估具有全面性和易得性，有利于进行成因分析，能对农业巨灾风险管理提供实际的指导意义（金菊良等，2014）。但是缺点在于计算出来的结果仅仅是灾害风险的相对等级，因而无法对可能造成的损失与损失的分布特征予以回答，不直接反映风险的内涵，结果的物理意义不明确。同时，由于不同研究人员选用的指标各不相同，因而不便于风险评估结果的横向比较，同时存在主观随意性而导致评估结果的准确性受到质疑。适用范围主要是对于农业巨灾风险的初步评估，尺度范围上适合于大中尺度的评估，以及数据相对难以获得地区的评估。

2. 基于损失的数理统计评估法

（1）科学内涵。巨灾损失评估是在巨灾风险事件发生之前或者之后通过损失的计量和统计，判断该风险事件给受灾地区公众所造成的影响。运用该方法的关键问题有两个：一个是巨灾时间对农业生产造成的损失程度，另一个是农业巨灾损失的概率分布问题（徐磊，2012）。关键是准确拟合出农作物巨灾损失的概率分布函数。传统统计方法大都关注均值，用其评估巨灾风险将会产生很大的偏差和误差（Zhang 等，2015）。

（2）理论模型。当前巨灾损失评估过程中的主要理论模型包括四类：第一类是 Aase（1999）最早提出，假设巨灾损失分布服从复合泊松过程。第二类是 Lizenberger 等（1996）提出，假设巨灾损失概率服从集合布朗运动。第三类是 Geman 和 Yor（1997）将巨灾损失进行分解为连续变动部分和跳跃部分，连续变动部分为几何布朗运动，跳跃部分为复合泊松过程。第四类是 Cummins 和 German 在 1995 年提出，当前应用最广泛的巨灾损失评估模型，跳跃部分为乘积形式。上述四类巨灾损失评估模型无论是在模型的计算还是在参数的估计方面都需要大量的灾害损失和承保载体的易损性数据，以及保险标的的本身估计值。在样本量较少的情况下使用该方法缺乏稳健性。而对于农业巨灾，由于其发生频次相对一般农业自然灾害的记录要少很多，因而样本问题成为制约该方法应用的重要因素。这方面通过蒙特卡洛模拟和信息扩散的方法可以很好地解决这些问题。

（3）评估流程。该方法使用的步骤比较成熟，一般通过农作物单产数据或灾情数据，采用“趋势-波动-拟合-评估”的范式（张峭等，2011）进行风险评估。该方法从定量角度研究农业自然灾害风险，风险评估结果可以直接应用于农业保险领域纯费率的计算当中（图 10）。

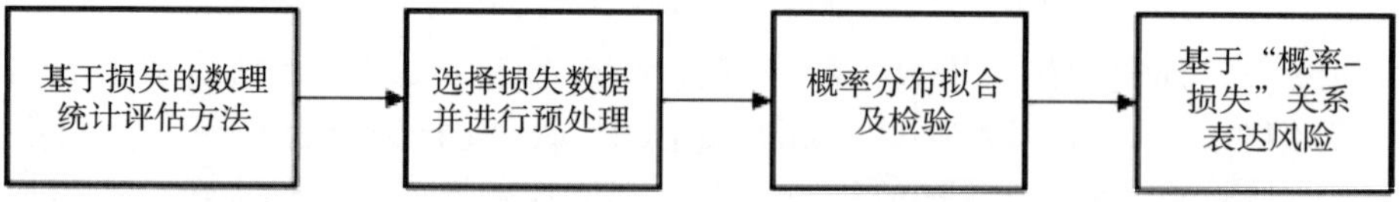

图 10　基于损失的数理统计评估方法流程

（4）应用与评述。关于该方法在农业巨灾风险研究当中的运用，徐磊等人基于农业巨灾“低频高损”的尾部分布特点，分别采用分位数回归理论和极值分布理论构建了农业巨灾风险评估的模型，研究结果充分显示出以上两种方法在构建农业巨灾风险评估模型当中的合理性以及在农业生产实践中的重要性（徐磊，2012）。基于损失的数理统计评估法的优点是原理简单，能够直观表达巨灾造成的损失风险。数据相对获得较易，一般能够从统计部门获得相关的数据信息。目前基于风险损失的自然灾害风险评估的理论和方法已成为农业保险准确厘定费率和实现“一致性”及“公平性”原则的重要基础（张峭等，2011）。该方法的不足在于：容易受数据质量的影响，由于统计数据往往是对某个尺度区域的加总求和，因而可能出现数据空间加总偏差（Breustedt 等，2008；Claassen 等，2011；Ye 等，2015），同时在机理解释方面不够具体。加上农户可能采取相应的防灾减灾措施，所以其准确性被质疑（Schlenker，2010）。总之，该方法适用于数据量比较齐整的地区进行研究。

3. 基于过程机理的模型评估法

（1）科学内涵。近年来，随着计算机技术的发展和对作物生产机理过程的理解，促成了基于风险机理自然灾害风险评估理论和方法的兴起。该方法属于情景模拟的灾害风险动态评估范畴，是当前灾害风险评估的主要发展方向和前沿课题（金菊良等，2014）。该方法兴起于 20 世纪 80 年代。主要是采用作物生长过程模拟的手段，通过不同气候变化情景的设置，研究特定农作物受到各因素的影响而产生的可能变化（Attavanich 等，2013）。该方法的核心问题是在农业巨灾风险评估当中对区域自然灾害过程的仿真建模（徐磊，2012）。

（2）评估流程和生态学过程。运用该方法的步骤主要包括：致灾因子分析、致灾过程仿真、作物减产估算以及最后的风险量化。其主要评估核心是基于农业生产的生态学过程（图 11、图 12）。

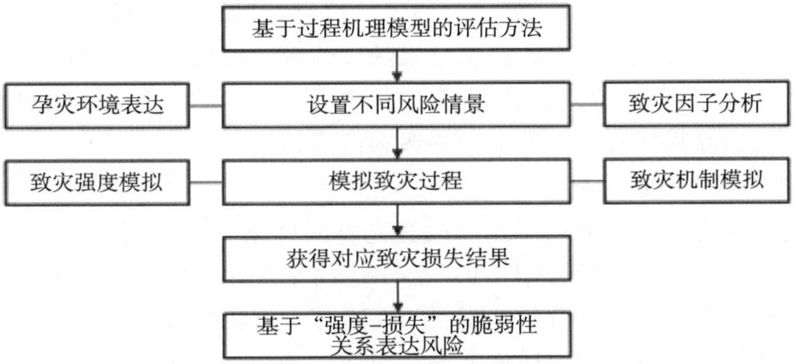

图 11　基于过程机理的模型评估方法流程

（3）应用与评述。当前运用作物模型来研究农业巨灾的研究较少，主要原因是模型在模拟极端天气条件方面的不足。通过对巨灾模块的引入和分析，将能够很好地解决该问题。该方法的优点是从理论上更加贴近农业生产面临的实际风险，其体现机理过程（Lobell 等，2008），物理意义明确，反映动态交互过程，因而成为目前国内外普遍推崇的方法（Carter 等，2011；Challinor 等，2010）。缺点是该方法受到区域扩大数据获取难度增加的瓶颈（Ewert 等，

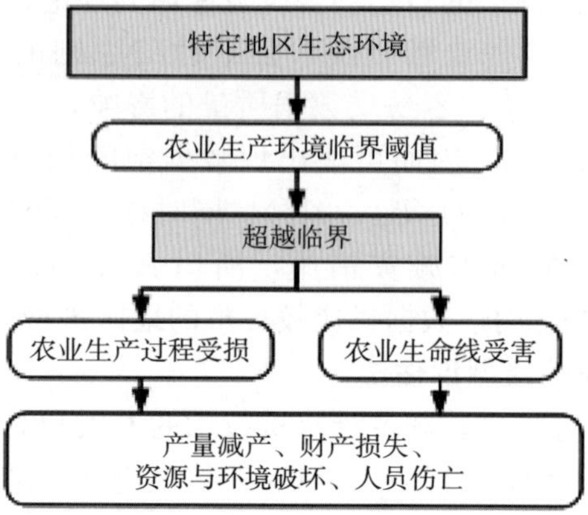

图 12　农业巨灾的生态学过程

2011)，有些指标难以获取，因而只能采用统一标准进行代替（Fischer 等，2005；Velde 等，2009），差异化处理难度较大（Van Bussel 等，2011）。此外，农作物的产量并不完全取决于生长机理，而是一个自然再生产和经济再生产相互交织的过程，受到投入要素、气象要素和管理要素的综合影响。对于一些特定要素的模拟难度较大，比如辐射（Baier 等，1973）。同时，技术进步模拟难度较大，因而很少考虑相关要素（Hermans 等，2010）；同时，模型的模拟精度需进一步提高，尤其对于农业巨灾而言，其影响范围较大，往往涉及省级层面甚至是全国范围（徐磊，2012），大区域范围内的机理分析受小区域环境特殊性的影响较大。最后，模型结果的校验难度较大，还需进行不同地域和不同气象条件下的验证与适用性研究。总之，该方法适合在较小区域范围内进行研究，从而获得比较稳健的模型关系和模拟结果。

4. 评估方法对比分析

目前评估理论比较薄弱，迄今没有完整的体系（陈晓楠，2005；倪长健，2012）。特别是缺乏具有系统性和可操作性的旱灾风险评估理论框架。此外，脆弱性分析一直处于探索阶段；现有的风险分析方法是基于大数定理的传统概率统计方法，风险分析的取样单元面积过大，掩盖了单元内许多重大的差别，不利于指导具体的建设（刘兰芳，2007）。对于农业巨灾风险分析而言，考虑到其影响的广泛性，可能在大区域尺度上进行研究更为合理。针对以上三种评估方法都具有各自的优缺点以及适用范围，对于综合指标评估方法而言，其评价体系的全面性能够综合反映地区的农业巨灾风险状况，但是却由于定性成分太大而使其不确定性较大；对于损失的评估方法而言，相对简单的计算以及数据的相对易获取性使得该方法能够获得较大区域范围内的定量风险结果，但是却由于农业巨灾在分布拟合方面存在较大争议而使得评估结果无法得到验证，同时在机理解释方面存在明显不足；最后，基于机理过程的模型评估法在机理描述方面较为详尽，风险评估结果相对比较合理。但是由于农业巨灾本身的复杂性使得需要考量的参数较多，计算相对复杂。某些指标的获取难度较大，不利于在大范围开展评估工作。总之，以上三种方法从不同方面对农业巨灾风险评估方法进行了有益探索，推动着农业巨灾风险评估不断发展（金菊良，2014）。虽然目前农业巨灾风险评估方法的运用在学术界至今未能得到很好解决，但这也为开展此项研究提供了相当大的理论创新空间和机遇（徐磊，2012）。

四、结论、讨论和展望

（一）结论

本文主要结论如下：第一，农业巨灾风险评估不仅为农业巨灾灾情预测预报提供技术支撑，而且为农业巨灾保险费率的厘定和农业巨灾风险分散机制的构建提供技术支撑。第二，从整体上看，目前学术界主要从基于灾害系统理论综合指标评估法、基于损失的数理统计评估法和基于过程机理的模型评估法的不同视角来对农业巨灾风险评估的理论和方法加以研究，但对极端性天气事件对农业生产造成的损失程度和农业巨灾损失的概率分布问题未能给出明确答案。第三，从各个评估方法看，基于灾害系统理论综合指标评估法，由于风险指标选择和指标权重确定大都是定性的，不同的人可以构建出不同的风险指标体系，即使是只针对农业常规风险，最终风险评估结果也很难一致，并且该方法无法反映致灾因子与灾害损失之间的定量关系，而只能大致反映出研究区的风险等级。基于损失的数理统计评估法，其基本统计都是建立在风险损失中间数据的基础之上，对于具有“低频高损”特征、处于尾部分布的农业巨灾风险却存在着明显的局限，将会产生很大的偏差和误差。基于过程机理的模型评估法，其核心是对自然灾害过程的仿真建模，而目前各种自然灾害过程仿真模型的准度和精度都有待提高，更何况农业巨灾风险的覆盖面十分广阔，通过“以点推面”来评估农业巨灾风险的效果显然不甚理想。因此，针对农业巨灾风险评估的核心问题开展科学探讨，研究建立农业巨灾风险评估模型，将有助于完善和发展农业风险评估理论和方法；通过研究构建农业巨灾风险评估模型，实现对农业巨灾风险的有效度量，将有助于推进我国农业巨灾风险管理实践、促进农业的稳定发展。

（二）讨论和展望

1. 极端性天气气候事件

在全球气候变化背景下，极端天气气候事件频发，但目前对短期的极端天气事件还不能做到精确预报。极端气候事件虽然在一定程度上可以预报，但是仍然具有一定的不确定性。农业巨灾风险评估旨在解决极端性天气事件究竟会对农作物生产造成多大程度损失和农作物巨灾损失究竟服从什么概率分布的难题，并据此构建了农业巨灾风险评估的两类模式，即农业巨灾风险致灾因子的危险度模型和农业巨灾风险承灾体的易损度模型。因此极端天气事件的准确预报会对气象类的农业巨灾风险评估产生较大的影响。

2. 脆弱性和暴露性精确量化

脆弱性和暴露程度的精确量化是风险评估中最为关键和核心的问题，其反映了不同地区受到不同程度打击的情况下的直接经济及人员损失和间接经济及人员损害情况。极端气候事件形成灾害可能造成了巨大损失，但是这种损失存在很大的空间和年际差异。在发达国家，极端气候事件造成的后果主要是经济损失，其中大约一半左右的经济损失由保险公司承担。而在发展中国家，造成的后果主要是人员伤亡，这种差异主要是脆弱性和暴露程度的不同所致。从根本上说，脆弱性和暴露程度受受灾地的社会形态和经济发展水平决定。人居模式、城市化和社会经济状况变化均已影响观测到的对极端气候的暴露度和脆弱性变化趋势。暴露度和脆弱性的趋势是灾害风险变化的主要驱动因素。因此，综合考量社会形态和经济发展水平的哪些因子及其重要程度，在风险评估中具有重要作用。

3. 定量农业巨灾风险评估

农业巨灾的定量评估受数据资料和地区限制，很难用绝对的物理阈值去统一量化，其核心在于目前的农业巨灾风险的评估理论不够完善，评估方法很难真实评估农业孕灾环境的稳定性、农业致灾因子的危险性、农业承灾体的脆弱性和暴露度，因此，农业巨灾风险的定量评估还存在很大的挑战。需要着重解决以下四方面问题：如何从定量的角度有效定义农业巨灾，同时确定有效的划分标准；如何准确找到农业巨灾的致灾强度以及发生概率之间的关系；如何建立农业巨灾发生强度与承灾体受损的脆弱性关系；如何基于“概率一损失”结果定量计算农业巨灾风险，并在此基础上结合孕灾环境和防灾减灾能力获得区域农业巨灾的综合风险表达。

4. 灾害链问题的研究

巨灾往往通过灾害链的形式出现。如何从灾害链的角度研究农业巨灾的评估方法具有重要意义。尤其是针对农业生产而言，灾害链不仅有突发的致灾因子引发的灾害链，如对流型的暴雨，而且有渐发的致灾因子引发的灾害链，如长时间的干旱。因此，研究农业生产中的灾害链问题也是农业巨灾研究中的重要方向。

5. 农业巨灾风险防范

再保险是防范农业巨灾的有效手段，如何充分发挥再保险在农业巨灾风险防范中的重要作用，需要从政策和制度上统筹考虑。尤其是农业巨灾的试点，是全方位的推广，还是先在局地进行试验，也是农业巨灾风险研究需要考虑的问题。

参考文献

陈利，2014. 农业巨灾保险运行机制研究 [D]. 重庆：西南大学.

邓国取，2007. 中国农业巨灾保险制度研究 [M]. 北京：中国社会科学出版社.

邓国取，2008. 农业巨灾经济影响分析：以我国洪灾为例 [J]. 财经论丛（4）：21-26.

邓国取，2009. 浅析巨灾及其实证分析：以农业巨灾定义为例 [J]. 管理观察（3）：32-33.

段胜，2012a. 中国巨灾指数的理论建构与实证作用：基于综合巨灾风险管理的视角 [M]. 成都：西南财经大学出版社.

段胜，2012b. 中国巨灾指数的理论建构与实证应用 [M]. 成都：西南财经大学出版社.

范丽萍，张朋，2014. 农业巨灾风险的概念、特征及属性分析 [J]. 世界农业（11）：104-108.

冯学峰，2011. 我国农业巨灾风险分散机制研究 [D]. 镇江：江苏大学.

高庆华，2012. 亚洲巨灾成灾环境研究 [M]. 北京：气象出版社.

高庆华，李志强，张进，2012. 亚洲巨灾成灾环境研究 [M]. 北京：气象出版社.

黄英君，史智才，2011. 农业巨灾风险管理的比较制度分析：一个文献研究 [J]. 保险研究（5）：117-127.

金菊良，郦建强，周玉良，等，2014. 旱灾风险评估的初步理论框架 [J]. 灾害学（3）：1-10.

刘小康，谷洪波，2011. 农业自然（巨灾）风险度量的数理方法研究 [J]. 浙江农业学报（23）：847-850.

马宗晋，1994. 中国重大自然灾害及减灾对策 [M]. 北京：科学出版社.

邵腾伟，冉光和，2011. 基于 POT-GPD 损失分布的农业自然灾害 VAR 估算 [J]. 统计研究，28（7）：79-83.

石兴，2011. 自然灾害巨灾风险可保性之优化研究 [J]. 中国保险（12）：8-18.

史培军，1991. 灾害系统研究的理论与实践 [J]. 南京大学学报（11）：37-42.

史培军，1996. 再论灾害研究的理论与实践 [J]. 自然灾害学报，11（4）：6-17.

史培军，2002. 三论灾害研究的理论与实践 [J]. 自然灾害学报（3）：1-9.

史培军，2005. 四论灾害系统研究的理论与实践 [J]. 自然灾害学报（14）：1-7.

史培军，2009. 五论灾害系统研究的理论与实践 [J]. 自然灾害学报（18）：1-9.

史培军，2014. 灾害系统复杂性与综合防灾减灾 [J]. 中国减灾（11）：20-21.

孙绍骋，2001. 灾害评估研究内容与方法探讨 [J]. 地理科学进展，20（2）：122-130.

汤爱平，谢礼立，陶夏新，等，1999. 自然灾害的概念、等级 [J]. 自然灾害学报（3）：61-65.

庹国柱，王克，张峭，等，2013. 中国农业保险大灾风险分散制度及大灾风险基金规模研究［J］. 保险研究（6）：3-15.
庹国柱，朱俊生，2014. 完善我国农业保险制度需要解决的几个重要问题［J］. 保险研究（2）：44-53.
徐磊，2012. 农业巨灾风险评估模型研究［D］. 北京：中国农业科学院.
徐磊，张峭，2011. 中国农业巨灾风险评估方法研究［J］. 中国农业科学（9）：1945-1952.
薛昌颖，刘荣花，马志红，2014. 黄淮海地区夏玉米干旱等级划分［J］. 农业工程学报（16）：147-156.
杨方，2014. 基于农业灾情的农业旱灾等级划分研究［D］. 北京：中国农业科学院.
袁林，2014. 论我国政府在农业巨灾风险管理中的职能发挥［D］. 石家庄：河北经贸大学.
张继权，冈田宪夫，多多纳裕一，2006. 综合自然灾害风险管理：全面整合的模式与中国的战略选择［J］. 自然灾害学报（15）：29-37.
张峭，2006. 中国粮食生产短期预测模型研究［J］. 农业展望（2）：9-12.
张峭，2013. 中国农作物生产风险评估及区划理论与实践［M］. 北京：中国农业科学技术出版社.
张峭，王克，2007. 农作物生产风险分析的方法和模型［J］. 农业展望（8）：7-10.
张峭，王克，2011. 我国农业自然灾害风险评估与区划［J］. 中国农业资源与区划（3）：32-36.
张业成，马宗晋，高庆华，等，2006. 中国的巨灾风险与巨灾防范［J］. 地质力学学报（12）：119-126.
赵俊晔，张峭，2013. 我国玉米自然灾害风险区识别研究［J］. 自然灾害学报（1）：29-37.
赵俊晔，张峭，赵思健，2013. 中国小麦自然灾害风险综合评价初步研究［J］. 中国农业科学（4）：705-714.
赵俊晔，张峭，赵思健，等，2012. 我国水稻自然灾害风险区识别研究［A］. 中国灾害防御协会风险分析专业委员会. 风险分析和危机反应的创新理论和方法：中国灾害防御协会风险分析专业委员会第五届年会论文集［C］. 中国灾害防御协会风险分析专业委员会，7-8.
赵思健，张峭，2012. 东北三省农作物自然灾害时空风险评估［A］. 中国灾害防御协会风险分析专业委员会. 风险分析和危机反应的创新理论和方法：中国灾害防御协会风险分析专业委员会第五届年会论文集［C］. 中国灾害防御协会风险分析专业委员会，9.
赵思健，张峭，2013. 东北三省农作物洪涝时空风险评估［J］. 灾害学（3）：54-60.
赵思健，张峭，2014. 基于脆弱性的农作物洪涝巨灾风险评估：以东北三省为例［A］. 中国灾害防御协会风险分析专业委员会. 风险分析和危机反应中的信息技术：中国灾害防御协会风险分析专业委员会第六届年会论文集［C］. 中国灾害防御协会风险分析专业委员会，7-8.
中华国家标准化管理委员会，2006. 气象干旱等级（GB/T 20481—2006）［S］. 北京：中国标准出版社.

中华人民共和国水利部，2008. 旱情等级标准（SL 424—2008）[S]. 北京：中华人民共和国水利部.

周荣义，廖可兵，2004. GIS在巨灾保险风险管理中的应用研究 [J]. 中国安全科学学报（14）：56-59.

周寅康，1995. 自然灾害风险评价初步研究 [J]. 自然灾害学报，4（1）：6-11.

朱晓莉，周宏，2008. 农业系统资源配置非线性系统模型分析 [J]. 技术经济与管理研究（3）：11-13.

AASE K，1999. An equilibrium model of catastrophe insurance futures and spreads [J]. Geneva Risk & Insurance Review，24（24）：69-96.

AHSAN S，ALI M S，HOQUE M R，et al.，2011. Agricultural and environmental changes in Bangladesh in response to global warming [J]. Climate Change & Food Security in South Asia：119-134.

ATTAVANICH W，MCCARL B A，AHMEDOV Z，et al.，2013. Effects of climate change on U.S. grain transport [J]. Nature Climate Change，3（7）：638-643.

BAIER W，1973. Crop-weather analysis model：review and model development. [J]. Journal of Applied Meteorology，12（6）：937-947.

BREUSTEDT G，BOKUSHEVA R，HEIDELBACH O，2008. Evaluating the potential of index insurance schemes to reduce crop yield risk in an arid region [J]. Journal of Agricultural Economics，59（2）：312-328.

BUSSEL L G J V，EWERT F，LEFFELAAR P A，2011. Effects of data aggregation on simulations of crop phenology [J]. Agriculture Ecosystems & Environment，142（1）：75-84.

CARTER T R，OLESEN J E，PORTER J R，et al.，2011. Crop-climate models need an overhaul [J]. Nature Climate Change，1（4）：175-177.

CHALLINOR A J，SIMELTON E S，FRASER E D G，et al.，2010. Increased crop failure due to climate change：assessing adaptation options using models and socio-economic data for wheat in China. [J]. Environmental Research Letters，250239（5）：144-41.

CLAASSEN R，JUST R E，2011. Heterogeneity and distributional form of farm-level yields [J]. American Journal of Agricultural Economics，93（1）：144-160.

CONRADT S，BOKUSHEVA R，FINGER R，et al.，2012. Yield trend estimation in the presence of non-constant technological change and weather effects [C] //123rd Seminar，February 23-24，2012，Dublin，Ireland. European Association of Agricultural Economists.

CUMMINS J D，GEMAN H，1995. Pricing catastrophe futures and call spreads：an arbitrage approach [J]. Journal of Fixed Income，4（4）：46-57.

DOUGHTY P L，2003. Catastrophe & culture：the anthropology of disaster [J]. American Ethnologist，30（2）：319-320.

EECKHOUDT L, GOLLIER C, 1999. The insurance of lower probability events. [J]. American Risk and Insurance Association Inc, 66 (1): 17-28.

ERMOLIEV Y M, ERMOLIEVA T Y, MACDONALD G J, et al., 2007. Insurability of catastrophic risks: the stochastic optimization model [J] . Optimization A Journal of Mathematical Programming & Operations Research, 47 (3): 251-265.

EWERT F, ITTERSUM M K V, HECKELEI T, et al., 2011. Scale changes and model linking methods for integrated assessment of agri-environmental systems [J] . Agriculture Ecosystems & Environment, 142 (1): 6-17.

FISCHER G, SHAH M, TUBIELLO F N, et al., 2005. Socio-economic and climate change impacts on agriculture: an integrated assessment, 1990-2080 [J] . Philosophical Transactions of the Royal Society of London, 360 (1463): 2067-83.

GEMAN H, YOR M, 1997. Stochastic time changes in catastrophe option pricing [J]. Insurance Mathematics & Economics, 21 (3): 185-193.

HERMANS C M L, GEIJZENDORFFER I R, EWERT F, et al., 2010. Exploring the future of European crop production in a liberalised market, with specific consideration of climate change and the regional competitiveness [J] . Ecological Modelling, 221 (18): 2177-2187.

IPCC AR5. 2013, Intergovernmental panel on climate change climate change 2013 fifth assessment report (AR5) [M] . Cambridge : Cambridge University Press.

LITZENBERGER R H, BEAGLEHOLE D R, REYNOLDS C E, 1996. Assessing catastrophe reinsurance-linked securities as a new asset class [J] . Journal of Portfolio Management, 23: 76-86.

LOBELL D B, BURKE M B, TEBALDI C, et al., 2008. Prioritizing climate change adaptation needs for food security in 2030 [J] . Science, 319 (5863): 607-610.

MERTZ O, HALSNÆS K, OLESEN J E, et al., 2009. Adaptation to climate change in developing countries [J] . Environmental Management, 43 (5): 743-52.

MURLIDHARAN T L, 2003. Economic consequences of catastrophes triggered by natural hazards [M] . Stanford, U. S. : Stanford University.

PEDUZZI P, DAO H, HEROLD C, et al., 2009. Assessing global exposure and vulnerability towards natural hazards: the Disaster Risk Index. [J] . Natural Hazards & Earth System Sciences, 9 (4): 1149-1159.

REID S, SMIT B, CALDWELL W, et al., 2007. Vulnerability and adaptation to climate risks in Ontario agriculture [J] . Mitigation & Adaptation Strategies for Global Change, 12 (4): 609-637.

ROUDIER P, SULTAN B, QUIRION P, et al., 2011. The impact of future climate change on West African crop yields: what does the recent literature say? [J] . Global Environmental Change, 21 (3): 1073-1083.

SCHLENKER W, LOBELL D B, 2010. Robust negative impacts of climate change on

African agriculture [J]. Environmental Research Letters, 5 (5): 123-129.

VELDE M V D, BOURAOUI F, ALOE A, 2009. Pan-european regional-scale modelling of water and N efficiencies of rapeseed cultivation for biodiesel production [J]. Global Change Biology, 15 (1): 24-37.

YE T, NIE J, WANG J, et al., 2015. Performance of detrending models of crop yield risk assessment: evaluation on real and hypothetical yield data [J]. Stochastic Environmental Research & Risk Assessment, 29 (1): 109-117.

YU W H, 2010. climate change risks and food security in Bangladesh [M]. London: Routledge.

ZEULI K A, 1999. New risk-management strategies for agricultural cooperatives [J]. American Journal of Agricultural Economics, 81 (5): 1234-1239.

ZHANG L, HUO Z, HUANG D, et al., 2015. Meteorological damage risk assessment and zoning for winter melon and vegetables in Hainan province [J]. Geographical Research, 34 (2): 293-305.

（作者单位：中国农业大学）

农业保险经营机构风险管理能力高质量发展探讨

段应元　杨汭华　孟　旭

一、问题的提出

2022 年 8 月，中国银行保险监督管理委员会再次公布了符合农业保险业务经营条件的财产保险公司名单，全国农业保险经营主体由 2020 年的 29 家减为 27 家，体现了农业保险经营条件监管更为严肃和规范，标志着我国农业保险顶层设计和宏观管理政策、体制和制度逐步走向成熟。

此次考评是根据中国银保监会办公厅发布的《关于进一步明确农业保险业务经营条件的通知》（银保监办发〔2020〕51 号）（以下简称《通知》）中的规定，对保险经营主体总公司开展综合考评，要求各保险公司根据《通知》要求，切实完善制度机制，加大资源投入，加强内控管理。2022 年上半年，全国农业保险实现原保险保费收入 815 亿元，同比增长 30.01%，增速在大类险种中排名第一，业务占比 10.04%，同比提升 1.60 个百分点，超越责任险成为非车第二大险种。习近平总书记指出，必须完整、准确、全面贯彻新发展理念，统筹发展和安全，要善于预见和预判各种风险挑战。在确保市场充分竞争的同时，逐步完善监管政策，使业务规范性得到进一步加强。而在实际农业保险经营过程中，满足监管部门相关准入规定，只是最基本的条件，如何发挥好推动农业保险高质量发展的市场主体作用，特别是如何在保障农户利益的前提下和正常年景下实现“保本微利”，大部分保险机构的自身建设还有相当差距，经营和风险管理能力还需要进一步提升。

二、农业保险风险管理能力提升：高质量发展的必然要求

保险机构作为农业保险的承办主体，在国家农业风险保障体系和农业保险政策体系构成中发挥着关键性的市场主体作用。2019 年财政部等五部委《关于加快农业保险高质量发展的指导意见》（以下简称《指导意见》）指出，市

场运作原则的内涵就是与农业保险发展内在规律相适应，充分发挥市场在资源配置中的决定性作用，坚持以需求为导向，强化创新引领，发挥好保险机构在农业保险经营中的自主性和创造性。可以说，没有高质量的经营主体，就不可能有农业保险的高质量发展。2020 年财政部、农业农村部《关于加强政策性农业保险承保机构遴选管理工作的通知》提出，要“推动提升承保机构服务能力。……承保机构遴选突出以服务能力、合规经营能力、风险管控能力为基本导向和前提，坚持规范有序、适度竞争。”张峭（2019）将农业保险高质量发展的内涵和特征总结为保险机构的产品与服务优、运行效率高和发展可持续。江生忠（2021）提出，从高质量发展要求看，保险公司的经营管理水平无法适应农业保险高质量发展要求，服务能力有待提高，面临着一些合规风险。

（一）主要问题：保险机构农业保险风险管理能力总体较为薄弱

据中国银保监会官网发布的信息，从银保监会及其派出机构的行政处罚数量来看，2010—2020 年，农险领域的行政处罚案件占当年所有财险行政处罚案件的数量占比，均超过 10%，个别年份达到了 20%，而 2019 年我国农险保费在财产保险保费中的占比仅为 5.2%。也就是说，农业保险业务每亿元保费的违法违规数量明显偏高。分公司和支公司是违法违规的“主力队伍”，基层机构基础建设是农业保险的薄弱环节。庹国柱（2020）指出“目前的实际状况是，业务运行中违规问题各地都有发现，现有的监督管理规则虽然已经出台了一些，有的重要规则仍然缺乏，比如保险经营机构进入和退出的规则、政策性农业保险费用管理规则等”。

《指导意见》指出，农业保险作为分散农业生产经营风险的重要手段，对推进现代农业发展、促进乡村产业振兴、改进农村社会治理、保障农民收益等具有重要作用。但仍面临一些困难和问题，与服务“三农”的实际需求相比仍有较大差距。事实上，我国农业保险起步较晚，且前期主要以“4+2”主体经营农险为主，除以上主体经营管理体制机制和风控体系相对较为健全外，后期参与的近 20 家经营主体因参与时间较短，农险经营管理和风控体系并不健全，内控机制相对薄弱，特别是农险市场逐步放开后，各保险主体基层机构层次参差不齐，农险经营管理体制机制不健全，对农业风险缺乏敬畏意识，一味抢市场、上规模，专业能力不足，队伍质量不高，风险管控能力弱，违法违规现象潜在风险增大。

（二）重点加强：保险机构风险管理能力建设

从《通知》规定的经营条件看，保险公司总公司、分公司经营农业保险业务，重点需要具备 10 项基本条件。其中大部分内容都有刚性量化标准或可明确的定性标准描述，量化标准如偿付能力充足率、业务范围中要包括农业保险、3 年未受行政处罚、部门设置及人员配置等，定性的规范要求如必须具有农业保险发展规划、农险信息系统、再保及风险预案、与其他险种单独核算等。但其中有3项条件中有局部表述为定性的原则性要求，无明确的量化或定性标准，分别为："（一）符合《保险法》《农业保险条例》等法律法规规定；（三）公司治理和内控管理良好；（五）具有较强的农业保险经营和风险管理能力。"其中（一）《农业保险条例》规定经营农业保险应当符合6项条件，其中4项与《通知》相同，尚有2项如（一）有完善的基层服务网络和（三）有完善的农业保险内控制度，也为定性表述，尽管《通知》中关于省级分公司的条件中对本项作了一些延伸描述，提出了县级机构和基层服务网络的要求，但总体量化程度或标准化程度并不清晰，需要结合实际情况具体理解和贯彻。因此，笔者认为，《通知》中规定的可量化和可规范的项目只是经营农险需要具备的最基础条件，实质与农业保险高质量发展要求还有相当差距，保险经营主体还须根据各项条件要求的实质内涵和原则性表述，结合实际作出更进一步的提升和完善。其核心是要全面提升保险机构的农业保险经营和风险管理能力。

三、保险机构保险风险和风险管理能力衡量标准

农业因其自身特点，农业风险管理有复杂性，通常从前、中、后三个阶段进行管理。前端主要体现在政府农业、畜牧和气象部门等为农户提供防灾防损服务，中端主要体现在农业、畜牧等技术部门为农户提供病虫害防治、灾后恢复和畜禽防疫等技术指导，农户开展灾后管理；后端主要通过农业保险这一金融工具进行经济补偿。

（一）保险机构保险风险管理的基本流程

一般来讲，保险公司作为商业企业经营机构，风险管理的基本流程为风险识别、评估、监控、处置及转移。风险识别过程就是在问题出现之前发现它们，并从是什么、何时、何地、如何发生、为什么发生等多方面进行描述。整体而言，要知道风险在哪里（风险暴露），产生的原因是什么（漏洞在哪里），关键点在哪里（责任环节）。风险评估就是量化测评某一事件或事物带来的影响或损失的可能程度，有无妥善处理方案。为有效地控制和降低风险，针对不同性质的风险拟定不同的手段或措施。风险监控是对企业的各项风险进行单独或者综合评价，并根据不同情况进行不同的处理，从而动态反映出风险管理的实际情况，使得企业管理者对企业风险了如指掌。风险处置主要包括风险分散、转移、平滑、回避、承担、降低风险，从而使得风险在可接受范围之内。从保险风险本身来看，农业保险可以通过再保险安排和建立大灾准备金制度进行转移和平滑风险。

（二）保险机构面临的主要风险

在农业保险实际经营中，保险机构面临着以下五个方面的风险。

1. 区域经营风险

从各区域经营风险差异来看，区域性经营风险主要受以下三个方面因素影响：

（1）部分地区条款费率制定科学性不足。受农户经营区域、不同规模影响，不同区域的农户面临的风险往往差异较大，但是部分地方受财政、农业部门政策影响较多，条款责任与保险费率往往由政府与保险机构协商确定，动态博弈的较多，科学定价的较少，并没有结合各地区的实际风险进行定价，造成保险机构赔付居高不下。

（2）“一省一费率”模式容易产生逆选择现象。农业风险在省内各区域分布是不均衡的，采取“一省一费率”的农险定价，不能客观反映各区域实际风险状况，表现为高风险区域的农户获得了高性价比保障，投保更加积极，低风险地区农户则因保障性价比偏低而选择不投保，产生投保逆选择。

（3）部分地区合规风险突出。部分地区机构由于合规风险管理不到位，存在里勾外连、虚假赔案、虚假承保等硕鼠行为，未受损农户获得不当收入，实际受到损失的农户未得到损失补偿，不符合保险损失补偿的基本原理。

2. 产品方案风险

产品方案风险主要指产品设计不符合监管部门要求，产品承保风险较大或者产品设计不合理，会导致系统性风险的风险类型。

（1）单价格变量，即仅考虑市场价格单个变量，按照价格指数或平均市场价格设定目标价格。保险机构按照约定的单位保险产量，对市场价格下降造成的损失进行补偿。如湖北生猪价格保险。

（2）单产量变量，即仅考虑农产品产量单个变量。保险机构按照约定的目标价格，对农作物减产的产值损失进行补偿。如黑龙江水稻目标价格保险。

（3）价格和产量双变量。保险机构对因农作物减产及市场价格低于约定目标价格两个因子变化所导致的农户收入损失进行赔偿。

3. 投诉及声誉风险

指因理赔、承保服务不到位、不合理等原因，引起农户投诉、媒体爆料、法院起诉等事宜，对公司声誉造成的风险，由保险机构行为、从业人员行为或外部事件等，导致利益相关方、社会公众、媒体等对保险机构形成负面评价，从而损害其品牌价值，不利其正常经营，甚至影响到市场稳定和社会稳定的风险。特别是农业灾害往往面广量大，涉及分散性农户较多，容易引发群体事件而引发声誉事件，从而造成保险机构声誉明显受损的相关行为或活动。

4. 业务管理风险

承保风险指由于计划指标不足或农户道德因素，出现选择性或不足量或虚增量投保，种植险主要表现在选择性地将可保条件较差的标的投保，比如低洼地、坡上地。养殖险不足额投保风险主要表现在理赔时以未投保病死畜禽充当投保畜禽，向公司索赔，极大增加了经营风险。理赔风险指因理赔管控不力，造成大规模经营亏损的风险。主要表现为：一是采取措施不当、定损方式不当等操作失误造成的风险；二是理赔流程不当、涉入环节不当、业务管理不当、审核管控不当等造成的管理风险；三是核损环节没有充分发挥，经营管理不当、费用列支不当造成的赔付失控风险。

5. 违法违规风险

违法违规风险存在违规竞入和业务违规两个方面的情况。

（1）违规竞入风险。主要是指未达到监管部门要求或者未获得监管部门的准入，开展农业保险面临的风险，媒体负面报道，影响参与招投标、中标资格等风险。

（2）业务违规风险。主要因业务流程或资料不合规，涉嫌违法操作，由监管或政府主管部门检查并处罚甚至移交司法机关处理的风险。比如，违规代投保人签字行为；虚增承保面积、虚构保险标的等虚假承保行为；公示影像资料等单证资料不真实、不完整，强行批退侵害农户利益的行为。虚增损失程度、损失面积等虚假理赔行为；出险证明材料、保险标的损失清单、现场照片、公示材料等单证资料不完整、不齐备；财务方面将其他险种和未实际发生经济事项等费用列支在农业保险业务账套的虚列费用行为；利用支付协办费用的方式套取资金的行为；农险业务费用管理不严格、列支不合理、财务核算不规范等。

（三）农业保险经营中风险管理能力衡量标准

以上保险风险的存在，实质对是保险机构在承办农业保险经营中风险管理能力的综合考验。结合国家和行业高质量发展总体布局，应该对经营农业保险的保险机构提出高质量的衡量标准。本文认为，对于农业保险经营中的保险风险管理能力，大致可以从经营、管理、服务和合规四个方面加以衡量：

（1）经营高质量。主要体现为战略规划清晰、风控体系健全、再保机制完善，机构综合费用率低于20%，正常年景下综合成本率可控，实现“保本微利”。

（2）管理高质量。主要体现为体制完备、机制健全、系统先进，县域机构和专业队伍匹配、技能达标。

（3）服务高质量。主要体现为基层服务网络健全、农户宣传告知到位、承保及时准确，理赔查勘及时到位，常态结案率高于85%，线上化率80%以上，农户满意度高、投诉率低，政府年度考评较好等。

(4) 合规高质量。主要体现为不做虚假、不碰红线，操作流程和业务、财务资料规范，未受纪检司法处理，未受监管处罚，监管评价优于行业中位等。总体处于风险可控、正常年景下有大灾应对能力、具有可持续发展的良性状态。

四、基于风险防范的保险风险应对机制设想

结合《通知》要求和高质量标准，本文认为，保险机构总公司满足经营条件，只是监管部门对经营主体风险监管的底线目标，实际保险公司的各级机构要真正做到风险可控和可持续经营，进而成为农业保险高质量发展的推动者和实施者，还需要从以下九个方面强化内控机制建设，全面提升自身经营和风险管理能力。

(一) 构建农业保险风险预警和管理机制

1. 构建农业保险风险模型

保险机构需要建立风险模型来面对有效识别经营风险：①区域风险识别。对于经常发生霜冻、冰雹等重大自然灾害地区进行记录，提前进行区域划分。②业务风险识别。根据各险种历年赔付情况，按照高、中、低风险进行业务分类识别、分类管控。③客户风险识别，引导农户和农业经营主体诚信经营、诚信投保，据实投保、据实索赔，构建农业风险命运共同体，共生共长。④政府风险识别，根据各地方政府支持或对市场干预力度进行识别，如长期拖欠配套资金或强制干预承保理赔政策等。

2. 实施区域风险分类管理

从经济学角度来看，商业化保险公司作为一个独立的经济人，在严格遵循监管政策规定的前提下，应更加注重投入与产出来保证公司健康发展、持续运转，所以需要不断优化区域风险管理。针对上述区域风险问题建立风险模型，更好地防范公司经营风险，根据各个地区风险模型构建情况，可将风险区域划分为规模效益型、效益型、规模型、风险型。规模效益型、效益型代表投入成本大于产出，符合农业保险保本微利的经营理念，应加大人力物力投入力度；规模型代表承保区域规模大、范围广，但是并未给公司带来较好的利润，应不断加强风险控制及合规管理，降低道德风险及产品风险，使该区域内经营质量转向效益型；风险型代表该区域内经营农险存在较大亏损风险，往往存在非公司所能决定的产品设计及政府强制要求等问题，或者需要耗费大量的人力物力来解决，应谨慎在风险型地区开办业务，同时注重数据积累和产品精算研究，适时提出费率方案调整政策建议。

3. 搭建农业风险管理平台

农业风险管理平台使保险机构开展经营风险管理更加智能化、线上化、便利化，可以解决传统风险预警机制滞后性、信息不对称等痛点难点问题。风险管理平台一般具备以下风险预警功能：

(1) 建立保险标的数据库。依托“天地空”一体化的图像抓取设备，利用3S技术[①]主动采集农业地理信息基础数据，利用大数据储存管理及分析技术，结合农业生产各个业务环节的风险点，可以提供影像底图、划分界限、耕地地块、气象预报等数据，形成标的库，通过App移动端承保验标，形成承保数据库。

(2) 及时掌握灾害损失情况。基于多期遥感影像与AI智能解译技术获取各类作物种植情况，主动监测和预估作物产量及长势，当灾害发生，以遥感技术与实地查勘方式相结合快速获取灾害范围及程度信息，通过灾害数据与承保数据空间叠加，最终形成统计到户的灾害评估报告。

(3) 业务全流程平台管理。针对承保业务，提供在承保前参考、承保中监测、承保后检查的功能，全流程对承保信息进行检查和评估。在承保前提供区划、耕地、种植分布等数据用于承保端参考；在承保中通过系统对承保过程进行监控，确保采集数据完整、规范；在承保后通过系统内置检查规则，全面核实承保数据，筛查超额投保、不足额投保等情况。针对理赔业务，支持灾害数据与承保数据叠加分析，自动计算受灾面积、投保农户损失，为保险公司提供数据参考，合理规避风险，提高数据真实性、准确性。

（二）建立分支机构经营准入机制

根据中国银保监会《通知》要求，涉及总公司、省级分公司等经营农险的条件，进入农险市场的流程、对不符合经营条件的惩罚制度、退出制度等多方面。

具备农险经营资质是保险公司经营农业保险业务的基本条件，也是开展农业保险经营风险管理的基本前提，保险公司应对照建立分支机构的准入条件，进一步明确相关标准，对达标的中支、县支机构方可授权准入。一般对中支、县支公司应有具体的量化达标要求，主要条件如设立农业保险部，有明确的岗位权责及追责制度；延伸服务网络至乡村一级，经营农险区域乡镇农金站、村级农金室，进驻率不低于60%；有农业保险可行性研究报告和三年发展规划，有重大事项上报制度；有农业保险年度业务发展计划和指导方案、有业务检查督导方案、有查勘定损工作方案、有新产品市场需求及可行性报告研究方案；能够贯彻执行总公司、分公司颁布的农业保险管理制度，专业人员每人配备制度手册，熟悉相关内容并能够遵照执行；有本级农业保险重大灾害事故和突发事件应急机制预案，明确应急工作小组成员名单；有固定协办机构及市（州）

① 3S技术，即地理信息技术，包括地理信息系统（GIS）、遥感（RS）、全球定位系统（GPS）。

级农业保险专家组并建立常态化联络工作群；有匹配的专业人员及岗位人员、“三农”服务车、电脑等，专业人员应通过农险专业资格考试；按月度向农业农村局、财政局、金融办、林业草原局等政府主管部门报送工作情况报告或工作简报，建立常态化联络机制。接到农户报案后，能够在规定时间以内抵达现场，基本具备“五公开、三到户”的基础服务能力。

（三）健全合规风险内控机制

1. 完善规章制度

“建法立制，强国富人，是谓法家，管仲、商鞅是也。”规章制度作为公司员工需要遵守的办事规程或行动准则，明确了公司员工应该做什么，不应该做什么，具有指导性、约束性、规范性、程序性。实现工作程序规范化，岗位责任法规化，管理方法科学化，为机构员工提供可遵循的依据。一般来讲，农业保险规章制度至少应该包括经营条件、组织管理、人员管理、服务体系、业务管理、产品管理、客服管理、投诉管理、大灾应急管理、财务管理、稽查审计等方面，但具体还需要结合业务流程和公司自身特点进行细化。

2. 制定规范标准

一流的企业做标准，二流的企业做品牌，三流的企业做产品。所以，贯彻实施标准是标准化活动的关键环节，是标准不断向前发展的内在动力。标准的制定对社会生产起到了至关重要的推动作用，极大地提高了生产效率，极大地降低了全流程经营风险与操作风险。标准化操作手册（SOP）至少包括并不限于承保标准化手册、理赔标准化手册和合规标准化手册，还可以细化到线上化流程标准化手册等。标准化的体系无疑会使管理制度化、规范化、程序化，让经营农业保险面临的很多问题得以顺利解决。

3. 筑牢三道防线

建立三道防线的合规管理框架，构建覆盖事前、事中、事后的合规管理链条，突出对重要风险的多角度防控，从过去的被动应对向主动管理转变。第一道防线执行内控标准，将风险管理前置；第二道防线是合规性审核和质检评估；第三道防线为审计监督和整改补救。布控三道防线用以实现对风险的前瞻性预防、过程纠偏和及时处置。要确保三道防线各司其职、协调配合，有效参与合规管理，形成农险合规管理合力。

各机构的农业保险部门对其职责范围内的合规管理负有直接和第一位的责任，也是第一道防线。必须以分公司（或中支）为单位制作标准化档案模版，用看得见、摸得着的样例规范操作细节；业务系统规则化，拦截流程颠倒、信息缺失、逻辑不一致、数据不规范等行为，刚性校验兼顾报错提醒，确保核心数据流的严丝合缝，如承保清单、理赔清单和支付清单的刚性一致，验标照片、查勘照片的数量充足性和重复性判断等。应当主动进行日常的合规管控，定期进行合规自查，并向公司合规管理部门或者合规岗位提供合规风险信息或者风险点，支持并配合合规管理部门或者合规岗位的合规风险监测和评估。

第二道防线为法律合规部，负责统一协调五大类风险的组织管理和监督，内嵌农险的保险业务风险、流程操作风险等合规流程。有针对性地开展治理整顿专项检查或自查；借助行业中保信平台高风险数据，精准开展风险筛查核对；定期或不定期对高赔付险种、投诉上访频发机构、闪赔案件专项检视，穿透排查风险；参考遥感监测的种植面积、长势监测和受灾面积等信息，对比区域承保数据，防范虚增面积和虚假理赔风险发生。

第三道防线由审计部定期对公司的农险合规管理情况进行独立审计，年度至少1次，其中省级机构覆盖度不应低于30%，市级机构覆盖度应不低于20%，县域机构覆盖度不应低于10%。正视外部检查和内审发现暴露的问题，有针对地制定整改方案，明确整改措施和时限要求，确保整改措施落地并取得实质性效果。全面梳理和排查各岗位、各流程存在的风险隐患，找准摸清内部管控存在的薄弱环节，研究对策，完善内控制度、健全内控体系，建立健全促进农业保险健康规范发展的长效机制。

（四）严格业务管理分级授权机制

1. 构建权限管理框架

按照两核集中、大案定损权上收、多级复核、严格授权、线上线下双轨控制、严格审批、闭环管理的授权模式。由支公司人员授承保录单、赔案录入、查勘等权限；中心支公司人员授保单、赔案信息复核权限；省分公司人员授一级、二级核保核赔权限；总公司授三级及以上核保核赔权限。形成四级联动的权限管理体系（图1）。

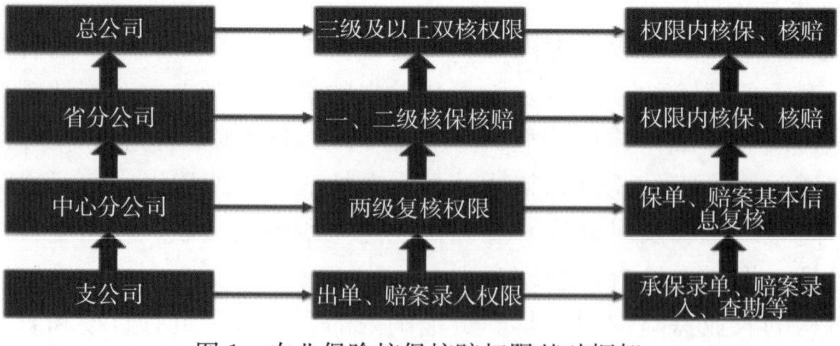

图1　农业保险核保核赔权限基础框架

2. 严格操作风险流程管理

农险核心系统具备风险等级提示、影像查重、自动立案、智能校验、银保信全量对接、精准承保验标、批量处理、精准定损赔付、反欺诈、承保理赔电子化、线上率达标等功能（图2）。新一代农险平台提高对农险业务涵盖广度，提升对业务流程的融合深度，对农险数据大集中的整合，对公司未来农险业务分析、规划、布局都起到了积极的作用，目前正进一步扩展完善平台，考虑引入大数据分析及更加深度的AI人工智能技术，为行业提供优质农险数据，为业务提供高效便捷系统，为监管机构和市场参与者提供更好的支持和服务。

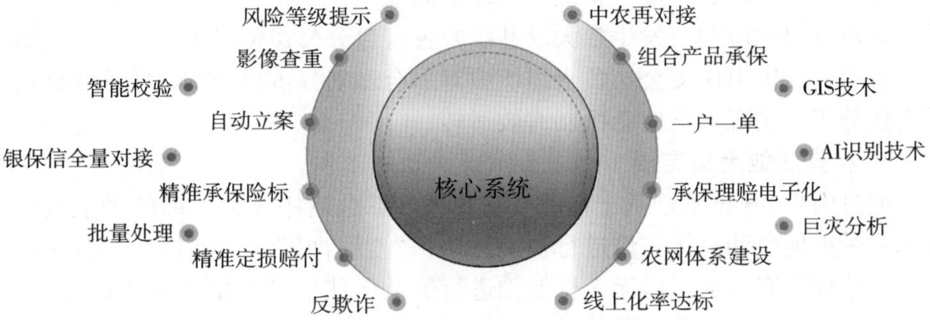

图2 农险核心系统权限操作风险点

（五）建立专业化培训机制

1. 建立培训体系

以公司战略部署为出发点，根据农险业务发展需要，按照培训对象经营序列、管理序列、技术序列、销售序列、协办序列的区别，结合管理权限、岗位差异，组织对农业保险从业人员进行差异化内容的培训，将农业保险培训的普遍性要求与不同类别、不同层次、不同岗位员工的特殊需要结合起来，制定农险培训大纲，组建培训讲师团，制定年度培训计划，开展全系统培训，不断提升农险人员专业能力，降低人为原因造成的经营风险。

2. 普及应知应会

基层机构要全员普及应知应会培训，并将应知应会手册作为员工的工作指南。应知应会手册内容包括企业文化和基本情况、企业的通用管理制度、员工岗位操作规程和技能要求，是企业赖以传承、发展的文化和核心竞争力。以企业发展战略为目标，及时有效落实培训考核制度，形成高起点的管理平台并提高公司的经营管理水平。制定应知应会手册对经营风险管理具有三方面意义：一是对员工岗位应知应会进行挖掘提炼，编制成针对性、实用性较强，且可视化、可复制、可传承的员工岗位基础培训教材。二是组织应知应会培训考试，用正确的观念、良好的企业文化、合理的制度，引导、熏陶、激励员工改变工作态度，塑造职业化精神，将员工的基础知识和基本技能转化为企业的效益和核心竞争力。三是深挖内部培训资源，选拔、培养一支有专长的优秀内训师队伍，提高培训课程开发质量，增强员工培训的针对性和实效性，着力解决企业员工培用脱节、学非所用、技能等级与实际能力不匹配等问题。

（六）完善大灾应急管理机制

1. 大灾分级响应

应建立重大灾害事故和突发事件应急预案，执行“三级负责、两级响应”管理机制，发生重大灾害后，由总、分、中支三级机构分别负责应对重大（Ⅰ级）、较大（Ⅱ级）、一般（Ⅲ级）三级事故或事件。发生重大（Ⅰ级）灾害由总公司负责组织应对，发生较大（Ⅱ级）灾害由分公司负责组织应对，发生一般（Ⅲ级）灾害由中支公司负责组织应对。合理划分事故级别，明确各级机构的责任分工，实现大灾应急机制有效运转。

2. 科技赋能大灾定损

通过引入3S技术，基于移动互联基础，综合运用“天”即航天卫星遥感技术对受灾地块和总体灾情进行快速评估；“空”即航空无人机遥感技术，在卫星遥感评估底图上，以无人机航拍进行区域面状抽样和精确调查；“地”即地面人工点状抽样调查与遥感、无人机调查相互验证，优势互补，有效平衡成本和效率。打造高效精准、互联互通的农险承保理赔数据资源、技术架构和服务模式。按照定损权上管一级原则，建立多尺度查勘定损体系。损失面积超过一定规范的应借助无人机或卫星遥感验标定损。同一灾害损失面积超过承办业务县级区域50%，预计赔付率超赔的，或森林险发生大面积连片灾害，应启用遥感科学定损，合理赔付，完善科技化定损运营机制。

（七）健全风险指标监控机制

建立农业保险全面预算指标体系，健全完善指标监控和统计报表制度。经营利润指标是对农业保险经营风险管理成果的体现，所以对农业保险重要经营指标的底线管理、量化管理、预算管理必不可少，根据各地区面临的经营风险，按照月度、季度、年度对农业保险经营风险相关的重要指标设立预算目标、底线目标，主要监控约束指标至少应包括保费应收率、历年制赔付率、件数结案率、保费达成率、边际成本率、估损偏差率、亿元保费监管有效投诉件数、线上化率、现金流贡献度等。运行监控通报机制主要包含四个方面内容：(1) 周通报。建立三级机构承保理赔指标周通报制度，并对照预算目标与底线目标设立警示规则，使各个区域农险人员及时了解自身面临的经营风险；(2) 月监控。对于月度考核突破底线及预算目标的分别执行红色、黄色两级警示亮灯机制，对连续一个月红灯警示的机构书面通报，连续两个月红灯的约谈机构负责人；(3) 季分析。每个季度开展农业保险经营情况分析，及时分析指标异常原因，出台对应管理政策，查漏补缺，及时弥补经营风险管理漏洞；(4) 年总结。年底对突破经营风险底线目标的机构和个人启动问责程序。

（八）建立底线约束机制

对于保险机构来讲，农业保险经营高质量的主要挑战和难点体现在“保本微利”这个政策性目标上。既不能利润过高，也不能持续亏损。因此对机构管理应制定农业保险经营指标的底线要求，建立底线约束机制。要按“保本微利”原则为区域机构设置经营底线，重点是赔付率、费用率要有底线目标。目历年赔付率既要有上限要求，也要有下底线要求，下底线的目的是保障农民的利益，连续2年偏低说明保障方案或费率设置有问题，需要适时优化调整；上限目标是可持续经营的需要，要达到正常年景下“保本微利”。这项指标一般要结合精算部的区域风险测算，以市（州）区域为单位，统筹前2年数据考虑设置，要体现区域的差异性和特色、特点。另外，还要对经营行为管理方面设置底线约束。前期农险头部公司陆续出台了农业保险“八条禁令”“九个不准”等，重点是规范农险基层服务人员经营行为，提升服务效率，保证服务质量。加强投诉管理，降低声誉风险。农险经营涉及千家万户，必须有效处理好农户矛盾。一是对农户投诉反映的问题，一般或简单事项，及时协调相关单位调查核实，能及时协调解决的就及时协调解决，不能及时解决的发送督办函或投诉人反映的诉求，督促相关单位限期研究解决的方法或整改措施，并将处理结果反馈给当事人；二是复杂或涉及多部门的问题，短时间无法协调解决的，组织召集相关部门分管领导共同研究、沟通协调，能够形成共识解决的，确定解决问题的方式方法，并将处理结果反馈给当事人；三是对群众或企业投诉反映强烈的复杂事项、问题，经协调相关部门也无法解决，上报上级部门进行督办。

（九）严格考核问责机制

建立一套奖惩分明、职责清晰的问责激励制度，对全面提高经营风险管理、促进农险队伍的优胜劣汰、防止系统性风险发生具有重大意义。出现重大经营风险等问题，按照分级管理问责原则，相应人员应明确承担对应责任；只有层层感觉到压力，才能层层产生效能，很多问题才可以消灭于萌芽状态。保险机构应按照农险“三级农险部＋三级基层农网服务体系”的“3＋3”组织架构，建立“三共五纵”总分联动机制。实时督导，季度考核＋年度考核，做到结果导向，严肃问责。坚持考核评价、履责约谈、倒查追究相结合，让失责必问、问责必严成为常态，用考核追责、问责，倒逼基层机构和人员明责、履责、落责，形成工作闭环。

参 考 文 献

晁娜娜，杨汭华，2017. 耕地规模、农业保险认知及其潜在需求的多样化：基于全国6492个粮食种植户的考察［J］，财经科学（7）：67-77

丁少群，谭莉，张玉凤，2021. 我国政策性农业保险高质量发展的水平评估与实现路径［J］. 贵州大学学报（社会科学版），39（4）：98-108，124.

江生忠，2021.《农业保险服务“三农”发展研究》课题成果汇报会议［C］. 北京：中国保险学会.
龙文军，2021.“十四五”时期的农业保险：趋势判断、总体思路与保障机制［J］. 中国保险（2）：8-13.
庹国柱，2019. 高质量发展农业保险需要处理好政府和市场的关系：学习《关于加快农业保险高质量发展的指导意见》［J］. 金融世界（11）：17-19.
庹国柱，2022. 农业保险文集［M］. 北京：中国农业出版社.
庹国柱，李慧，2022. 把农业保险高质量发展进行到底［J］. 中国保险（2）：11-16.
庹国柱. 政策性农险要更好发挥市场机制［N］. 中国银行保险报，2019-11-08（006）.
王国军，2019.“三农”风险、“三农”保险与乡村振兴［J］. 农村金融研究（4）：9-13.
王国军，2020. 如何深化农业保险供给侧结构性改革［J］. 中国保险（1）：16-17.
王克，张峭，2019. 推进农业保险高质量发展：第六期中国农业保险论坛综述［J］. 保险研究（6）：125-127
魏加威，杨汭华，2021. 我国农业再保险体系建设：国际经验与启示［J］. 当代经济管理，43（9）：89-97.
张峭，2019. 农业保险高质量发展的意义和内涵特征［J］. 中国合作经济（10）：11-16.
张峭，庹国柱，王克，等，2020. 中国农业风险管理体系的历史、现状和未来［J］. 保险理论与实践（7）：1-17.
张峭，王克，李越，等，2019. 我国农业保险风险保障：现状、问题和建议［J］. 保险研究（10）：3-18.
赵思健，张峭，2020. 科技助推农业保险高质量发展研究［J］. 保险理论与实践（8）：7-19.

（作者单位：中国农业大学经济管理学院）

生态安全与绿色发展

经营规模、分工深化对小农户化肥减量施用的影响

——以黄河流域玉米种植户为例[①]

徐　萌　王征兵

化肥作为农业生产的重要投入要素之一，其打破传统农业封闭的物质循环圈，为我国粮食增产做出了巨大贡献。然而，我国目前农业面临化肥施用过量进而加剧农业面源污染的问题。据统计，自 20 世纪 80 年代以来，我国农业化肥施用量逐年上升，1986—2014 年我国农业化肥用量从 1 269.4 万吨增加到 5 995.9万吨，增加了近 5 倍。已有研究发现，过量施用化肥不仅会降低农业生产的经济效益，还会带来土壤营养失衡、酸化及农业面源污染等生态问题，严重威胁到我国农业的绿色可持续发展。为贯彻“绿水青山就是金山银山”的理念，降低我国农业领域化肥的不合理使用，2015 年农业部制订了《到 2020 年化肥使用量零增长行动方案》，要求全国主要农作物化肥使用量实现零增长，历年中央 1 号文件也进一步重申了化肥等化学品投入零增长的重要性。尽管我国化肥使用量在 2016 年已实现“零增长”，但其使用总量依然居高不下，2021 年农业化肥折纯量高达 5 446 万吨。如何实现化肥使用减量化、实现农业绿色可持续发展成为学术界关注的重要科学问题之一。

在劳动力转移的背景下，农户的生产方式已经从主要依靠劳动力等传统农资演变为主要依靠化肥等化学农资转变，理性小农通过增加化肥等农资的投入来规避产出风险，但目前除过量施肥加剧农业面源污染外，各类化学农资的施用成本也已经超过其带来的产出收益。自土地流转政策实施以来，规模化经营已成为促进化肥减量，推进农业绿色发展的重要趋势。从决策动机与行为逻辑角度，规模经营户更在意成本收益与长期经济效益，更愿意采纳化肥减量与绿色生产。从引进技术角度，规模化经营有利于社会资本的积累与信息渠道的拓宽，进而促进环境友好型生产技术采纳。

规模经济的本质是分工经济，规模化经营能否有效发挥规模效应，促进耕

① 本文原载于《中国农业资源与区划》网络首发，2022-01-17。

地“减肥”取决于分工，将农业分工引入规模经营模式表达为服务规模经营，该模式是小农户与现代化农业衔接的一个重要途径。生产环节的服务外包便是纵向分工的一个重要体现，服务外包对农户化肥投入量有显著负向影响。规模户利用迂回交易和投资的方式将农业生产环节服务外包，既能减少劳动力的投入，又通过迂回技术引进效应实现化肥等化学品的减量施用。分工深化有助于农业生产工序细化和产业链条加深进而提高农业生产率，进而表现为采纳农业专业化服务的类型变多，其生产的设施化、专业化、标准化和精准化程度增强，可以提高农业家庭经营绩效。可见，分工深化对农业生产效率有着重要影响。现有文献的研究重点多集中在分工深化对农业生产效率与经营绩效的影响，本文研究关注农地规模、分工卷入程度与化肥减量投入三者之间的内在机理。纵向分工能起到促进化肥减量化的作用吗？进一步，纵向分工卷入程度越高对化肥减量效果越好吗？这些问题有待分析与验证。基于此，本文利用 2020 年黄河流域甘肃、宁夏以及陕西 3 省份 14 个镇的数据将纵向分工卷入程度纳入分析框架，通过实证分析厘清农地规模、纵向分工卷入程度与化肥减量三者之间的作用机理与实现路径，对实现农业化肥减量与绿色可持续发展具有重要的理论价值与现实意义。

本文的边际贡献包括：第一，剖析并验证经营规模对化肥施用强度的非线性关系，拓展了规模与化肥施用强度的关系研究；第二，将纵向分工深化纳入分析框架，更全面地分析农地规模、纵向分工深化与化肥减量三者之间的相互作用；第三，调研数据代表性强。本研究的样本覆盖黄河流域中上游两类地理区位，涉及甘肃、宁夏及陕西 3 省份 14 个镇，实证结果更加稳健。

一、理论分析与研究假说

（一）经营规模对化肥施用强度的影响

2022 年中央 1 号文件强调，要确保中国人的饭碗牢牢端在中国人自己的手上，粮食是我国农业生产的根本，保障粮食安全具有重要意义。虽然我国在人多地少的国情下实现了粮食基本自给的奇迹，但是以往过分追求产量的理念使得我国化肥施用过量，呈现出边际效用递减的趋势。因此，我国粮食安全要在保障产量的同时关注农业领域绿色可持续发展，才能真正做到“藏粮于地，藏粮于技”。学术界对于如何实现化肥减量做了大量研究，主流学者认为，规模化经营是破解农业难题的关键。在规模效应理论下，规模化经营将会促使农民单位面积上施用更少的化肥，即经营规模与化肥减施之间存在正向影响。在研究化肥减施的早期文献也近乎一致地认为规模化经营对减少农户化肥施用具有显著的正向影响。

然而，在土地流转和农业技术不断革新后，随着我国农业的不断发展，学术界对于经营规模对化肥施用强度的影响得出了不一致的结论。少部分学者认为在充分考虑化肥施用强度的滞后效应时，没有充分的证据表明扩大土地种植面积会对化肥减量产生显著的影响。剩余学者认为，农地规模的扩大虽然会正向影响化肥减量效应，但此种效应存在效用递减的趋势。目前学术界对此结论给予两种解释，一方面的研究认为这种效用递减趋势是由于土地细碎化而造成的，规模化经营的化肥减量效用会被土地细碎化程度的加深而抵消。另一方面的研究认为，农业经营者生产目标与要素偏好导致了经营规模与化肥减量效应存在拐点。由于小规模农户以自食安全为目标，中规模经营者追求产量最大化，而大规模经营者追求利润最大化，三者目标不同故扩大经营规模对其化肥使用强度的影响也会存在差异。

基于此，本文认为经营规模与化肥施用强度之间可能存在着非线性关系，且二者之间存在着U形变动趋势。即在一定的范围内，经营规模的扩大会对化肥施用强度具有显著的负向影响，达到化肥减量施用，但是超过一定规模后，经营规模的减施效应呈现递减趋势。基于以上分析，本文提出以下有待验证的假说。

H_1：经营规模与化肥施用强度之间呈现U形的非线性关系。

（二）纵向分工卷入程度的中介效应

我国粮食生产目前取得了“十二连增”的成就，但是也正面临着土地短缺与劳动力成本上升的难题。早期主流学者认为，“农业规模经营”是解决当前我国农业问题的关键。然而，已有学者提出分工深化将促进农业生产效率的提高，由规模经营转向服务规模经营是农业经营方式的创新，“适度规模＋优质良种＋机械化”将是我国未来绿色农业发展的方向。因此，规模经营与分工的关系成为目前学术界的研究热点。服务外包作为农业生产环节纵向分工的重要表现形式，成为学术界研究规模经营与分工关系的焦点。一些学者认为，种植面积扩大使得交易空间可拓展性增强，更有利于农业机械化操作，且参与外包后可降低劳动成本。而另一些学者认为，农业经营规模扩大阻碍了生产环节服务外包。土地流转价格、土地细碎化均会阻碍生产环节服务外包。另外，规模扩大会产生交易风险并通过增加交易频率而增加外包交易成本，最终阻碍了农业生产环节外包程度的提升。

在劳动力转移的背景下，随着社会化服务市场的不断发展，我国农业生产环节纵向分工不断深入，越来越多农户选择采纳服务外包形式进行农业生产。古典经济学家认为，分工深化对提高生产效率有重要的促进作用，那么，分工是否促进化肥减量化生产呢？大量学者对此展开分析与检验。已有研究表明，服务外包一方面可以有效缓解农村劳动力短缺带来的压力，农户选择将多个生产环节外包给服务商进而享受专业、科学的施肥服务，提高农业专业化程度，降低农业生产成本并达到化肥减量施用的效果。另一方面，除有效替代劳动力外，其帮助农户有效分散要素市场带来的交易风险并通过迂回生产与技术引进效应降低绿色生产技术的推广门槛，有助于农业化肥减量化生产。此外，纵向分工深化对提高农业生产技术效率有正向影响。基于以上分析，本文提出以下有待验证的假说。

H_2：纵向分工卷入程度在经营规模影响化肥施用强度过程中具有中介效应。

H_{2a}：经营规模与纵向分工卷入程度之间呈现U形的非线性关系。

H_{2b}：纵向分工卷入程度负向影响化肥施用强度。

二、数据、模型与变量

（一）数据来源

本文所用数据来源于2020年8月在黄河流域中上游地区开展的调研数据。调研组在考虑黄河流域中上游地区地形、种植情况、农业经济发展等因素下，采用分层抽样与典型抽样相结合的方法，共选取甘肃、宁夏以及陕西3省份14个镇，每个样本乡镇抽取3个样本村，每个样本村抽取20～30户样本户。不同作物之间化肥施用程度不同，且其纵向分工卷入程度也存在差异，因此本文选取玉米种植户对其展开研究。此次调研主要获取了农户家庭基本情况、经营规模、化肥施用情况及社会化服务的采纳等相关数据，共获取1 048个问卷。结合本文研究主题，筛除了关键信息缺失样本，最终获得995个有效样本，问卷有效率达到94.94%。表1是样本农户分布情况。

表1　样本分布情况

省份	乡（镇）	农户数量	占比/%
甘肃	板桥镇、临泽镇、南古镇、倪家营、新天镇、鸭暖镇	371	37.29
宁夏	瞿靖镇、小坝镇、板桥镇	278	27.94
陕西	冯原镇、荆姚镇、桥陵镇、孙镇、王庄镇	346	34.77
合计		995	100.00

（二）变量说明与描述性统计

1. 被解释变量

本文以化肥施用强度（Dec）作为被解释变量，具体使用亩均化肥投入斤数来衡量。为了可以严谨考察经营规模对化肥减量的影响，本文参考赵昶等（2021）将亩均化肥投入成本作为被解释变量进行稳健性检验。

2. 核心解释变量

农户的经营规模（Sca）是本文的核心解释变量，具体使用2020年农户玉米种植总面积进行衡量。考虑到农地经营规模与化肥施用强度的非线性关系，同时将经营规模的平方项作为核心解释变量。

3. 中介变量

纵向分工卷入程度（Ser）是本文的中介变量，参考张露、罗必良（2021）及宋震宇等（2022）学者的研究，本文具体使用农户玉米种植全过程服务外包的程度来衡量，包括播种前、播种期、生长期、收割等。

4. 控制变量

参考已有文献，农户的化肥施用情况受多种因素影响，本文主要从家庭特征、种植特征以及经营状况三个方面选取控制变量。家庭特征层面包括人均收入（Inc）、年龄（Age）、受教育程度（Edu）；种植特征层面包括家庭务农人数（Lab）、距离交通主干道的距离（Traf）、土壤质量（Soil）；经营状况层面包括是否参加培训（Tra）、是否采用测土配方技术（Tec）、是否加入产业组织（Org）。变量选择及定义见表2。

由表2可以看出，调研区域农户平均年龄为56.86岁，受教育程度均值为2.63，说明目前主要从事农业劳动的大多为老年人，且平均受教育程度为初中。家庭务农劳动力人数均值为1.93人，家庭人均收入平均达到2.58万元，说明调研区域农村人口外出打工或兼业人数较多。

表2 变量定义与描述性统计特征

变量名称	变量符号	变量定义	均值	方差
化肥施用强度	*Dec*	2020年亩均化肥投入斤数	167.33	79.79
经营规模	*Sca*	2020年农户种植玉米经营面积	29.92	28.91
纵向分工卷入程度	*Ser*	农户生产（包括播种前、播种期、生长期、收割等）服务外包的个数	4.87	2.71
家庭务农人数	*Lab*	家庭务农劳动力个数	1.93	0.65
人均收入	*Inc*	2020年家庭总收入/总人数（万元）	2.58	2.19
年龄	*Age*	农户的年龄（岁）	56.86	10.10
是否参加培训	*Tra*	0=否，1=是	0.23	0.42
受教育程度	*Edu*	1=文盲，2=小学，3=初中与中专，4=高中，5=大专，6=本科，7=硕士	2.63	0.92
是否购买农业保险	*Ins*	0=否，1=是	0.44	0.50
距离交通主干道的距离	*Traf*	种植区距离交通主干道的距离	2.17	3.01
土壤质量	*Soil*	1=非常不好，2=不好，3=一般，4=比较好，5=非常好	3.85	0.87
是否采用测土配方技术	*Tec*	0=否，1=是	0.15	0.36
是否加入产业组织	*Org*	0=否，1=是	0.37	0.48

（三）模型设定

在分析经营规模对化肥施用强度的影响时，为了检验经营规模与化肥使用强度的非线性关系，本文借鉴徐欣（2012）的做法引入经营规模的平方项，假设经营规模项与其平方项的系数正负影响相反，则表示经营规模对化肥施用强度存在非线性的影响，且呈U形或倒U形关系。基于此，构建验证经营规模与化肥施用强度U形关系的计量模型：

$$\begin{aligned}\ln Dec_i = {} & \beta_0 + \beta_1 \ln Sca_i + \beta_2 \ln Sca_i^2 + \beta_3 Lab_i + \beta_4 Inc_i + \\ & \beta_5 Age_i + \beta_6 Edu_i + \beta_7 Tra_i + \beta_8 Ins_i + \beta_9 Traf_i + \\ & \beta_{10} Soil_i + \beta_{11} Tec_i + \beta_{12} Org_i + \varepsilon_{1i} \qquad (1)\end{aligned}$$

其中，i 表示第 i 个玉米种植户，Dec_i 代表玉米种植户家庭的化肥施用情况；Sca_i 表示农户种植玉米的经营规模，Sca_i^2 表示经营规模的平方；其余因素代表影响农户化肥施用强度的其他影响因素，即控制变量，包括家庭务农人数、人均收入、年龄、受教育程度、是否参加培训、是否购买农业保险、距离交通主干道的距离、土壤质量、是否采用测土配方技术、是否加入产业组织等；β_i 是带估计的参数，ε_{1i} 表示随机误差项。

另外，本文借鉴温忠麟等（2004）提出的中介效应检验程序，采用层级回归方法，分别建立自变量对因变量、自变量对中介变量、自变量和中介变量对因变量的回归模型，以纵向分工卷入程度为中介变量，在式（1）的基础上增加两个计量模型，具体如下所示：

$$\begin{aligned}Ser_i = {} & \alpha_0 + \alpha_1 \ln Sca_i + \alpha_2 \ln Sca_i^2 + \alpha_3 Lab_i + \alpha_4 Inc_i + \alpha_5 Age_i + \\ & \alpha_6 Edu_i + \alpha_7 Tra_i + \alpha_8 Ins_i + \alpha_9 Traf_i + \alpha_{10} Soil_i + \\ & \alpha_{11} Tec_i + \alpha_{12} Org_i + \varepsilon_{2i} \qquad (2)\end{aligned}$$

$$\begin{aligned}\ln Dec_i = {} & \lambda_0 + \lambda_1 \ln Sca_i + \lambda_2 \ln Sca_i^2 + \lambda_3 Ser_i + \lambda_4 Lab_i + \lambda_5 Inc_i + \\ & \lambda_6 Age_i + \lambda_7 Edu_i + \lambda_8 Tra_i + \lambda_9 Ins_i + \lambda_{10} Traf_i + \\ & \lambda_{11} Soil_i + \lambda_{12} Tec_i + \lambda_{13} Org_i + \varepsilon_{3i} \qquad (3)\end{aligned}$$

其中，Ser_i 表示纵向分工卷入程度，α_i 与 λ_i 表示待估系数，ε_{2i} 和 ε_{3i} 表示随机误差项。若回归系数 β_1、α_1 和 λ_3 都显著，则表示纵向分工卷入程度的间接效应显著；若回归系数 λ_1 不显著，说明社会化卷入程度发挥完全中介作用；若回归系数 λ_1 不显著，且 $\alpha_1\lambda_3$ 与 λ_1 同号，表明纵向分工卷入程度具有部分中介效应，进一步根据Sobel检验，中介效应占总效应的比例为：$\alpha_1\lambda_3/\lambda_1$。

内生性会影响普通最小二乘法（OLS）估计量的一致性，在利用式（1）进行最小二乘法估计时，若经营规模是外生变量，则估计结果具有一致性。然而，在研究经营规模时发现，经营规模是由家庭特征、种植特征以及经营状况等其他因素共同决定的，因此其为内生变量，不可直接使用式（1）进行模型估计。为进一步解决经营规模的内生性问题，本文参考刘同山（2020）和赵昶（2021）

的做法，采用扩展回归模型（ERM）中的内生线性模型，选择除某家庭外本县其他家庭土地流转面积与经营总面积之比作为经营规模的工具变量进行计量分析。根据弱工具变量检验结果发现，其在1%的显著性水平上拒绝该工具变量是弱工具变量的原假设，故该变量是个有效的工具变量。

三、实证结果与分析

本文对变量进行相关性检验与多重共线性检验，结果显示，变量间相关系数均小于0.7的临界值且所有自变量的方差膨胀因子（VIF）均小于10，可排除多重共线性干扰，可以进一步开展实证分析。

（一）经营规模与化肥施用强度的U形关系研究

表3列示了最小二乘法和内生线性回归的估计结果，同时报告了工具变量的估计结果。内生线性回归报告中Wald检验值在1%的水平上显著，说明经营规模与化肥施用强度同时受到不可观测的影响，故采用内生线性回归模型更合适。为了比较，表3分别列出了内生线性回归与OLS两种方法的回归结果。从表3中第二列和第三列的结果看，农户经营规模显著抑制了化肥施用强度，即经营规模的扩大有利于实现农户种植过程中化肥减量，而经营规模的平方项系数显著为正，说明经营规模与化肥施用强度可能呈现稳健的U形非线性关系，假说1得到了有力验证。原因可能是生产目标、要素偏好（陈雪婷，2020）与风险规避的结果（赵昶，2021）。根据调研发现，小农户家庭种植作物大多为兼业，其不在意农业长期效益，因此随着经营规模的扩大，小规模农户会通过增加机械化投入来代替劳动力等传统生产要素的投入，以提高整体家庭的生产力与盈利空间，这会促使其通过标准化生产减少化肥的使用量；在超过一定规模后，规模户的生产目标发生转变，且受到生产要素的约束，出于产量优先与规避风险的双重考虑，为了提高产量同时降低成本，规模户会选择增大化肥施用量以抵消经营规模扩大带来的收益风险（仇焕广，2014）。

从控制变量来看，务农劳动力的增加在1%的统计水平下显著抑制了农户化肥施用强度，这与已有研究结论达成一致。已有研究发现，中国农户为了追求利润最大化，其农业生产方式已经由依赖劳动力向依赖化肥等化学农资逐步转变，进而导致化肥施用过量（高晶晶，2021），因此，务农劳动力多的家庭在农业生产中更容易实现精细化管理，其化肥施用强度也相对较少。农户的年龄及受教育程度均负向影响化肥的施用强度，其中年龄对其的影响并不显著。购买农业保险、采用测土配方技术均在1%的显著性水平下抑制了农户过量施用化肥，说明相对于没有购买农业保险及没有采用测土配方技术的农户，购买农业保险与采用测土配方技术的农户化肥施用强度更低。此外，是否参加培训及土壤质量两个变量对化肥施用强度有显著的正向影响，即土壤质量高的农户反而化肥施用强度更高，可能的原因是农户缺乏长远意识，高质量的土壤使其并未意识到环境污染对种植及产量带来的危害，因而仅注重产量导致其以较高强度施用化肥来增加产量。

表 3　经营规模对农户化肥使用强度的影响

变量	内生线性回归		OLS 回归
	经营规模	化肥施用强度	化肥施用强度
经营规模（取对数）	—	−0.141*** (0.064)	−0.157*** (0.061)
经营规模的平方（取对数）	—	0.055*** (0.013)	0.056*** (0.031)
家庭务农人数	−0.006 (0.0241)	−0.05** (0.021)	−0.049** (0.022)
人均收入	3.17E−06*** (7.73e−07)	−7.31e−07 (7.41e−07)	−6.06e−07 (7.30e−07)
年龄	−0.005*** (0.001 7)	−0.002 (0.002)	−0.002 (0.001)
受教育程度	−0.015 (0.018 4)	−0.031* (0.168)	−0.031* (0.016)
是否参加培训	0.152*** (0.039)	0.267*** (0.036)	0.271*** (0.036)
是否购买农业保险	−0.051* (0.032)	−0.084*** (0.029)	−0.086*** (0.029)
距离交通主干道的距离	0.011** (0.005)	0.003 (0.005)	0.003 (0.005)
土壤质量	0.018 (0.018)	0.084*** (0.016)	0.085*** (0.016)
是否采用测土配方技术	−0.002 (0.045)	−0.117*** (0.041)	−0.117*** (0.041)
是否加入产业组织	−0.196*** (0.073)	−0.056 (0.067)	−0.063 (0.067)
工具变量	0.887*** (0.023)	—	—
常数项	0.573*** (0.186)	5.010*** (0.185)	5.051*** (0.179)
Wald 检验值	226.06***		—

（续）

变量	内生线性回归		OLS 回归
	经营规模	化肥施用强度	化肥施用强度
R^2		—	0.201
F 统计量		—	18.92***

注：* 、**、***分别代表在 10%、5%、1%的统计水平上显著，括号内为系数标准误。

（二）纵向分工卷入程度的中介效应

从上述分析中可知，经营规模与化肥施用强度之间存在 U 形关系，为进一步厘清经营规模对化肥施用强度的具体影响路径，需要对纵向分工卷入程度进行中介效应检验。表 4 为纵向分工卷入程度对经营规模与化肥施用强度 U 形关系的中介效应检验结果。结果表明，模型（1）中的经营规模系数为负（c＝－0.141，5%显著性水平），模型（2）中的经营规模系数为正（a＝1.017，1%显著性水平），然后在模型（2）中经营规模平方项的系数为负，且也通过 1%的显著性检验，故经营规模与纵向分工卷入程度存在倒 U 形非线性关系，假设 H_{2a}成立。结果说明扩大经营规模会提高纵向分工卷入程度，但当规模超过一定界限后，扩大经营规模将降低纵向分工卷入程度，可能出现的原因是出于成本最优化考虑，规模户采用自购农机方式进行机械化生产。模型（3）中纵向分工卷入程度的回归系数为负（b＝－0.054，1%显著性水平），说明纵向分工卷入程度越高，农户化肥施用强度在同等条件下相对较低。可能出现的原因是服务外包提高了农户种植机械化与标准化水平，进而精细化肥等化学农资施用量，从而实现化肥减量施用，假设 H_{2b}得到有力的验证。三个模型中经营规模与社会化卷入程度的回归系数均显著（a、b、c 均显著），说明纵向分工卷入程度在经营规模与化肥施用强度的间接效应显著，经营规模通过提高农户种植纵向分工卷入程度来影响化肥施用强度。模型（3）中经营规模的回归系数为负（c'＝－0.085）且没有通过显著性水平，说明社会化服务的卷入程度在经营规模与化肥施用强度中起完全中介作用，假说 H_2得到进一步证实。

表 4 纵向分工卷入程度的中介效应

变量	模型（1）	模型（2）	模型（3）
经营规模（取对数）	－0.141** (0.064)	1.017*** (0.388)	－0.085 (0.060)
经营规模的平方（取对数）	0.055*** (0.013)	－0.261*** (0.078)	0.041*** (0.012)
家庭务农人数	－0.05** (0.021)	0.218* (0.132)	－0.037* (0.005)

（续）

变量	模型（1）	模型（2）	模型（3）
人均收入	−7.31e−07 (7.41e−07)	1.18e−05*** (4.48e−06)	−9.31e−08 (7.03e−07)
年龄	−0.002 (0.002)	0.005 (0.009)	−0.002 (0.002)
受教育程度	−0.031* (0.168)	0.146 (0.101)	−0.230* (0.015)
是否参加培训	0.267*** (0.036)	−0.913*** (0.221)	0.218*** (0.034)
是否购买农业保险	−0.084*** (0.029)	0.531*** (0.177)	−0.054** (0.027)
距离交通主干道的距离	0.003 (0.005)	0.090*** (0.028)	0.007* (0.004)
土壤质量	0.084*** (0.016)	−0.515*** (0.099)	0.055*** (0.015)
是否采用测土配方技术	−0.117*** (0.041)	0.327 (0.249)	−0.099*** (0.038)
是否加入产业组织	−0.056 (0.067)	−0.551 (0.408)	−0.085* (0.012)
纵向分工卷入程度	—	—	−0.054*** (0.005)
常数项	5.010*** (0.185)	4.967*** (1.124)	5.279*** (0.177)
Wald 检验值	226.06***	103.07***	363.13***

注：*、**、***分别代表在10%、5%、1%的统计水平上显著，括号内为系数标准误。

（三）稳健性检验

经营规模变量所带来的内生性问题在前文已被考虑并尽力削减，但模型回归结果的可靠性仍需要进一步考察。替换变量法是模型稳健性检验常用方法之一。本文借鉴马永喜和马一鸣（2020）稳健性检验的方法，在以上基准模型回归分析的基础上，进一步替换相关变量进行分析，选取亩均化肥投入成本作为被解释变量的替代指标以验证结论的稳健性。表5为经营规模与化肥施用强度替代指标的内生线性回归与OLS回归估计结果。结果显示，进行替换被解释变量后经营规模与化肥施用强度之间的U形关系仍然存在，且核心变量经营规模的回归符号并未发生转变，显著性水平下降但仍在给定范围内。其他控制变量回归系数的符号基本未发生改变，但被解释变量替代变量回归结果中各变量的显著性水平有所降低。整体而言，控制变量的结果与上文基本一致。据以上稳健性分析，模型回归结果在整体上是稳健的。

表 5　经营规模对化肥施用强度影响稳健性检验

变量	内生线性回归		OLS 回归
	经营规模	化肥施用强度	化肥施用强度
经营规模（取对数）	—	−0.111*	−0.122**
		(0.072)	(0.069)
经营规模的平方（取对数）	—	0.046***	0.047***
		(0.014)	(0.014)
家庭务农人数	−0.006	−0.058**	−0.057**
	(0.024 1)	(0.024)	(0.025)
人均收入	3.17E−06***	−6.77e−07	−5.96e−07
	(7.73e−07)	(8.40e−07)	(8.27e−07)
年龄	−0.005***	−0.005***	−0.005***
	(0.001 7)	(0.002)	(0.001)
受教育程度	−0.015	−0.049***	−0.049***
	(0.018 4)	(0.019 0)	(0.019)
是否参加培训	0.152***	0.214***	0.216***
	(0.039)	(0.041)	(0.041)
是否购买农业保险	−0.051*	−0.087***	−0.089***
	(0.032)	(0.033)	(0.033)
距离交通主干道的距离	0.011**	−0.003	−0.003
	(0.005)	(0.005)	(0.005)
土壤质量	0.018	0.126***	0.127***
	(0.018)	(0.018)	(0.018)
是否采用测土配方技术	−0.002	−0.056	−0.055
	(0.045)	(0.046)	(0.047)
是否加入产业组织	−0.196***	0.048	0.043
	(0.073)	(0.076)	(0.076)
工具变量	0.887***	—	—
	(0.023)		
常数项	0.573***	5.357***	5.383***
	(0.186)	(0.210)	(0.204)
Wald 检验值	182.46***		—
R^2	—		0.169
F 统计量	—		15.3***

注：*、**、***分别代表在 10%、5%、1%的统计水平上显著，括号内为系数标准误。

四、研究结论与政策启示

黄河流域生态保护和经济高质量发展是我国新时代重大国家战略之一。本文基于黄河流域中上游地区陕西、甘肃、宁夏 3 省份 2020 年玉米种植农户经营规模及化肥施用强度的调查数据，构建农户经营规模与化肥施用强度的内生线性回归模型，采用工具变量法与扩展回归模型实证检验了经营规模与化肥使用强度的 U 形关系，厘清纵向分工深化在经营规模与化肥施用强度间的中介关系。研究结果表明：

(1) 黄河流域中上游地区玉米种植农户经营规模与化肥施用强度间存在 U 形的非线性关系，拐点值为 3.6 亩。针对小农户而言，种植规模在拐点之前的玉米种植户经营规模扩大会抑制化肥施用；但超过 3.6 亩后，小农户不断增加玉米种植过程中的化肥施用强度以达到提高产量的效果。针对规模户，其均位于 U 形关系的右侧，即经营规模反而促进化肥施用强度的增加。

(2) 聚焦于玉米种植户，经营规模与纵向分工深化之间存在非线性 U 形关系，农业纵向分工深化会显著促进化肥减量施用，因此鼓励服务外包市场发育，积极发展社会化服务能有效促进化肥减量施用。

(3) 纵向分工深化在经营规模与化肥使用强度间存在完全中介作用。即扩大经营规模可以通过提高纵向分工卷入程度进而降低农户化肥施用强度。因此，完善服务外包市场，提高服务外包质量，发挥纵向分工深化的中介作用至关重要。

基于以上研究结论，本文针对黄河流域中下游区域提出以下三点政策启示。

(1) 黄河流域中上游地区小农户居多，这些小规模与土地细碎化程度较高的种植户主张适度规模，适当提高种植面积，鼓励农村加强土地整合与规划，农户连片化种植进而改善土地细碎化，提高农户种植规模效应，缓解由于规模扩大而对化肥减施产生的负效应。

(2) 样本区中黄河流域中上游地区农户更关注经济作物生产过程而对玉米种植进行粗放经营，导致有 80%的农户在玉米种植过程中化肥施用过量。针对该问题，首先应加强对农户智慧农业知识的普及以及环保农业技术的宣传，提高农户对粮食作物种植的重视程度，改善粗放经营现状，严防“非粮化”问题，保障我国粮食安全。其次，在适度规模的基础上以依赖良种和机械化为主，鼓励其采纳测土配方等绿色农业技术，利用信息技术的优势，进一步实现对农业大数据的精准监测，从而提高化肥利用效率。

(3) 鉴于纵向分工深化会显著促进农户化肥减量施用，鼓励服务外包市场发育及农业生产一体化发展，降低市场信息不对称，发挥纵向分工经济带来的规模经济，在推进农业生产环节规模化和标准化的基础上实现化肥减量施用。

参 考 文 献

陈雪婷，冯中朝，黄炜虹，等，2021. 经营规模对农户异质性生态生产行为的影响研究 [J]. 长江流域资源与环境，30（5）：1252-1263.

陈昭玖，胡雯，2016. 农业规模经营的要素匹配：雇工经营抑或服务外包：基于赣粤两省农户问卷的实证分析 [J]. 学术研究（8）：93-100.

仇焕广，栾昊，李瑾，等，2014. 风险规避对农户化肥过量施用行为的影响 [J]. 中国农村经济（3）：85-96.

高晶晶，彭超，史清华，2019. 中国化肥高用量与小农户的施肥行为研究：基于 1995—2016 年全国农村固定观察点数据的发现 [J]. 管理世界，35（10）：120-132.

高晶晶，史清华，2021. 中国农业生产方式的变迁探究：基于微观农户要素投入视角 [J]. 管理世界，37（12）：124-134.

胡雯，严静娴，陈昭玖，2016. 农户生产环节外包行为及其影响因素分析：基于要素供给视角和 1 134 份农户调查数据 [J]. 湖南农业大学学报（社会科学版），17（4）：8-14.

胡新艳，朱文珏，罗锦涛，2015. 农业规模经营方式创新：从土地逻辑到分工逻辑 [J]. 江海学刊（2）：75-82.

胡祎，张正河，2018. 农机服务对小麦生产技术效率有影响吗？ [J]. 中国农村经济（5）：68-83.

贾蕊，陆迁，2018. 土地流转促进黄土高原区农户水土保持措施的实施吗?：基于集体行动中介作用与政府补贴调节效应的分析 [J] . 中国农村经济（6）：38-54.

梁杰，高堃，高强，2021. 交易成本、生产成本与农业生产环节外包：基于农地禀赋效应调节视角 [J]. 资源科学，43（8）：1589-1604.

梁志会，张露，刘勇，等，2020. 农业分工有利于化肥减量施用吗?：基于江汉平原水稻种植户的实证 [J]. 中国人口·资源与环境，30（1）：150-159.

梁志会，张露，张俊飚，2020. 土地转入、地块规模与化肥减量：基于湖北省水稻主产区的实证分析 [J]. 中国农村观察（5）：73-92.

刘大鹏，刘颖，陈实，2019. 土地流转、规模经营对农业社会化服务需求的影响分析：基于江汉平原 393 个水稻种植大户的调查 [J]. 中国农业资源与区划，40（1）：170-176.

刘晓燕，章丹，徐志刚，2020. 粮食规模经营户化肥施用也“过量”吗?：基于规模户和普通户异质性的实证 [J]. 农业技术经济（9）：117-129.

卢华，陈仪静，胡浩，等，2021. 农业社会化服务能促进农户采用亲环境农业技术吗 [J]. 农业技术经济（3）：36-49.

罗必良，2017. 论服务规模经营：从纵向分工到横向分工及连片专业化 [J]. 中国农村经济（11）：2-16.

罗必良，万燕兰，洪炜杰，等，2019. 土地细碎化、服务外包与农地撂荒：基于 9 省区 2 704份农户问卷的实证分析 [J]. 经济纵横（7）：63-73.

马永喜，马一鸣，2020. 农业经营规模化发展对化肥施用强度的影响：基于投入产出规模化视角的分析 [J]. 湖南农业大学学报（社会科学版），21（4）：19-26.

马永喜，马钰婷，2020. 农业经营规模化发展对环境效率的影响：基于地块层面的实证分析［J］. 中国环境科学，40（10）：4631-4640.

宋震宇，黄强，陈昭玖，2020. 规模经营、分工深化与农业生产率：基于江西省水稻种植户的经验证据［J］. 湖南农业大学学报（社会科学版），21（3）：17-25.

孙小燕，刘雍，2019. 土地托管能否带动农户绿色生产？［J］. 中国农村经济（10）：60-80.

王志刚，申红芳，廖西元，2011. 农业规模经营：从生产环节外包开始：以水稻为例［J］. 中国农村经济（9）：4-12.

谢琳，廖佳华，李尚蒲，2020. 服务外包有助于化肥减量吗?：来自荟萃分析的证据［J］. 南方经济（9）：26-38.

杨高第，张露，岳梦，等，2020. 农业社会化服务可否促进农业减量化生产?：基于江汉平原水稻种植农户微观调查数据的实证分析［J］. 世界农业（5）：85-95.

张露，罗必良，2019. 农业减量化及其路径选择：来自绿能公司的证据［J］. 农村经济（10）：9-21.

张露，罗必良，2020. 农业减量化：农户经营的规模逻辑及其证据．中国农村经济（2）：81-99.

张露，罗必良，2021. 规模经济抑或分工经济：来自农业家庭经营绩效的证据［J］. 农业技术经济（2）：4-17.

张忠军，易中懿，2015. 农业生产性服务外包对水稻生产率的影响研究：基于 358 个农户的实证分析［J］. 农业经济问题，36（10）：69-76.

赵昶，孔祥智，仇焕广，2021. 农业经营规模扩大有助于化肥减量吗：基于全国 1274 个家庭农场的计量分析［J］. 农业技术经济（4）：110-121.

钟甫宁，纪月清，2009. 土地产权、非农就业机会与农户农业生产投资［J］. 经济研究，44（12）：43-51.

JU X T，GU B J，WU Y Y，et al.，2016. Reducing China's fertilizer use by increasing farm size［J］. Global Environmental Change，26：4126-4132.

WANG X L，CHEN Y Q，SUI P，et al.，2017. Preliminary analysis on economic and environmental consequences of grain production on different farm sizes in North China Plain［J］. Agricultural Systems，153：181-189.

WU Y Y，XI X C，TANG X，et al.，2018. Policy distortions，farm size，and the overuse of agricultural chemicals in China［J］. Proceedings of the National Academy of Sciences of the United States of America，115（27）：7010-7015.

YANG Y R，HE Y C，LI Z L，2020. Social capital and the use of organic fertilizer：an empirical analysis of Hubei province in China［J］. Environmental science and pollution research international，27（13）：15211-15222.

ZHANG F，CHEN X，VITOUSEK P，2013. Chinese agriculture：an experiment for the world［J］. Nature，497（7447）：33-35.

（作者单位：西北农林科技大学）

增强还是削弱？互联网对农业绿色生产率的影响研究

于　浩　白秀广

一、引言

多年以来，我国农业采用粗放型生产模式，较多投入化肥农药等化学用品，部分地区农业生产技术落后，生产信息不对称，共同导致农业生产资源利用率偏低，农业生产环境恶化。随着我国经济的高速发展，资源环境约束的增加导致农业生产压力逐渐增大，如何平衡发展与绿色之间的关系，促进农业农村发展绿色转型越来越受到各界的重视。提高农业绿色生产率可以有效解决发展不平衡的问题，同时为国家粮食安全提供保障，“互联网＋农业”战略的实施为我国农业发展转型提供了新的契机。然而互联网在改善农业生产环境等方面的作用效果受到社会各界的争议，由于目前农村环境、地理条件差异以及互联网普及程度不高等因素的存在，农业经营主体是否能够接受和使用互联网，互联网是否能够提高农业绿色生产率仍值得深究。本文在全面实现脱贫攻坚，进一步实现乡村振兴的背景下，从农业绿色生产率视角出发，探究使用互联网对改善农业生产环境，推动农业农村绿色发展，促进农业可持续发展的现实意义。

现有研究关于绿色生产率大多应用的是数据包络分析（DEA）以及随机前沿函数（SFA）进行测算（李谷成等，2021；万飞等，2015），且大部分研究在变量选取上差异不大，主要以化肥、农药等作为投入变量，作物产量作为期望产出变量，将面源污染等作为非期望产出变量（陈芳、杨梅君，2021；李慧泉、毛世平，2022）。现有研究缺乏互联网与农业绿色生产率关系的研究模型，在分析研究对象与效率关系模型的选取上，主要有应用内生转换模型探究互联网与技术效率之间的关系（Zhu 等，2021；Zheng 等，2021）以及风险感知与农户化肥使用量之间的关系（Tang 等，2018），利用 DID、PSM-DID 等模型探究城市能源政策对绿色生产率的影响（Zhuo 等，2022），用 OLS 模型探究灌溉设施水平对农业绿色生产率的影响（韦雪，2020），应用动态差分

GMM探究数字经济与工业绿色生产率之间的关系（肖远飞、姜瑶，2021），或是通过倾向匹配得分法将受访者分类进行相关分析（Mario等，2020；Li等，2020）。

关于互联网使用对农业绿色生产率的影响，学术界存在广泛争议，部分学者认为使用互联网可以推动农业绿色发展（乌静等，2022）、提高全要素生产率（许梦博、潘远超，2022）、促进工业绿色生产率（肖远飞等，2021）、对绿色生态效率以及城市生态效率具有促进作用（王辰璇，2022；梁琦，2020）、提高农业生产率（朱秋博等，2019），也有研究指出互联网在短期内对绿色生产率具有显著的促进作用，但长期来看，互联网对绿色生产率的影响存在非线性的关系（Wu等，2020；卢福财等，2021；高志刚、苟红霞，2022；籍艳丽等，2022；马国群、谭砚文，2021；郭家堂、骆品亮，2016），有研究认为农业绿色生产率的提高可以进一步分解为农业技术进步驱动以及技术效率驱动（郭家堂、骆品亮；2016，李凯风、李子豪；2022，Fare等，1994）。部分学者研究指出互联网对农业绿色生产率具有的促进作用，主要来源于农业技术效率的提高（朱秋博等2019；张恒等，2022），例如Zheng等（2021）指出互联网使用可以提高香蕉生产的技术效率，Zhu等（2021）在探究互联网对苹果生产过程中技术效率的影响时发现，互联网使用对苹果生产的技术效率具有显著的促进作用，王军和吕泳宏（2020）的研究指出互联网对农业技术效率的促进是显著的。也有学者的研究结论与之相反，认为互联网对农业绿色生产率的促进作用，主要来源于农业技术进步（沈洋、周鹏飞，2022；郭家堂、骆品亮，2016），例如李慧和郭永奇（2022）的研究指出中国农业绿色生产率的主要增长动力是由农业技术进步所提供，李欠男和李谷成（2020）研究认为互联网对农业技术进步具有促进作用，但同时抑制了农业技术效率的提升，Mario等（2014）的研究也同样指出互联网在影响农业绿色生产率的过程中，主要作用是在促进农业技术进步的同时降低农业技术效率。

通过以上内容的梳理，可以发现学术界关于互联网与农业绿色生产率的研究存在以下局限：第一，研究对象的局限性，大多数研究围绕使用互联网对工业绿色生产率、全要素生产率、农业技术效率、生态效率的影响等问题进行分析，或是以香蕉、苹果等经济作物作为主要研究对象，缺少针对农作物分析农业绿色生产率的研究。第二，研究结论的局限性，现有研究对使用互联网与生产率之间的关系存在较大争议，大部分研究仅探究互联网能否提高绿色生产率，对其进一步的延展存在欠缺。本文的创新之处在于：第一，将现有的研究对象进一步延伸，结合2022年中央1号文件关于全力抓好粮食生产和重要农产品供给的要求，以玉米种植户作为研究对象，探究互联网使用是否能够促进农业绿色生产率，改善农业生产环境，促进农业可持续发展。第二，本文将在现有研究基础上，探究互联网与农业绿色生产率之间是否存在非线性关系，并结合实际情况研判目前我国农业发展处于何种发展阶段。具体方法为应用内生转换模型分析互联网对农业绿色生产率的作用效果，同时，应用门槛回归模型探究在农业生产过程中互联网是否对农业绿色生产率具有非线性的影响，并对异质性农户进行分析，探究不同类型农户使用互联网之后的绿色生产率是否存在差异。最后，根据研究结论提出针对性的建议，为改善农业生产环境，保障国家粮食安全，促进农业可持续发展提供理论支撑。

本文其余内容安排如下：第二部分介绍了理论框架，第三部分介绍了模型构建及变量设计，第四部分总结并讨论实证结果，第五部分提出本文的结论及建议。

二、理论框架

农业高质量发展的关键在于优化生产资源配置，降低对农药、化肥等生产要素的过度投入，长期投入大量的化肥、农药会导致出现严重的负外部性问题，而农业绿色生产率是应对这一问题的关键，提高农业绿色生产率有助于改善农业生产环境，帮助农业实现经济结构发展转型，促进农业高质量发展。

农业绿色生产率的提高在于引入全新的生产要素，互联网作为新型生产要素，通过改变传统农业生产模式，通过信息传导，提高了农业技术的应用效率，有利于调整优化农业生产投入结构，进而促进技术的外溢效应，促进经济进步与生态环境改善共同发展。本研究认为互联网主要通过两条途径影响农业绿色生产率，第一条途径主要作用在农业技术进步方面（李慧、郭永奇，2022；沈洋、周鹏飞，2022；李欠男、李谷成，2020）。经济学家库兹涅茨对经济增长的解释，一个国家的经济增长离不开先进的技术以及与之相适应的思想意识。互联网通过搭建共享平台，使现代化技术、知识传播到更多的农户群体中，促进先进技术的采用（Zheng 等，2022）。同时，互联网作为知识资本的传播平台，将农业生产者、科研院所、农业产业链前后端企业有效连接起来，将先进的农业生产技术应用在农业生产全过程，有利于促进农业技术进步，提高农业生产的科技性，有效减少农业生产的非期望产出，进而提高农业绿色生产率。第二条途径作用在农业技术效率方面（张恒等，2022；王军、吕泳宏，2020）。互联网发展有利于改善信息不对称的现象，降低信息传递成本。互联网将信息技术渗透到农业生产的各个阶段，在诸多方面改变农业生产方式，使劳动力等生产资源得以充分利用，实现更优化的资源配置，进而提升农业技术效率，使农业生产更具绿色化、可持续化。同时根据李欠男等（2020）、郭家堂等（2016）、Fare 等（1994）的研究将农业生产率分解为农业技术进步和农业技术效率，它们的改善会提高农业绿色生产率。基于此，提出研究假说 H1：互联网能够提高农业绿色生产率。

随着互联网的高速发展，对使用者的整体素质也有了更高的要求，农村互联网的发展同样受到农户使用能力的限制。目前农业经营者受教育程度整体偏低，对于互联网的了解也不够深入。同时，由于传统农业经营模式与互联网经营模式存在较大差异，例如交易渠道、方式、平台等差异，且农产品的易腐性以及农产品出村进城“最初一公里”建设尚未健全，一定程度上限制了农产品的流通，降低了农产品总产值，导致绿色生产率的下降。因此在互联网最初投入农村地区阶段，由于农业经营者专业技术水平不够，农村相应基础设施不够完善，互联网很难充分发挥作用，难以达到优化资源配置的目的。据此，在互联网发展的最初阶段，互联网对绿色生产率的作用将呈现下降的趋势。随着专业技术下乡、农业技术培训、基础设施不断完善，互联网开始促进农业技术进步以及农业技术效率的提高，更好地实现农业资源配置（Wu 等，2020；Wu 等，2021），进而，互联网会促进农业绿色生产率的提高。据此，提出研究假说 H2：互联网与农业绿色生产率存在非线性的关系。

三、模型构建及变量设计

（一）绿色生产率的测算模型

现有关于绿色生产率的测算主要针对香蕉、苹果等经济作物（Zhu 等，2021；Zheng 等，2021）或小麦（黄伟华等，2021），或者采用 SPF 以及 SBM 等模型进行分析（González-Flores 等，2014；Li 等，2021）。考虑到测算范围和对象的局限性，以及传统 DEA 模型（万飞等，2015）对产出无法准确衡量的弊端，本文以玉米为研究对象，应用包含非期望产出的 SBM 模型，在规模报酬可变的条件下对农业绿色生产率进行测算。

以每一位受访者家庭作为分析单位，根据陈芳和杨梅君（2021）、李慧泉和毛世平（2022）的研究选取单位面积下化肥投入、农药投入、灌溉投入、机械投入以及劳动投入作为投入指标，以单位面积产值作为期望产出指标，以单位面积碳排放作为非期望产出指标。通过 DEA 软件对 459 份样本的农业绿色生产率进行测算，测算结果如图 1。

由图 1 可以发现，主峰位于较低绿色生产率区间，除了个别农户农业绿色生产率较高外，大部分农业绿色生产率位于低农业绿色生产率区间，意味着目前农业绿色生产率仍存在较大的提升空间。

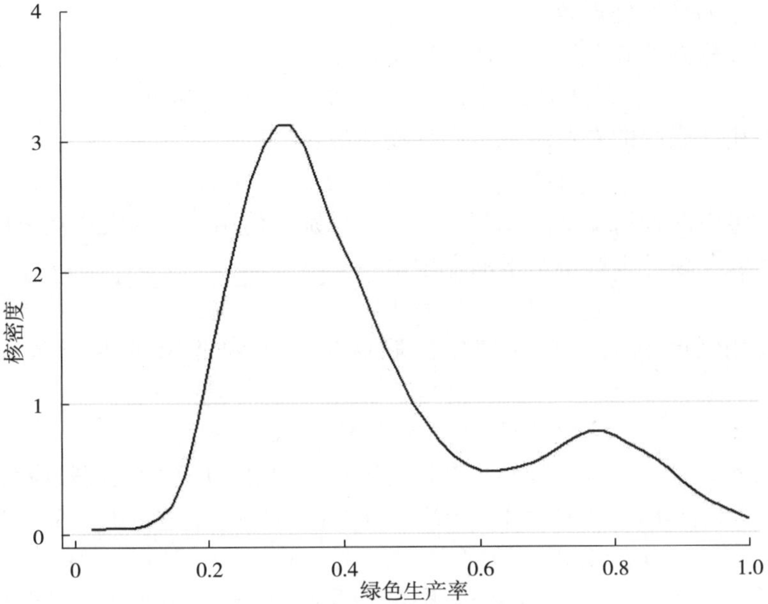

图 1　农业绿色生产率核密度

（二）互联网对农业绿色生产率的增长分析模型

已有文献大多采用工具变量法或倾向匹配得分法探究此类问题（Zheng 等，2021），然而前者会忽视异质性问题，后者则会对不可观测的因素所造成的内生性问题无法处理（于浩等，2021）。因此，本文参考 Tang 等（2018）、苏岚岚等（2020）的研究，选择内生转换模型进行分析，将不可观测因素导致的测量误差在模型中得到处理。本文构建生产率增长模型如下：

$$GPE_i = \begin{cases} GPE_{1i}, P_i = 1, GPE_{1i} = 1(GPE_{1i}^* > 0, GPE_{ip} = \beta_p X_{ip} + \sigma_{\mu p} \lambda_{ip} + \varepsilon_{ip}) \\ GPE_{0i}, P_i = 0, GPE_{0i} = 1(GPE_{0i}^* > 0, GPE_{in} = \beta_n X_{in} + \sigma_{\mu n} \lambda_{in} + \varepsilon_{in}) \end{cases} \tag{1}$$

在式（1）中，P_i 表示农户是否使用互联网，若农户使用互联网则 $P_i = 1$，反之 $P_i = 0$，GPE_{ip} 和 GPE_{in} 分别表示农户使用互联网的绿色生产率与未使用互联网的绿色生产率，X_{ip} 和 X_{in} 分别表示影响使用、未使用互联网的农户个人特征、家庭特征等因素，具体变量选取如表 1 所示。ε_{ip} 和 ε_{in} 是随机干扰项。为了解决由于不可观测因素引入导致的估计偏差问题，分别在两组模型中引入了逆米尔斯比率 λ_{ip} 和 λ_{in} 及其相应的协方差 $\sigma_{\mu p} = Cov(\mu_i, \varepsilon_{ip})$ 和 $\sigma_{\mu n} = Cov(\mu_i, \varepsilon_{in})$，并选用完全信息极大似然法来估计上述内生转换模型。

内生转换模型的结果能够反映各变量对于使用互联网和未使用互联网对农业绿色生产率的影响差异，接下来将通过反事实假设探究农户使用互联网与未使用互联网情况下绿色生产率的期望值变化情况，从而分析使用互联网对农业绿色生产率的平均处理效应。

使用互联网的农业绿色生产率期望值：

$$E[GPE_{ip} \mid P_i=1]=\beta_p X_{ip}+\sigma_{\mu p}\lambda_{ip} \tag{2}$$

未使用互联网的农业绿色生产率期望值：

$$E[GPE_{in} \mid P_i=0]=\beta_n X_{in}+\sigma_{\mu n}\lambda_{in} \tag{3}$$

同时考虑两种情况下的反事实假设，分别是使用互联网农户在未使用互联网情景下农业绿色生产率水平的期望值：

$$E[GPE_{in} \mid P_i=1]=\beta_n X_{ip}+\sigma_{\mu n}\lambda_{ip} \tag{4}$$

未使用互联网的农户在使用互联网情景下农业绿色生产率水平的期望值：

$$E[GPE_{ip} \mid P_i=0]=\beta_p X_{in}+\sigma_{up}\lambda_{in} \tag{5}$$

将式（2）与式（4）作差，得到使用互联网对 GPE 的处理效应为：

$$ATT=E[GPE_{ip} \mid P_i=1]-E[GPE_{in} \mid P_i=1]=(\beta_p-\beta_n)X_{ip}+(\sigma_{\mu p}-\sigma_{\mu n})\lambda_{ip} \tag{6}$$

同样的，将式（3）与式（5）作差，得到未使用互联网对 GPE 的处理效应为：

$$ATU=E[GPE_{in} \mid P_i=0]-E[GPE_{ip} \mid P_i=0]=(\beta_n-\beta_p)X_{in}+(\sigma_{\mu n}-\sigma_{\mu p})\lambda_{in} \tag{7}$$

综上，本文中采用 ATT 与 ATU 的平均值来衡量两类农户使用互联网决策对 GPE 的平均处理效应。

（三）互联网与农业绿色生产率的非线性关系分析模型

互联网发展前期和后期由于受人力资本、基础设施等诸多因素影响，农业绿色生产率在不同阶段的发展存在巨大差异（González-Flores 等，2014），因此，本文参考 Wu 和 Zhang（2020）采用门槛回归模型探究互联网发展阶段与农业绿色生产率之间的关系。

根据 Hansen（2000）的理论，建立以下截面门槛模型：

$$\begin{cases}\Delta GPE_1=\alpha_1+\beta_1 P+\sum_{j=1}^{6} Z_j\delta_j+\varepsilon_i, & q_i\leqslant\gamma_i\\ \Delta GPE_2=\alpha_2+\beta_2 P+\sum_{j=1}^{6} Z_j\delta_j+\varepsilon_i, & q_i\geqslant\gamma_i\end{cases} \tag{8}$$

其中，$i=1,2$；$j=1,2,3,4,5,6$；P 表示农户是否使用互联网。β_1 和 β_2 表示当门限变量低于或高于门槛值时，使用互联网决策对农业绿色生产率的影响系数。Z_1、Z_2、Z_3、Z_4、Z_5、Z_6 分别表示性别、年龄、受教育程度、耕地面积、是否在陕西和是否在山西，而 δ_1、δ_2、δ_3、δ_4、δ_5、δ_6 则分别表示相应变量的影响系数；q_i 是门限变量，γ_i 为待估门限值，ε_i 独立同分布且与 P 不相关。

（四）变量选取

①因变量。本文将农业绿色生产率确定为因变量。主要通过农户家庭投入产出情况进行测算。②处理变量。本研究将农户是否使用互联网作为处理变量。在调研过程中通过询问农户是否上网来判定农户是否使用互联网。据统计，在 459 份有效数据中，有 65%的农户使用互联网，说明目前农村地区互联网普及程度仍存在极大的提升空间。③匹配变量。本文参考 Zhu 等（2021）、Xie 等（2021）的研究，结合调研实际情况，选取受访者性别、年龄、受教育程度、耕地面积、总资产、总支出作为主要解释变量，选取家庭所在省份是否属于陕西省和山西省作为区域控制变量。④工具变量。本文选取是否接受技术指导作为工具变量，因为农户是否接受技术指导对农户是否使用互联网，能够从互联网获取更为有效的信息具有重要影响，但对农业绿色生产率没有直接影响，故选取是否接受技术指导作为工具变量。

（五）数据来源及描述性统计

本文数据来源于课题组 2021 年在陕西省、河南省、山西省 3 个省的实地调研。为使研究结论更具普适性，调研对象选取同时生产小麦、玉米的种植户，针对家庭决策者进行面对面访谈，主要涉及农户家庭互联网使用情况、近 5 年家庭农业投入产出、耕地灌溉等方面。本次调研共发放问卷 480 份，回收问卷 470 份，其中有效问卷 459 份，问卷有效率达 97.66%。

表 1 是总样本以及使用互联网与未使用互联网农户各变量间的描述性统计结果。可以发现，在所有样本中，农业绿色生产率的均值为 0.44；样本区域内呈现男性偏多、受访者年龄偏大、受教育程度较低等特点。受访者中男性占比 95%；平均年龄为 60.46 岁；受教育程度（年限）平均为 6.99 年，受访者家庭平均耕地面积为 8.49 亩，家庭总资产平均为 21.11 万元，当年支出平均为 4.12 万元，主要为农业生产投入支出。

根据表 1 使用互联网与未使用互联网农户的描述性统计结果，可以得出，农业绿色生产率均为 0.44，无显著差别；匹配变量方面，使用互联网与未使用互联网的农户在性别、年龄、受教育程度、家庭耕地面积方面存在显著差别；性别方面，使用互联网的男性相较未使用互联网的男性占比较高；使用互联网的农户比未使用互联网的农户较为年轻，且使用互联网的农户受教育程度较高，家庭耕地面积更大；而两组农户在总资产以及当期支出方面没有呈现显著区别。

表 1　比较使用互联网与未使用互联网农户的描述性统计

变量类型	变量名称	总样本		使用互联网农户		未使用互联网农户		均值差	t 检验
		均值	标准差	均值	标准差	均值	标准差		
因变量	农业绿色生产率	0.44	0.20	0.44	0.20	0.44	0.19	0.00	0.51

（续）

变量类型	变量名称	总样本		使用互联网农户		未使用互联网农户		均值差	t 检验
		均值	标准差	均值	标准差	均值	标准差		
匹配变量	性别	0.95	0.22	0.97	0.18	0.92	0.27	0.05**	2.24
	年龄	60.46	9.98	57.09	8.99	66.76	8.59	−9.67***	−11.15
	受教育程度	6.99	3.19	7.54	2.86	5.98	3.51	1.56***	5.15
	耕地面积	8.49	11.73	9.71	14.06	6.20	4.27	3.51***	3.08
	总资产	21.11	14.71	21.72	15.07	19.95	14.00	1.77	1.23
	当期支出	4.12	2.76	4.08	2.84	4.22	2.61	−0.14	−0.52
区域控制变量	是否陕西	0.39	0.49	0.36	0.48	0.44	0.50	−0.08*	−1.73
	是否山西	0.20	0.40	0.24	0.43	0.12	0.33	0.12***	3.15
工具变量	是否接受技术指导	0.09	0.28	0.10	0.30	0.06	0.24	0.03	1.26

注：*、**和***分别表示在10%、5%和1%的水平上显著。差值比较用参数 t 检验。

四、实证和讨论

（一）农户使用互联网对农业绿色生产率的影响

1. 农户使用互联网对农业绿色生产率的增长效应分析

本文应用Stata16.0软件，应用内生转换模型对方程（1）进行分析，回归结果如表2所示。根据似然比检验以及拟合优度检验结果，可以显著拒绝决策方程与结果方程相互独立的假设，且模型在1%的显著水平上显著。

农户使用互联网的决策模型。回归结果如表2中决策方程列所示。由前文变量选取所述，本文选取的处理变量为农户是否使用互联网，若变量回归结果显著为正，表明该变量对农户使用互联网具有显著的正向影响，反之即反。根据表2可以看出，农户的年龄、受教育程度、耕地面积、是否山西以及是否接受技术指导对农户使用互联网具有显著影响。

表2　使用互联网与农业绿色生产率影响模型联立分析结果

变量名称	决策方程		结果方程			
			使用互联网农户		不使用互联网农户	
	系数	标准误	系数	标准误	系数	标准误
性别	0.419 2	0.316 3	−0.002 9	0.015 8	−0.000 7	0.012 1
年龄	−0.071 1***	0.008 2	0.000 4	0.000 4	0.000 6	0.000 7
受教育程度	0.050 9**	0.022 5	0.001 7*	0.001 0	−0.000 8	0.001 0
耕地面积	0.038 2***	0.014 6	0.000 0	0.000 2	−0.000 1	0.000 9
总资产	0.007 5	0.004 9	0.000 5**	0.000 2	−0.000 4	0.000 3
当期支出	−0.024 5	0.027 2	0.001 7*	0.001 1	0.000 1	0.001 3

（续）

变量名称	决策方程		结果方程			
			使用互联网农户		不使用互联网农户	
	系数	标准误	系数	标准误	系数	标准误
是否陕西	0.082 5	0.164 3	−0.029 6***	0.006 5	−0.020 1***	0.006 8
是否山西	0.673 8***	0.201 3	−0.032 2***	0.007 7	−0.027 6**	0.011 6
是否接受技术指导	0.529 3**	0.260 9	—	—	—	—
$\ln\rho_{\mu p}$	—	—	−3.027 1***	0.041 5		
$\rho_{\mu p}$	—	—	−0.123 0	0.123 3		
$\ln\rho_{\mu n}$	—	—			−3.230 3***	0.103 4
$\rho_{\mu n}$	—	—			−0.413 7	0.400 7
似然比检验			1.24*			
拟合优度检验			43.65***			
样本量			459			

注：*、**和***分别表示在10%、5%和1%的水平上显著。

未使用互联网的农户，受教育程度对农业绿色生产率具有负向影响，受教育程度越高的农户在未使用互联网的情况下，往往采用传统农业经营模式即粗放型生产模式，该模式投入大量的化肥农药等生产资源，对于农业环境产生了消极的影响，因此对农业绿色生产率具有负向影响。耕地面积以及总资产对农业绿色生产率均具有负向影响，主要原因是耕地面积越大，家庭的总资产越丰富，在未使用互联网的情况下，采用传统经营模式对于农业生产投入越大，不利于优化资源配置，因此会降低农业绿色生产率。当期支出对农业绿色生产率具有正向影响。家庭当期支出包括生产经营支出、生活基本支出以及礼金支出等。当期支出越多，在同等条件下，农业生产经营支出所占份额越小，因此，资源配置得以优化，有利于提高农业绿色生产率。

农业绿色生产率增长效应的回归结果如表2中结果方程列所示。通过对比分析结果如下：使用互联网的农户与未使用互联网的农户，在性别方面均负向影响农业绿色生产率且在年龄方面均正向影响农业绿色生产率。结合调研实际，农村地区劳动力大多呈现半工半耕模式，其中主要为青年男性劳动力，而女性劳动力及老年劳动力主要负责家庭农业生产经营，青年男性在家庭生产经营决策上没有足够的精力规划农业生产的投入产出，对农业绿色生产率具有负向影响。使用互联网的农户，受教育程度的回归结果为正，且在10%的水平上显著，受教育程度越高，对于新事物的接受程度及认知有效性越高，在使用互联网获取有效信息后可以对生产资源充分利用，优化资源配置，进而提高农业绿色生产率。家庭耕地面积的回归系数为0.000 015 1，说明耕地面积对农业绿色生产率具有正向影响，家庭耕地面积越大，越有需求使用互联网了解学习更多的现代化技术，进行规模化生产，提升农业技术效率，整体促进农业技术进步，进而提高农业绿色生产率。家庭资产正向影响农业绿色生产率，且在5%的显著水平上显著。家庭资产越多，越有足够的资本利用互联网学习应用现代化技术，对于农业绿色生产率具有促进作用。当期支出对于农业绿色生产率具有正向影响，且在10%的显著水平上显著。家庭当期支出越多，使用互联网学习投入产出优化配置，有助于突出优化家庭支出部分，合理规划化肥、农药等生产性资源投入支出，进而提高农业绿色生产率。

2. 互联网对农业绿色生产率影响的平均处理效应分析

本文应用内生转换模型探究使用互联网对农业绿色生产率影响的处理效应，分析结果如表3所示。其中（a）和（b）两部分内容分别表示使用互联网背景下农业绿色生产率的事实结果以及未使用互联网的事实结果；同样，（c）和（d）两部分内容分别表示与前述相反的事实假设结果。

根据表3可以得知，农户使用互联网对农业绿色生产率的平均处理效应具有正向影响，且在1%的水平上显著。从平均期望农业绿色生产率角度来看，基于反事实假设的背景，若使用互联网的农户在未使用互联网的情况下，其农业绿色生产率将下降0.333，即下降了73.67%；当未使用互联网的农户在使用互联网的情况下，其农业绿色生产率上升了0.456，即上升了41.45%。通过上述比较发现，使用互联网可以显著提高农业绿色生产率。

表3　互联网对农业绿色生产率的平均处理效应

农户类型		使用互联网农户		未使用互联网农户	*ATT*	*ATU*
使用互联网农户	(a)	0.452***	(b)	0.119***	0.333***	—
		(0.002)		(0.006)	(0.006)	
未使用互联网农户	(c)	0.467***	(d)	0.011***	—	0.456***
		(0.005)		(0.002)		(0.006)

注：***表示在1%的水平上显著，括号内数值为标准误。

3. 不同受教育程度农户使用互联网对农业绿色生产率的影响分析

为探究异质性农户使用互联网对农业绿色生产率的影响效果，综合讨论分析使用互联网对农业绿色生产率的作用效果，本研究选取不同受教育程度的农户群体进行平均处理效应分析。由表1得知，全部样本受教育年限平均在6.99年，因此本文将农户划分为小学及以下水平与中学及以上水平，分析结果如表4。结果显示，小学及以下水平农户在使用互联网后农业绿色生产率的平均处理效应水平为0.103，且通过1%的显著性检验；中学及以上水平农户使用互联网后农业绿色生产率平均处理效应为 0.313，且通过 1%的显著性检验。说明不同受教育程度农户在使用互联网后都可以提高农业绿色生产率。由于受教育程度高的农户对于新事物的接受程度及学习能力更强，获取信息的有效性较强，且社会网络方面覆盖更加广泛，对于农业现代化技术的学习和掌握程度要强于受教育程度低的农户，受教育程度高的农户在使用互联网获取农业生产信息后可以合理控制投入产出，优化资源配置，进而提高农业绿色生产率。而受教育程度低的农户虽然学习能力方面或许存在不足，但由于农村集聚性居住的特殊性，周围人的行为会对农户的生产经营决策产生一定影响，尤其是通过互联网了解到丰富的农业生产信息以及农业现代化技术，在与周围农户讨论交流后可以规划农业生产投入，科学控制非期望产出，进而改善农业生产环境，提高农业绿色生产率。

表 4　不同受教育农户使用互联网对农业绿色生产率的平均处理效应

类别	*ATT*	*ATU*
小学及以下水平	0.103*** (0.002)	—
中学及以上水平	—	0.313*** (0.003)

注：***表示在 1%的水平上显著，括号内数值为标准误。

（二）互联网与农业绿色生产率非线性关系的分析

本文应用 Matlab 14.0 对前述门槛模型进行回归分析，选取支出收入比作为门槛变量，通过 10 000 次的 bootstrap 模拟，测算得出 LR 统计量为 16.514 1，单一门槛值为 0.088 6，并且通过 10%的显著性检验，表明农户的支出收入比在互联网对农业绿色生产率的影响中具有显著的门槛作用，检验结果如表 5 所示。

表 5 中模型（1）表示一般线性回归模型，模型（2）和模型（3）表示门槛模型回归结果，其中模型（2）表示支出收入比低于门槛值的回归结果，模型（3）表示支出收入比高于门槛值的回归结果。当农户支出收入比低于门槛值时，使用互联网对农业绿色生产率具有显著的负向影响，意味着在农户支出收入比低于门槛值 0.088 6 时，农户使用互联网会对农业生产环境造成消极的影响，不利于优化农业生产资源配置，进而降低农业绿色生产率。当农户支出收入比高于门槛值时，使用互联网正向影响农业绿色生产率，且在 10%的显著水平上显著。说明在农户支出收入比高于 0.088 6 时，使用互联网可以有效规划农业生产的投入产出，进而促进农业绿色生产率。

表 5　门槛模型估计结果

变量名称	线性回归	门槛回归	
	模型（1）	模型（2）	模型（3）
门槛值		0.088 6	
是否使用互联网	0.003 4	−0.032 0***	0.008 2*
	(0.004 3)	(0.012 0)	(0.004 6)
截距项	1.032 7***	1.041 2***	1.027 5***
	(0.021 0)	(0.038 0)	(0.024 5)
控制变量	已控制	已控制	
LR 检验		16.514 1*	
样本量	459	459	

注：***、* 分别表示在 1%和 10%水平上显著，括号内数值为标准误。

（三）讨论

结合内生转换模型结果以及不同受教育程度农户使用互联网后农业绿色生产率的回归分析结果发现，互联网的使用可以显著提高农业绿色，对受教育程度不同的农户也可以提高农业绿色生产率。主要原因在于互联网作为信息共享平台，将农户与科研院校、消费者、生产原料供应商等有效连接起来，打破了信息不对称的壁垒。同时，通过互联网获取的农业生产信息，可以帮助农户改良生产模式，改变生产投入量，优化农业资源配置，进而推动农业技术进步以及技术效率的提升，以进一步改善生产环境，提高农业绿色生产率。

门槛回归模型结果显示，使用互联网的概率与农业绿色生产率之间是非线性的关系。从动态角度分析，当农户家庭支出收入比在门槛值左侧时，使用互联网会降低农业绿色生产率，主要是由于在此阶段农村相应基础设施并不完善，专业技术人员较少，并且该阶段家庭支出占收入比重较小，农户会选择将大部分支出用于农业生产投入，依旧采用粗放型生产模式，上述原因导致使用互联网对农业技术进步以及技术效率的提升具有消极影响，进而会降低农业绿色生产率。当农户家庭支出收入比在门槛值右侧时，使用互联网会提高农业绿色生产率，在该阶段，农户通过互联网获取足够的农业生产信息以及用家庭富余支出购买现代化机械设备，可以帮助农户改变生产行为，优化农业资源配置，有利于农业技术进步及农业技术效率的提高，综合上述实证分析结果，说明现在农村互联网发展处于 U 形右半部，处于增长期。

五、结论与建议

本文将农户是否使用互联网与农业绿色生产率变化情况进行关联分析，探究互联网对农业绿色生产率的相对影响，通过对459位农户实地调研数据采用SBM模型测算农业绿色生产率，考虑到变量间内生性问题，采用内生转换模型探究使用互联网对农业绿色生产率增长效应的影响，最后，应用门槛回归模型选取支出收入比作为门槛变量，讨论不同阶段使用互联网对农业绿色生产率的影响。研究结论表明：第一，农业绿色生产率主峰分布在较低水平区间，说明目前农业绿色生产率存在较大的提升空间。第二，根据反事实假设分析结果，未使用互联网的农户若使用互联网，其农业绿色生产率将上升41.45%，表明使用互联网可以提高农业绿色生产率。第三，根据门槛回归分析结果，互联网与农业绿色生产率之间存在U形关系，当农户支出收入比在门槛值左侧时，使用互联网对农业绿色生产率具有抑制作用，当农户支出收入比在门槛值右侧时，使用互联网对农业绿色生产率具有促进作用。

根据相关结论，提出建议如下：第一，政府应持续推进“互联网＋农业”政策的实施，抓好落实，加快推进建设普惠互联网，在农村地区打造集中化互联网信息技术共享平台，可以帮助农户整理分散信息，整合资源，倡导专业技术人员、农业现代化技术成果加速向农村流动，打造适合互联网发展的良好外部环境。第二，通过互联网平台建立科研院校、生产资源供应商与农户之间的有效沟通机制，打破信息不对称的壁垒，为农户提高农业技术效率，促进技术进步提供定期帮助。第三，健全农村地区农产品出村进城“最初一公里”制度，保障农产品质量安全，优化生产资源配置，提高农业绿色生产率。

参 考 文 献

陈兵，王伟龙，2021. 互联网、产业结构升级与绿色全要素生产率 [J]. 生态经济，37（12）：43-53.

陈芳，杨梅君，2021. 农产品国际贸易对中国农业绿色全要素生产率的影响 [J]. 华南农业大学学报（社会科学版），20（5）：94-104.

高志刚，苟红霞. 科技创新门槛下贸易开放对绿色全要素生产率的影响：基于新疆14个地州市的实证分析 [J]. 资源开发与市场 38（6）：688-698.

郭家堂，骆品亮，2016. 互联网对中国全要素生产率有促进作用吗？[J]. 管理世界（10）：34-49.

何维达，温家隆，张满银，2022. 数字经济发展对中国绿色生态效率的影响研究：基于双向固定效应模型 [J]. 经济问题（1）：1-8，30.

黄伟华，祁春节，方国柱，等，2021. 农业环境规制促进了小麦绿色全要素生产率的提升吗？[J]. 长江流域资源与环境，30（2）：459-471.

籍艳丽，辜子寅，薛洁，2022. 环境规制对工业绿色全要素生产率的波特效应 [J]. 统计与决策，38（7）：82-86.

李谷成，蔡慕宁，叶锋，2021. 互联网、人力资本和农业全要素生产率增长 [J]. 湖南农业大学学报（社会科学版），22（4）：16-23.
李慧，郭永奇，2022. 我国粮食主产区农业绿色 TFP 的增长动力及收敛性研究［J］. 农业经济（3）：6-8.
李慧泉，毛世平。2022. 我国主要农作物绿色全要素生产率分析［J］. 中国农业科技导报，24（2）：58-67.
李凯风，李子豪，2022. 黄河流域绿色全要素生产率测度［J］. 统计与决策，38（4）：98-101.
李欠男，李谷成，2020. 互联网发展对农业全要素生产率增长的影响［J］. 华中农业大学学报（社会科学版）（4）：71-78，177.
梁琦，肖素萍，李梦欣，2021. 数字经济发展提升了城市生态效率吗?：基于产业结构升级视角［J］. 经济问题探索（6）：82-92.
卢福财，刘林英，徐远彬，2021. 互联网发展对工业绿色全要素生产率的影响研究［J］. 江西社会科学，41（1）：39-50，254-255.
马国群，谭砚文，2021. 环境规制对农业绿色全要素生产率的影响研究：基于面板门槛模型的分析［J］. 农业技术经济（5）：77-92.
沈洋，周鹏飞，2022. 农业绿色全要素生产率测度及收敛性分析：基于碳汇和碳排放双重视角［J］. 调研世界（4）：58-68.
苏岚岚，孔荣，2020. 互联网使用促进农户创业增益了吗?：基于内生转换回归模型的实证分析［J］. 中国农村经济（2）：62-80.
万飞，晏梦灵，任菲，2015. 中国移动互联网行业的技术效率、技术进步与生产率增长［J］. 经济与管理研究，36（11）：74-80.
王军，吕泳宏，2020. “互联网＋农业”对农业全要素生产率的影响研究：基于 Malmquist 指数法的面板数据分析［J］. 中国西部（5）：83-94.
韦雪，史雪阳，周宏，2020. 灌溉设施水平对中国水稻绿色生产率的影响研究［J］. 资源开发与市场，36（4）：395-400.
乌静，肖鸿波，陈兵，2022. 数字经济对绿色全要素生产率的影响研究［J］. 金融与经济（1）：55-63.
肖远飞，姜瑶，2021. 数字经济对工业绿色生产效率的影响研究［J］. 现代管理科学（8）：100-109.
许梦博，潘远超，2022. 互联网发展是否提升了中国地区生产率?：基于动态空间面板模型的计量分析［J］. 科学决策（1）：21-31.
于浩，王玉，李柳笛，等，2021. 农户参与电子商务的增收效应研究：基于内生转换模型的实证分析［J］. 世界农业（12）：40-48，127-128.
张恒，李璐，赵茂，2022. 数字普惠金融与绿色全要素生产率：基于系统 GMM 的实证检验［J］. 新金融（3）：31-40.
朱秋博，白军飞，彭超，等，2019. 信息化提升了农业生产率吗?［J］. 中国农村经济（4）：22-40.
BRAVO-URETA B E, MOREIRA V H, TRONCOSO J L, et al., 2020. Plot-level

technical efficiency accounting for farm-level effects: evidence from Chilean wine grape producers [J] . Agricultural Economics, 51 (6): 811-824.

FARE R, GROSSKOPRF S, NORRIS M, et al. , 1994. Productivity growth, technical progress, and efficiency change in industrialized countries [J] . American Economicreview, 84 (5): 1040-4044.

HANSEN B E, 2000. Sample splitting and threshold estimation [J]. Econometrica, 68 (3): 575-603.

LI J, MA W, RENWICK A, et al. , 2020. The impact of access to irrigation on rural incomes and diversification: evidence from China [J] . China Agricultural Economics Review, 12 (4): 705-725.

LI Y, CHEN Y Y, 2021. Development of an SBM-ML model for the measurement of green total factor productivity: the case of pearl river delta urban agglomeration [J]. Renewable and Sustainable Energy Reviews, 145: 111131.

GONZÁLEZ-FLORES M, BRAVO-URETA B E, SOLÍS D, et al. , 2014. The impact of high value markets on smallholder productivity in the Ecuadorean Sierra: a stochastic production frontier approach correcting for selectivity bias [J] . Food Policy, 44: 237-247.

TANG L Q, ZHOU J H, BOBOJONOV I, et al. , 2018. Induce or reduce? The crowding-in effects of farmers' perceptions of climate risk on chemical use in China [J]. Climate Risk Management, 28: 27-37

WU H T, YAN X, YU H, et al. , 2021. How does internet development affect energy-saving and emission reduction? Evidence from China [J]. Energy Economics, 103: 105577.

WU H T, YU H, REN S Y, et al. , 2021. Does internet development improve green total factor energy efficiency? Evidence from China [J]. Energy Policy, 153: 112247.

WU L, ZHANG Z G, 2020. Impact and threshold effect of Internet technology upgrade on forestry green total factor productivity: evidence from China [J]. Journal of Cleaner Production, 271: 122657.

XIE F M, ZHANG B, WANG N, 2021. Non-linear relationship between energy consumption transition and green total factor productivity: a perspective on different technology paths [J]. Sustainable Production and Consumption, 28: 91-104.

ZHENG H Y, MA W L, WANG F, et al. , 2021. Does internet use improve technical efficiency of banana production in China? Evidence from a selectivity-corrected analysis [J]. Food Policy, 102: 102044.

ZHENG Y Y, ZHU T H, JIA W E I, 2022. Does Internet use promote the adoption of agricultural technology? Evidence from 1 449 farm households in 14 Chinese provinces [J]. Journal of Integrative Agriculture, 21 (1): 282-292.

ZHU X K, HU R F, ZHANG C, et al. , 2021. Does Internet use improve technical efficiency? Evidence from apple production in China [J]. Technological Forecasting and Social Change，166：120662.

ZHUO C F，XIE Y P，MAO Y H，et al.，2022. Can cross-regional environmental protection promote urban green development：zero-sum game or win-win choice? [J]. Energy Economics，106：105803.

（作者单位：西北农林科技大学经济管理学院）